KB075436

TOPIK
토픽 II
유형별 읽기 문제집

TOPIK 토픽II

유형별 읽기 문제집

추혜정

김용례

김진복

지음

다양한 유형별 문제 ★ 기출 2회분 모의 2회분

키츠 BOOK

이 책의 구성과 특징

문제 유형을
쉽게 구별할
수 있다.

어떤 문제가
나오는지 알려주는
문제 유형이다.

유형 01에 해당하는
토픽 문제 번호를
식별할 수 있다.

유형 01 빈칸에 들어갈 문법 찾기

TOPIK 1~2

문제 푸는 꿀팁~!

문법에 대한 정확한 이해가 선행되어야 한다. 그리고 괄호 앞뒤 문장의 문맥을 살펴
본 후에 알맞은 문법을 찾아야 한다. 또 책을 많이 읽어서 한국어 문형에 익숙해지
면 더욱 좋다.

1~40) 안에 들어갈 알맞은 것을 고르십시오.

01. 몸이 (   ) 감기에 걸리지 않는다.
    ① 따뜻해야   ② 따뜻할까 봐서   ③ 따뜻하거든   ④ 따뜻할 테니까

유형별 문제 개수를
표시한 것으로
각 유형에 따라
많은 문제를 풀 수 있다.

꿀팁은 문제를 보다 쉽게
풀 수 있도록 정보를 주며
주어진 정보를 잘 익혀서
문제에 접근하는
방법을 제시해 준다.

「TOPIKⅡ 유형별 읽기 문제집」은 한국어 중급 이상의 외국인 학습자를 대상으로 읽기 문제에 좀 더 익숙해지도록 여러 가지 주제를 문제로 구성하였다. 본 교재의 다양한 주제로 구성된 읽기 문제를 통해서 토픽Ⅱ를 준비하는 학습자들에게 조금이나마 도움이 되었으면 한다.

본 교재는 토픽 유형을 총 19개 유형으로 나누어 다양한 주제를 문제로 접해 보도록 구성했다. 또한 문제를 통해 배경 지식을 쌓는 데에 도움을 줄 수 있게 다루려고 노력했다. 그리고 뉴스와 정보, 과학, 사회, 경제, 문화 등 실제 생활에서 사용하는 난이도가 높은 어휘가 지문 안에 많이 포함되도록 구성했다.

문제를 풀기 전에 꿀팁을 읽으면서 학습자 스스로 문제를 쉽게 풀 수 있게 한 것이 특징이다. 기출문제 2회분(TOPIK 52회, 60회)과 연습하였던 문제 중에서 난이도가 있는 문제를 뽑아 모의시험 2회분을 수록하였다.

2019년 7월

저자 일동

C O N T E N T S

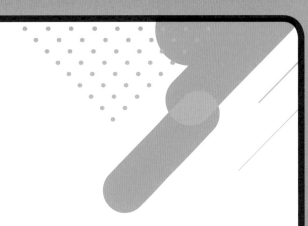

고급편

TOPIK

토픽II

유형별 읽기 문제집

중급편

빈칸에 들어갈 문법 찾기

문제 푸는 꿀팁~!

문법에 대한 정확한 이해가 선행되어야 한다. 그리고 괄호 앞뒤 문장의 문맥을 살펴본 후에 알맞은 문법을 찾아야 한다. 또 책을 많이 읽어서 한국어 문형에 익숙해지면 더욱 좋다.

1~40 ( ) 안에 들어갈 알맞은 것을 고르십시오.

01. 몸이 ( ) 감기에 걸리지 않는다.
　① 따뜻해야　　　② 따뜻할까 봐서　　③ 따뜻하거든　　④ 따뜻할 테니까

02. 신발을 ( ) 바다에 들어갔다.
　① 신은 길에　　　② 신은 채로　　　③ 신어 봤자　　　④ 신다 보니까

03. 영화의 인기도도 ( ) 영화관에 갔다.
　① 확인할 겸　　　② 확인하던데　　　③ 확인하는 바람에　　④ 확인하려다가

04. 오후부터 비가 ( ) 서둘러서 집에 돌아왔다.
　① 내리고도　　　② 내린다더니　　　③ 내리느니　　　④ 내린다기에

05. 아무리 ( ) 밥은 꼭 챙겨 먹어야 한다.
　① 바쁘다면　　　② 바쁘더니　　　③ 바쁘더라도　　　④ 바쁘길래

06. 비록 이 시험에 ( ) 실망하지 않고 다시 도전할 거예요.
　① 떨어진다면　　② 떨어지거든　　　③ 떨어질지라도　　④ 떨어져봤자

07. 아침 일찍 ( ) 어둡기 전에 도착했을 텐데.
　① 출발했더라면　② 출발했더니　　　③ 출발하다시피　　④ 출발해서 그런지

08. 다른 남자와 (   ) 차라리 혼자 사는 게 더 낫다.
　① 결혼하느니　　② 결혼한 탓에　　③ 결혼하느라고　　④ 결혼하기는커녕

09. 남대문 시장은 물건도 (   ) 값도 저렴하다.
　① 많거나　　② 많을뿐더러　　③ 많을수록　　④ 많을 테니까

10. 부산까지 (   ) 10년 된 친구를 만나고 가야겠어요.
　① 오느라고　　② 오게끔　　③ 오는 바람에　　④ 온 김에

11. 친구가 처음으로 김치찌개를 만들었는데 (   ).
　① 먹기로 했다　　② 먹는 척했다　　③ 먹을 만했다　　④ 먹고 말았다

12. 성격이 좋으면 친구가 (   ).
　① 많기 나름이다　　② 많은 척하다　　③ 많을 리가 없다　　④ 많을 지경이다

13. 영화가 너무 지루해서 거의 (   ).
　① 졸다시피 했다　　② 졸곤 했다　　③ 졸 수 없었다　　④ 졸 만했다

14. 그 친구는 아무런 이유 없이 모임에 (   ).
　① 빠지기 십상이다　　② 빠질까 한다　　③ 빠질 턱이 없다　　④ 빠지는 셈이다

15. 열심히 공부했는데 시험에 (   ).
　① 떨어질 만하다　　② 떨어지기 마련이다　　③ 떨어질 수밖에 없다　　④ 떨어질 리가 없다

16. (   ) 끝까지 할 생각입니다.
　① 약속한 이상　　② 약속하던 차에　　③ 약속할망정　　④ 약속하다 못해

17. 그 아이는 (   ) 덧셈도 제대로 못 한다.
　① 곱셈치고는　　② 곱셈마저　　③ 곱셈은커녕　　④ 곱셈이야말로

18. 큰 소리를 (   ) 아기가 울음을 터트리고 말았다.
　① 내는 한　　② 내자니　　③ 낸들　　④ 낸 탓에

19. 집을 (   ) 비가 내리기 시작했다.
　① 나오는 대로　　② 나오는 김에　　③ 나오자마자　　④ 나오는 바람에

20. 자꾸 만나서 (   ) 좋은 사람이라는 생각이 들었다.
① 이야기해 봤자   ② 이야기하다 보니   ③ 이야기하다 보면   ④ 이야기할까 봐서

21. 다음 주에 생일 파티를 (   ).
① 할걸요   ② 해 내요   ③ 하더라고요   ④ 했잖아요

22. 차가운 아침 공기를 맡으니 벌써 겨울이 (   ).
① 온 듯하다   ② 올 리가 없다   ③ 오기 십상이다   ④ 오는 셈이다

23. 이번 시험이 너무 어려워서 하마터면 (   ).
① 떨어진 편이다   ② 떨어질 뻔했다   ③ 떨어질 걸 그랬다   ④ 떨어진 척하다

24. 아이의 교육은 엄마 (   ).
① 할까 하다   ② 할 따름이다   ③ 하기 나름이다   ④ 하면 그만이다

25. 등산 동호회 회원들은 주말이면 등산을 (   ).
① 가는 셈 치다   ② 가는 법이다   ③ 갈 겨를이 없다   ④ 가곤 한다

26. 내일 양복을 입으려고 (   ).
① 다려 놨다   ② 다리고 말았다   ③ 다려 버렸다   ④ 다리기 나름이다

27. 선생님은 떠드는 아이들을 순식간에 (   ).
① 조용해졌다   ② 조용하게 했다   ③ 조용한 척했다   ④ 조용했나 보다

28. 너무 비싼 선물은 누구나 부담스러워 (   ).
① 하면 그만이다   ② 할 따름이다   ③ 할 리가 만무하다   ④ 하는 법이다

29. 요즘 나이가 들어서 금방 생각했던 것도 (   ).
① 잊어버릴 수가 없다   ② 잊어버리려나 보다   ③ 잊어버리기 일쑤이다   ④ 잊어버리는 셈이다

30. 미세먼지 때문에 답답해서 숨이 (   ).
① 막힐까 싶다   ② 막힐걸 그랬다   ③ 막힐 지경이다   ④ 막힐 리가 없다

31. 한국 친구와 자주 (   ) 한국어도 잘하게 되었다.
① 만난다 한들   ② 만나다 보니   ③ 만난 탓에   ④ 만난 까닭에

32. 어제 밤새도록 친구가 (　　　　) 잠을 한숨도 못 잤다.
　① 떠드는 통에　　　② 떠들길래　　　③ 떠드는 데다가　　　④ 떠드는 대로

33. 매일 운동을 (　　　　) 좋겠지만 시간 내기가 어렵다.
　① 하는 마당에　　　② 할라치면　　　③ 한다면야　　　④ 하다못해

34. 시험에 (　　　　) 걱정을 했는데 다행히 합격했다.
　① 떨어지기에　　　② 떨어질 텐데　　　③ 떨어지려마는　　　④ 떨어질까 봐

35. 늦잠을 자서 밥을 (　　　　) 학교에 갔다.
　① 먹는 둥 마는 둥　　　② 먹기는커녕　　　③ 먹으면 몰라도　　　④ 먹는 대로

36. 아이가 이렇게 어려운 문제를 (　　　　).
　① 푸는 셈이다　　　② 풀기 마련이다　　　③ 풀 리가 없다　　　④ 풀어야 한다

37. 그는 영어를 못하면서 사람들 앞에서 영어를 (　　　　).
　① 잘하는 척한다　　　② 잘할 게 뻔하다　　　③ 잘하기 마련이다　　　④ 잘하기 일쑤이다

38. 이번 가을에는 가족들과 함께 단풍구경을 (　　　　).
　① 가곤 해요　　　② 갈까 해요　　　③ 가는 편이에요　　　④ 갈 지경이에요

39. 살겠다는 의지를 가지고 꼭 암을 (　　　　).
　① 이겨 내겠다　　　② 이겨 대겠다　　　③ 이겨 두었다　　　④ 이기고 말았다

40. 어제 그 많은 이삿짐을 혼자서 날랐으니 몸살이 (　　　　).
　① 날 뿐이에요　　　② 날 셈이에요　　　③ 나기 나름이에요　　　④ 날 만해요

문제 푸는 꿀팁~! 🐝

문법에 대한 이해가 선행되어야 한다. 이 유형을 풀기 위해서는 비슷한 의미로 사용하는 표현이나 문법을 정리해서 연습할 필요가 있다.

1~18 다음 밑줄 친 부분과 의미가 같은 것을 고르십시오.

01. 공항에 가는 길에 터미널에서 고향 친구를 만났어요.
　　① 가는 도중에　　② 가는 김에　　③ 가는 탓에　　④ 가는 바람에

02. 그 식당 음식은 양이 적은 반면에 가격이 너무 비싸요.
　　① 적어서　　② 적도록　　③ 적길래　　④ 적은데

03. 우리 고향은 풍경이 아름다운 데다가 유명한 관광지가 많아요.
　　① 아름다운데도　　② 아름다울뿐더러　　③ 아름답더니　　④ 아름답던지

04. 친구와 부딪히는 바람에 들고 있던 커피를 쏟았어요.
　　① 부딪히는 대신에　　② 부딪힐 겸　　③ 부딪히는 통에　　④ 부딪힌 채

05. 우리 엄마가 만든 음식은 요리사가 만들었다고 할 정도로 맛이 있어요.
　　① 한 탓에　　② 할 만큼　　③ 하느라고　　④ 하다시피

06. 목이 많이 아파서 밥은커녕 물도 마실 수 없어요.
　　① 밥인 데다가　　② 밥은 고사하고　　③ 밥조차　　④ 밥마저

07. 부모님이 돌아가신 후에 후회해 봤자 아무 소용이 없다.
　　① 후회하되　　② 후회하느라고　　③ 후회한들　　④ 후회하다 못해

08. 행복하게 사느냐 마느냐는 <u>마음먹기에 달려 있다</u>.
① 마음먹는 법이다   ② 마음먹는 셈이다   ③ 마음먹기 일쑤이다   ④ 마음먹기 나름이다

09. 누구나 한 번쯤 <u>해 봤을 법한</u> 생각으로는 성공하기 어렵다.
① 해 봤다시피   ② 해 봤을 만한   ③ 해 봤기에   ④ 해 봤을뿐더러

10. 할 일을 바로 하지 않고 미루면 <u>잊기 십상이다</u>.
① 잊을 듯하다   ② 잊을 지경이다   ③ 잊기 나름이다   ④ 잊을 게 뻔하다

11. 시골에 <u>사노라면</u> 심신이 점점 건강해지는 것을 느낄 수 있다.
① 살다 보면   ② 사는 바람에   ③ 사는 반면에   ④ 살다가도

12. 두 나라의 무역전쟁이 <u>시작되자마자</u> 우리나라의 경제도 나빠지게 되었다.
① 시작되기에는   ② 시작되기가 무섭게   ③ 시작되고도   ④ 시작되길래

13. 이번 시합에 우리 팀이 <u>지게 되더라도</u> 최선을 다해 경기를 치르려고 한다.
① 질뿐더러   ② 질망정   ③ 지다시피   ④ 질 바에

14. 친구가 <u>아프다고 해서</u> 병문안을 가려고 한다.
① 아프다며   ② 아프나 마나   ③ 아프다길래   ④ 아픈 탓에

15. 불량 식품을 많이 먹는 아이들은 건강에 문제가 <u>있을 게 뻔하다</u>.
① 있기 일쑤이다   ② 있기 나름이다   ③ 있는 듯하다   ④ 있기 십상이다

16. 교통사고로 길이 막히면 약속시간에 <u>늦을 수밖에 없다</u>.
① 늦을 모양이다   ② 늦기 마련이다   ③ 늦다시피 하다   ④ 늦는 셈이다

17. 요즘 경제가 <u>어려우니까</u> 젊은이들은 취직하기가 하늘의 별 따기이다.
① 어려우니만큼   ② 어렵다면   ③ 어렵더라도   ④ 어려우나 마나

18. 가족 모두가 모여 <u>살 정도의</u> 그런 집은 없었다.
① 살기에   ② 살던   ③ 살 만한   ④ 살아도

✔ 유형2 정답	1.①	2.④	3.②	4.③	5.②	6.②	7.③	8.④	9.②
	10.④	11.①	12.②	13.②	14.③	15.④	16.②	17.①	18.③

문제 푸는 꿀팁~!

안내, 설명, 광고 등의 글을 읽고 제시된 글 안에서 힌트가 될 만한 중요한 단어의 의미를 알아야 풀 수 있는 문제이다. 따라서 중요한 어휘는 꼭 암기를 해야 한다.

[1~17] 다음은 무엇에 대한 글인지 고르십시오.

01.

2개의 브러시와 강력한 흡입력으로
어떤 먼지도 쉽고 빠르게 남김없이!

① 전화기　　　② 청소기　　　③ 선풍기　　　④ 냉장고

02.

당신에게 밝은 세상을 선물합니다.
같은 시력도 보이는 질이 다른 것!!

① 외과　　　② 치과　　　③ 안과　　　④ 내과

03.

돈이라면 남기시겠습니까?
먹는 게 반, 남기는 게 반

① 교통 안전　　　② 환경 보호　　　③ 예절 교육　　　④ 음식 절약

04.

소소하지만 확실히 행복해지는 클래스
소.확.행. 클래스
1회 프로그램이며, 지역주민들에게 나눠드리는 재능기부입니다.

① 상품 소개　　　② 봉사 활동　　　③ 여행 안내　　　④ 문화 수업

05.

탈모증상케어는 물론 손상모발에서 영양까지!
"두피부터 모발 끝까지 사용하세요."

① 샴푸　　　　② 비누　　　　③ 치약　　　　④ 세제

06.

햇볕에 말린 것처럼
뽀송뽀송하게~~~
비가 와도 눈이 와도 걱정 없어요

① 청소기　　　　② 가습기　　　　③ 건조기　　　　④ 에어컨

07.

30% 특별 할인 쿠폰

\# 이 쿠폰은 수령하신 날로부터 1년까지 사용하실 수 있습니다.

\# 이 쿠폰은 전 지점에서 사용 가능합니다.

\# 이 쿠폰은 현금으로 바꿀 수 없으며 타인에게 양도가 불가능합니다.

① 사용기간　　　　② 사용안내　　　　③ 이용순서　　　　④ 교환방법

08.

『식객을 찾아서』

맛있는 음식을 찾아 떠나는 즐거운 여행.
김윤진 작가가 전국의 유명한 맛집을 찾아 소개합니다.
절찬리 판매 중.

① 책 소개　　　　② 공연 안내　　　　③ 여행 안내　　　　④ 음식점 소개

09.

통증이 싹~
센 것이 부드럽기까지!

드신 후 진통성분이 바로 흡수되어
통증이 빠르게 사라집니다.

① 약　　　　② 껌　　　　③ 치약　　　　④ 연고

10.

♪ 아메리카로~ 좋아 좋아 좋아 ♪

준비부터 기분 좋~은 미국 여행,
합리적인 우리투어에서
서울 항공을 예약하세요!

① 항공사　　　　② 커피숍　　　　③ 대사관　　　　④ 여행사

11.

♪♬ 노래사랑 ♪♬ 동아리

노래를 못 해도 좋습니다.
노래를 사랑하는 마음만 있으면 됩니다.
매주 금요일 19시 사랑방
관심 있는 분은 연락 주세요.

☎ 연락처: 김민수(010-4321-5678)

① 직원 모집　　　　② 자기 소개　　　　③ 활동 일정　　　　④ 회원 모집

12.

< 밝은 세상을 당신께 선물하겠습니다 >

· 당신의 밝은 하루를 책임지겠습니다.
· 당신의 밝은 1년을 책임지겠습니다.
· 당신의 밝은 인생을 책임지겠습니다.
　많이 오세요~

① 제과점　　　　② 안경점　　　　③ 양복점　　　　④ 백화점

13.

1. 가벼워서 부담이 없다
2. 많은 양을 담아도 튼튼합니다.

① 우산　　　　② 신발　　　　③ 모자　　　　④ 가방

14.

1. 홈페이지에 들어가서 로그인 후에 원하는 과목을 조회한다.
2. 과목의 내용을 확인한 후에 신청 버튼을 클릭한다.
3. 모든 과목이 완료가 되면 시간표 확인을 한다.

① 수강신청 방법　　② 과목 변경사항　　③ 수강 시 주의사항　　④ 선택 과목 확인

15.

잦은 고통을 없애줍니다. 두통, 치통 시에 맡겨주세요.
저렴한 가격으로 모든 약국에 판매 중입니다.
약은 약사에게~
㈜ ○○○ 제약회사

① 소화제　　　　② 진통제　　　　③ 지사제　　　　④ 치료제

16.

1. 앱에 접속해서 로그인을 한다.
2. 참석할 날짜를 선택한 후에 신청하기를 보내고 당첨 날짜를 기다린다.

① 사용 설명　　　② 보관 방법　　　③ 수리 소개　　　④ 신청 안내

17.

선문 동아리의 화제작을 올립니다.

"크리스마스의 선물"

2019년 12월 25일 밤 7시 서울 소극장

① 연극 안내　　　② 직업 박람회 안내　　③ 사진전 안내　　　④ 명화 전시 안내

✓ 유형 3 정답	1.②	2.③	3.④	4.②	5.①	6.③	7.②	8.①	9.①
	10.④	11.④	12.②	13.④	14.①	15.②	16.④	17.①	

문제 푸는 꿀팁~!

안내문이나 광고문, 도표나 그래프 등을 보고 같은 내용을 찾아야 한다. 먼저 문제의 제목을 보고 무엇에 대한 내용인지를 확인한다. 그 후에 예문 4개를 순서대로 확인하면서 맞는지 틀린지를 찾아 골라 읽으면 문제 푸는 시간을 단축시킬 수 있다. 안내문이나 광고문의 경우에는 대부분 행사 참여 안내, 회원 모집 등의 문제가 자주 나오므로 안내 어휘를 정리할 필요가 있다.

1~18 다음은 글 또는 도표의 내용과 같은 것을 고르십시오.

01.

- ○○피자 겨울 신제품 -
시식체험단 모집

모집 기간	11월 8일(목)~11월 12일(월)
시식 인원	100명
당첨 발표	11월 13일(화)
시식 기간	11월 15일(목)~11월 18일(일)
참여 방법	참여 지역을 댓글에 남기면 응모 완료!
경 품	겨울 신제품 피자(L)
*문의사항은 ○○피자 블로그 댓글 또는 쪽지로 남겨 주세요!	

① 시식은 일주일 동안 한다.
② 시식단에 뽑히면 새로 나온 피자를 준다.
③ 시식단 모집에 참여하려면 댓글과 쪽지에 써야 한다.
④ 이 공고는 피자를 만들 사람들을 모집하는 공고이다.

02.

<조기 축구회 신입 회원 모집>

1. 모집 기간: 1월 1일~1월 10일
2. 모집 대상: 40~60대 남자로 아침 운동이 가능한 자.
   노후에 건강하게 살고 싶은 분.
3. 가입 방법: 전화 연락 또는 운동장에서 직접 신청.
4. 운동 시간: 매주 토, 일 7:30~10:30
   운동 장소: 서울 초등학교 운동장
5. 연락처: 010-1234-5678(회장 김민수)

① 오전에 축구할 신입 회원을 모집한다.
② 20대 대학생도 아침 운동을 할 수 있다.
③ 남자 회원들이 평일 아침 3시간씩 축구를 한다.
④ 지금 건강하게 살고 싶은 사람도 신청이 가능하다.

03.

◀ 공기청정기 렌탈 안내 ▶

날로 심각해지는 미세먼지, 집안 공기를 쾌적하게 ♪♬~

모델명	등록비	렌탈료	일시불액
AP-15A	50,000원	39,900원	890,000원
AP-15B	100,000원	37,900원	

• 특징: 맞춤형 4단계 필터. 넓은 공간 고르게 집중 순환.
• 렌탈 제품 의무 사용 기간 3년, 중도 해약 시 위약금 발생함.

① AP-15A가 AP-15B보다 매달 렌탈료가 더 싸다.
② 집안 공기를 깨끗하게 하는 기계를 파는 광고이다.
③ 이 제품들은 3년을 사용하지 않아도 위약금이 없다.
④ 두 모델 모두 한꺼번에 돈을 지불했을 때 가격은 같다.

04.

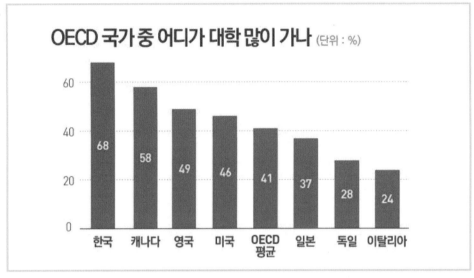

① OECD 국가 중에서 미국과 영국의 대학 진학률은 같다.
② 일본이 OECD 국가 평균보다 높은 대학 진학률을 나타냈다.
③ OECD 국가 중에서 영국이 이탈리아보다 대학 진학률이 낮다.
④ 한국이 OECD 국가 중에서 가장 높은 대학 진학률을 차지했다.

05.

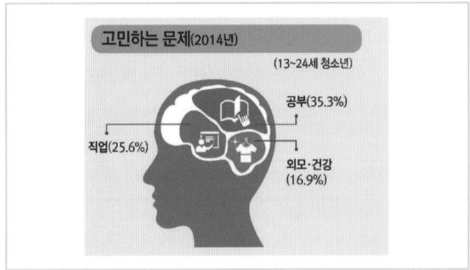

① 청소년이 고민하는 문제 중에서 공부가 가장 높다.
② 청소년이 고민하는 문제 중에서 직업이 가장 낮다.
③ 청소년이 고민하는 문제 중에 외모와 건강이 직업을 앞섰다.
④ 청소년이 고민하는 문제 중에 외모와 건강이 높은 비율을 차지했다.

06.

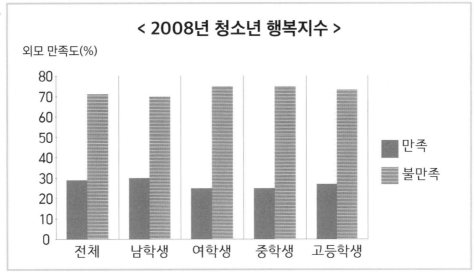

< 2008년 청소년 행복지수 >

외모 만족도(%)

만족 / 불만족

전체 / 남학생 / 여학생 / 중학생 / 고등학생

① 외모 불만족도는 남학생과 여학생의 비율이 같다.
② 외모 만족도의 비율이 남학생이 여학생보다 높다.
③ 외모 만족도의 비율이 고등학생이 중학생보다 낮다.
④ 외모 만족도 전체 평균은 고등학생 만족도보다 아주 높다.

07.

≒ 충주시 청소년 어울림마당 ≒
'동아리가 떴다'

■ 일 시 : 9월 15일 (토) 오후 3시~5시
■ 운영 장소 : 충주시 성서동 차 없는 거리 상설공연장
■ 참가 대상 : 관내 초, 중, 고, 대학생(24세 이하 청소년)
■ 행사 내용 : - 문화공연의 장(청소년 동아리 공연, 버스킹 공연)
　　　　　　 - 체험부스의 장(청소년 동아리 체험 및 이벤트 부스 운영)

※ 청소년 동아리 부스운영 및 동아리 공연팀 선착순 모집

① 동아리는 타지역 청소년도 참가할 수 있다.
② 동아리 행사 장소는 충주시 거리에서 할 예정이다.
③ 동아리 행사는 문화공연과 체험도 할 수 있게 진행된다.
④ 동아리 부스와 공연에 참가하고 싶은 청소년은 예약을 해야 한다.

08.

≒≒ OO 문화센터 ≒≒
가을학기 수강신청

매 회당 카페 무료 이용 혜택으로, 두 마리 토끼를 한 번에!

- 접수 기간: 8월 01일(화)~9월 11일(월)
- 강좌 기간: 9월 04일(월)~11월 31일(금)
- 접수 방법: 카페 안내데스크
- 재료 및 교재비는 강좌 결제 시 결제하며, 중도 취소 시 환불이 불가
- 모든 강좌는 선착순으로 접수 및 마감

① 수강신청은 한 달 동안만 가능하다.
② 수강신청 시 재료비와 교재비도 결제해야 한다.
③ 문화센터에서 수업을 들으면 1회에 한해서만 카페를 이용할 수 있다.
④ 문화센터의 모든 강좌는 중간에 그만둘 경우 돈을 돌려받을 수 있다.

09.

오천의 판소리 공연 안내

- 장　소: 경복 문화홀 3층
- 일　시: 9월~12월 매월 둘째 주 수요일 오후 2시, 7시
- 후　원: 문화홍보재단, 예술위원회
- 입장권: 전석 15,000원(일반인, 학생에 한해서)
- 내　용: 전통의 소리를 대중들에게 소개하는 자리를 마련함(수궁가, 춘향가 등)

① 판소리 공연 기간은 3개월 동안 지속된다.
② 판소리 공연은 매주 수요일마다 2회 진행될 것이다.
③ 문화위원회와 예술재단이 함께 판소리 공연을 후원하고 있다.
④ 판소리 공연 입장권은 학생들과 일반인 모두 동일하게 내야 한다.

10.

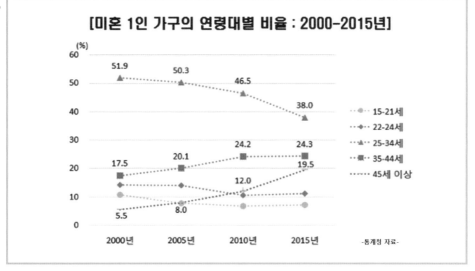

① 2000년부터 지금까지 1인 가구의 변화실태를 조사했다.

② 20대 후반에서 30대 전반에 혼자 사는 사람은 변화가 없다.

③ 45세 이상의 미혼 1인 가구는 지속적인 증가 추세를 보이고 있다.

④ 지금까지 가장 많은 감소율을 보이고 있는 미혼 1인 가구는 30대 후반이다.

11.

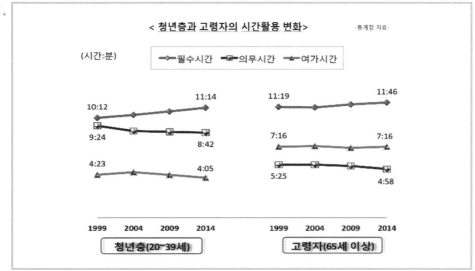

① 고령자의 여가시간은 점차 감소하고 있는 추세이다.

② 청년층과 고령자의 의무시간 활용은 4시간 정도 차이가 난다.

③ 청년층과 고령자의 시간 활용은 여가시간이 가장 높게 나타났다.

④ 99년 이후 청년층의 필수시간은 의무시간과 여가시간에 비해 감소하고 있다.

12.

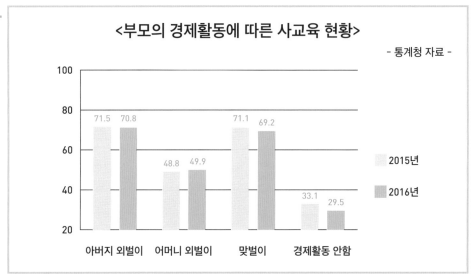

① 아버지가 혼자 버는 가구가 사교육이 가장 많았다.
② 부모의 경제활동이 전혀 없을 경우 사교육을 하지 못하고 있다.
③ 어머니가 혼자 버는 가구는 맞벌이 가구보다 사교육의 비중이 높다.
④ 맞벌이 가구는 2015년에 비해 2016년의 사교육이 현저히 낮아졌다.

13.

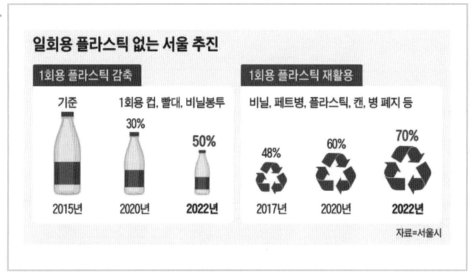

① 2017년 이후 플라스틱 사용량이 점차 늘어나고 있다.
② 2015년 이후 플라스틱 재활용이 점점 줄어들고 있다.
③ 서울시는 일회용품 사용을 줄이려는 노력을 하고 있다.
④ 서울시는 재활용 정책이 어려워 일회용품 사용을 늘리고 있다.

14.

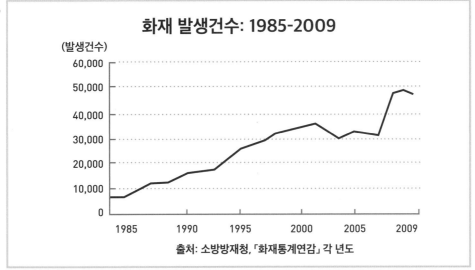

화재 발생건수: 1985-2009

출처: 소방방재청, 「화재통계연감」 각 년도

① 1985년 이후 화재 건수는 5만 건을 넘어섰다.

② 2000년에는 화재 건수가 3만 건이 안 되었다.

③ 1990년대부터 2000년까지 화재가 꾸준히 증가했다.

④ 2005년부터 2009년까지 화재 건수가 급속히 줄어들었다.

15.

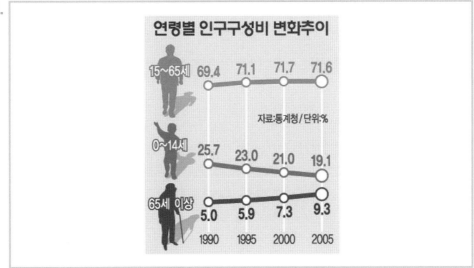

연령별 인구구성비 변화추이

자료:통계청 / 단위:%

① 14세까지의 인구는 점점 증가하고 있다.

② 14세 이하의 인구가 점점 감소하고 있다.

③ 15세부터 65세까지의 인구는 꾸준히 증가하였다.

④ 65세 이상의 고령인구는 점차적으로 감소하는 추세이다.

16.

♪ 서울 춤 경연 대회 ♬

춤 경연 대회에 참가할 개인이나 단체를
아래와 같이 모집합니다.

♣ 참가 자격: 누구나(국내 거주 외국인 포함)
♣ 신청 기간: 10월 6일~10월 15일
♣ 신청 방법: 시청 문화관광과(서면 및 인터넷으로 신청)
♣ 대회 일시: 10월 25일 17시
♣ 대회 장소: 삼거리 공원

① 이 대회의 신청은 열흘 동안 받는다.
② 이 대회는 인터넷으로만 신청해야 한다.
③ 이 대회는 10월 25일 17시까지 신청해야 한다.
④ 이 대회는 국외에 거주하는 외국인도 신청할 수 있다.

17.

한국 전통문화 바로 알기
겨울 방학 동안 한국의 전통문화를 배워 보자!!

♣ 일정: 12월 15일~12월 22일
♣ 시간: 매일 오전 10시~12시
♣ 신청 기간: 12월 6일~12월 12일
♣ 대상 및 장소: 1~3학년 희망 학생. 도서관 3층

※ 참여도에 따라 문화상품권 증정

① 1~3학년 모든 학생은 수업에 참여해야 한다.
② 수업은 방학 동안 하루에 두 시간씩 진행된다.
③ 수업에 참가하려면 오전 12시까지 신청해야 한다.
④ 수업에 참가한 학생들 모두에게 문화상품권을 선물로 준다.

18.

✉ '행복우체통'에 원고를 보내 주세요.

☞ 아이를 기르면서 재미있는 일이나 감동적인 경험
☞ 힘이 들었을 때 힘을 주었던 사람이나 책에 대한 이야기
☞ 부모님께 평소 표현하지 못했던 고마움과 미안한 마음의 이야기

일상 속의 작지만 소중한 여러분의 재미있는 원고를 기다립니다.

◆ 원고 마감 : 4월 25일까지
◆ 원고 분량 : 200자 원고지 10장 / A4용지 한 장
◆ 신청 방법 : 우편, 이메일

① 원고는 25일 전에 우편이나 팩스로 보낸다.
② 아이를 잘 키울 수 있는 방법을 써서 보낸다.
③ 고마움을 표현하는 편지를 부모님께 직접 보낸다.
④ 도움이 된 책이나 사람에 대하여 이야기를 써서 보낸다.

글 내용과 같은 것 찾기

문제 푸는 꿀팁~!

시간을 절약하기 위해 모든 지문을 읽고 예문에서 답을 찾기보다는 먼저 예문 4개를 읽고 지문과 같은 내용인지 다른 내용인지를 하나씩 찾아 푸는 것이 바람직하다.

1~20 다음 글의 내용과 같은 것을 고르십시오.

01.

석류에는 각종 비타민과 미네랄이 풍부하게 들어 있어 면역력 향상에 도움이 된다. 따라서 감기와 각종 질병을 예방하는 효과가 있다. 석류는 다른 과일에 비해 비교적 칼로리가 낮은 편에 속해서 다이어트에 좋다. 석류의 타르와 안토시아닌이란 성분이 몸속에 들어오면 중성지방과 콜레스테롤도 낮추는 데 도움을 준다.

① 석류는 칼로리가 높은 편이다.
② 석류의 성분 때문에 살이 안 찐다.
③ 석류를 먹으면 면역력이 좋아진다.
④ 석류를 먹으면 병에 걸리지 않는다.

02.

스콜이란 원래 '갑자기 부는 사납고 강한 바람'이란 뜻인데, 돌풍과 다른 점은 진행시간이 더 길고 풍향이 급변할 때가 많다는 것이다. 하지만 보통 강한 바람은 소나기를 동반하므로 바람과 함께 비가 내리는 것도 스콜이라 부르게 되었다. 열대 지방에서는 거의 매일 스콜이 내리는데, 열대 지방의 스콜은 많은 양의 비가 좁은 지역에 잠깐 내리는 경우가 많다.

① 스콜과 돌풍은 같은 의미이다.
② 열대 지방에서 스콜은 보기 힘들다.
③ 소나기와 비가 같이 내려서 돌풍이다.
④ 스콜은 바람의 방향이 갑자기 바뀌는 경우가 많다.

03.

> 지렁이는 땅속을 다니면서 수많은 통로를 만들어 땅이 산소를 충분히 공급받을 수 있게 해 준다. 또 썩은 낙엽, 목재, 다른 동물들의 배설물 등을 먹은 후 똥을 누어 땅을 기름지게 만들어 준다. 지렁이 똥은 식물이 자라는 데 도움을 주는 세균의 활동을 활발하게 하여 흙의 색깔을 검게 만든다. 게다가 지렁이 똥으로 만들어진 토양은 나쁜 냄새를 제거하는 효과도 있다.

① 다른 동물의 배설물이 땅을 검게 만든다.
② 지렁이 똥 때문에 땅이 산소를 충분히 공급받는다.
③ 지렁이 똥은 땅의 나쁜 냄새를 없애는 효과가 있다.
④ 썩은 낙엽은 식물을 키우는 세균의 활동을 활발하게 한다.

04.

> 땀을 지나치게 많이 흘리면 체액 속에 있는 염분이나 각종 성분이 몸 밖으로 배출되어 몸의 균형이 깨지므로 어지럽다. 이때 흘린 땀의 양만큼 물과 함께 염분을 섭취해야 한다. 날이 덥거나 매운 음식을 먹으면 땀이 나는데, 이것은 우리 몸이 열을 식히려고 신진대사를 활발히 하기 때문이다. 땀은 증발하면서 피부의 열을 빼앗아 가는데, 이 때문에 체온은 더 올라가지 않고 일정한 온도를 유지하게 된다.

① 땀이 증발하면 몸의 체온은 계속 올라간다.
② 몸속의 여러 성분이 땀과 함께 많이 배출되면 어지럽다.
③ 몸속의 염분과 성분이 빠져나가면 염분만 보충하면 된다.
④ 날이 더울 때 땀이 나는 것은 우리 몸이 열을 높이려고 하는 것이다.

05.

> 우리가 즐겨 입는 면 소재의 속옷은 땀을 빠르게 흡수하지만 땀이 마르는 데 시간이 오래 걸린다. 속옷이 젖은 상태에서 바람에 노출되면 땀, 즉 물이 공기 중으로 날아가면서 몸의 열을 빼앗기 때문에 체온이 점점 떨어진다. 문제는 면 속옷 위에 아무리 등산복을 착용하더라도 자신도 모르는 사이에 저체온증이 진행될 수 있다는 점이다. 그래서 비나 눈이 올 때는 방수성이 뛰어난 등산복을 입어야 한다.

① 면 소재 속옷은 땀이 잘 안 마른다.
② 면 속옷과 등산복을 같이 입으면 괜찮다.
③ 비나 눈이 올 때 면 소재의 등산복을 입어야 한다.
④ 면 속옷이 젖었을 때 바람이 불면 체온은 올라간다.

06.

놀이터를 이용하는 10세 이하 아이들은 주변의 사물이나 환경에 대한 호기심이 많고 탐구하려는 충동이 강한 특성을 가지고 있다. 반면 신체 기능의 발달이 미숙하여 신체 균형 유지 능력이나 운동 기능이 충분히 발달되어 있지 않아서 안전사고의 위험성이 높은 시기이다. 그러므로 아이들에게 놀이 시설의 안전규칙 등 사고에 대한 예방 교육을 철저히 하고 5세 이하의 경우에는 보호자가 함께해야 한다.

① 10세 아이들은 보호자와 항상 함께 있어야 한다.
② 10세 이하 아이들은 놀이 시설의 안전 규칙을 잘 알고 있다.
③ 놀이터를 이용하는 아이들은 신체 기능이 잘 발달되어 있다.
④ 놀이터를 이용하는 아이들은 주변 사물에 대해 호기심이 많다.

07.

낙타는 눈에서 발에 이르기까지 사막 기후에 적응하기 쉽게 발달되어 있는 완벽한 동물이다. 등에 있는 혹은 지방을 저장하는 창고이고 조건이 나쁠 때 이를 이용한다. 낙타는 평상시 온순하지만 마음에 안 들면 침을 뱉거나 발로 차기도 해서 위험하다. 낙타는 수분이 서서히 없어지므로 며칠 동안 물이 없어도 살 수 있지만 100리터 정도의 물을 마시면 10분 안에 원상태의 체중을 되찾는다.

① 낙타는 며칠 동안 물을 안 마시면 살 수 없다.
② 낙타는 사막에서 살기 쉽게 몸이 발달되어 있다.
③ 낙타는 많은 양의 물을 마셔서 혹에 물을 저장한다.
④ 낙타가 원래 체중이 되기 위해서는 10분 이상 걸린다.

08.

야식을 먹는 것은 좋지 않다. 하지만 올바른 음식을 밤에 먹는 것이 또 다른 건강상의 이점이 있다고 한다. 예를 들어 고단백 땅콩버터를 먹으면 잠을 자는 동안 근육을 만들도록 도와주고, 토마토 수프는 다음 날 혈당 조절에 도움을 준다. 또 볶은 호박씨와 같은 간식들은 하루의 긴장을 풀어 주며, 냉동 블루베리는 블루베리 속의 영양소들이 뇌 기능과 심장 건강의 향상을 도울 수 있다.

① 토마토 수프는 밤에 먹어도 좋은 음식이다.
② 땅콩버터는 심장 건강 향상에 도움을 준다.
③ 호박씨를 볶아서 먹으면 뇌 기능이 향상된다.
④ 냉동 블루베리 속의 성분이 긴장을 풀어준다.

09.

> 가성비 좋은 청정연료로 청주시의 대기를 깨끗하게 만들겠습니다. 청주시에서는 이번 달부터 단독주택 도시가스 보급률을 높입니다. 올해에는 1,050세대에 보급할 예정이며 수곡동, 모충동의 도시가스 공급시설 설치비를 지원합니다. 도시가스는 청정연료로 청주의 대기오염을 낮추는 데 큰 도움이 될 것입니다.

① 도시가스는 대기오염의 주요 원인이다.
② 이번 달에 도시가스를 1,050세대에 보급할 예정이다.
③ 청주시에서 도시가스 시설에 필요한 설치비를 도와준다.
④ 단독주택을 제외한 모든 세대에서 도시가스를 사용하고 있다.

10.

> 음식으로 외면받던 곤충이 요즘 여러 나라에서 인기를 끌고 있다. 전 세계 곤충 가운데 1,700여 종은 사람이 먹을 수 있는 것이다. 곤충은 단백질과 비타민이 풍부하지만 지방은 적다. 곤충이 건강에 좋다고 알려지면서 최근 선진국에서는 곤충 요리 식당이 늘어나고 있다. 귀뚜라미 볶음, 전갈 토스트, 누에 튀김 등이 이들 식당의 인기 메뉴이다.

① 곤충은 음식이 될 수 없고 먹을 수도 없다.
② 곤충은 단백질과 지방이 풍부해서 건강에 좋다.
③ 1,700여 종의 곤충 중에 먹을 수 있는 것은 일부이다.
④ 곤충 식당의 인기 메뉴는 전갈이나 누에 등으로 만든 것이다.

11.

> 좋은 글이란 다른 사람들이 알고 싶어 하는 내용을 정도에 맞게 알려주는 글이다. 그런데 같은 내용이라도 나이나 학력, 취미 등에 따라 사람들은 알고 싶어 하는 내용이나 정도가 다 다르다. 그렇기 때문에 좋은 글을 쓰는 것은 결코 쉬운 일이 아니다. 이런 점에서 글을 쓰는 훈련이란 다른 사람들이 알고 싶어 하는 것을 어떻게 잘 전하는가를 연습하는 것이다.

① 좋은 글을 쓰는 것은 쉬운 일이므로 누구나 쓸 수 있다.
② 알고 싶은 내용을 정도에 맞게 알려주는 글이 좋은 글이다.
③ 책을 많이 읽고 많은 글을 쓰는 것이 글을 쓰는 좋은 훈련이다.
④ 나이나 학력, 취미에 관계없이 사람들이 알고 싶어 하는 내용은 같다.

12.

신문은 살아있는 언어 학습의 유용한 도구이다. 읽기는 물론 쓰기, 말하기 실력을 한꺼번에 올릴 수 있다. 또한 한국 사회 및 세계의 뉴스, 시사상식이나 실생활의 일상 정보도 얻을 수 있는 중요한 매체이다. 게다가 요즘은 신문뿐만 아니라 각종 인터넷 사이트를 통해 뉴스를 쉽게 접할 수 있다. 뉴스와 정보의 홍수 속에서 바쁘게 살아가고 있는 우리는 꼭 필요한 정보들만 선택하여 볼 수 있는 안목이 필요하다.

① 신문은 중요한 정보 매체이며 언어 학습의 도구이다.
② 신문은 언어를 공부하는 데에 큰 도움을 주지 못한다.
③ 뉴스와 정보의 홍수 속에서 우리는 시력이 좋아야 한다.
④ 뉴스는 쉽게 접할 수 있는 반면 정보는 쉽게 얻을 수 없다.

13.

밤사이 중부지방에는 최고 7㎝가 넘는 많은 눈비가 내렸습니다. 지금은 대설주의보는 모두 해제됐지만, 강원 영서와 충청북도 일부 지역에는 오전에도 1~3㎝가량의 눈이 더 내릴 것으로 보입니다. 아침 출근길 거리는 온통 새하얗게 변했습니다. 흰 눈을 뒤집어쓴 차량은 평소보다 속도를 줄여 운전하고, 꽁꽁 언 빙판길에서는 아예 멈춰 버리기도 했습니다. 세차게 눈이 쏟아지는 거리를 걷는 사람들의 발걸음도 조심스럽기는 마찬가지입니다.

① 강원도와 충청도에 7㎝의 눈이 더 내릴 것이다.
② 중부지방에 눈비가 많이 내려서 대설주의보가 내려졌다.
③ 눈이 많이 왔지만 자동차들은 평소와 같은 속도를 내고 있다.
④ 밤사이 내린 눈으로 사람들이 출근하는 데 어려움을 겪고 있다.

14.

포도는 알칼리성 식품으로 피부를 깨끗하게 하고 탄력 있게 만들어 노화방지 등 피부미용에 효과적이며 장운동을 활발하게 해서 소화기능에도 도움이 된다. 또한 비타민이 풍부해 피로 회복, 시력 보호, 각종 암 예방 등에도 도움을 주어서 건강 기능성으로도 우수한 과일이다. 그 외에도 배고픔을 어느 정도 해소할 수 있고 추위를 타지 않게 하고 오줌을 잘 나오게 한다.

① 포도는 소화가 잘 되지는 않지만 피부미용에 좋다.
② 포도는 비타민이 많아서 우리 건강에 도움을 줄 수 있다.
③ 포도는 눈이 피로해지고 암을 예방하는 데 효과적인 과일이다.
④ 포도는 배가 고플 때 먹으면 효과가 없으나 소변은 잘 볼 수 있다.

15.

걷기는 우리가 아침에 눈을 뜨는 순간부터 시작되는 자연스러운 행동이다. 이것을 명상에 적용한 것이 바로 걷기 명상이다. 걷기 명상은 목적을 두지 않고 걷는 행위 자체에만 집중한다. 꾸준히 하면 머리가 맑아지고 고민이 줄어들어 누구나 쉽게 행복과 만족을 얻을 수 있다. 장소는 어디서나 쉽게 할 수 있지만 될 수 있으면 공원이나 숲길 등 조용한 곳이 좋다.

① 걷는 것만으로도 명상이 될 수 있다.
② 걷기 명상은 걷는 목적이 꼭 있어야 한다.
③ 걷기 명상을 계속하면 두통이 생기게 마련이다.
④ 걷기 명상은 시끄러운 곳이 아닌 조용한 곳에서만 해야 한다.

16.

뮤직테라피는 현대인의 마음의 병과 스트레스를 치료하는 데 효과적인 음악 요법이다. 음악은 사람의 마음과 신체를 편안하고 안정된 상태로 만들어 주어 몸과 마음이 힘든 현대인들에게 스트레스 해소와 피로 회복에 도움을 준다. 여기에 사용되는 음악은 새소리, 바다 소리 등 자연이 담긴 음악, 마음을 편안하게 해주는 음악 등으로 신체 및 심리적 변화를 긍정적으로 이끌어 낸다.

① 음악 치료는 현대인의 스트레스 해소에 효과가 높지 않다.
② 사람들은 음악을 들으면 몸과 마음의 변화를 잘 느끼지 못한다.
③ 자연의 소리가 들어 있는 음악을 들으면 피로가 풀리는 데 도움이 된다.
④ 스트레스가 쌓인 사람은 음악으로 마음이 편안해지지만 몸은 불편하다.

17.

모기가 사람이나 동물의 피를 빨아먹는 이유는 암컷 모기가 몸속에 있는 알을 키우기 위해서이다. 이때 암컷 모기는 동물성 단백질을 많이 필요로 한다. 그래서 먹이 대상을 찾을 때는 이산화탄소, 체온, 습기 등을 이용한다. 가까운 거리의 대상은 체온이나 습기로, 먼 거리는 바람을 타고 온 이산화탄소로, 또는 비누나 일부 향수 냄새를 맡고 찾아낸다.

① 모기는 사람이나 동물의 피를 무조건 좋아한다.
② 모기는 알을 키우기 위해서 모든 단백질이 반드시 필요하다.
③ 모기는 축축한 상태나 몸의 온도 등에 따라 먹잇감을 찾는다.
④ 모기는 거리에 상관없이 오직 냄새로만 먹이를 쉽게 찾을 수 있다.

18.

흔히 가위바위보는 운에 따라 승패가 결정되는 게임이다. 그런데 연구 결과에 따르면 한 번 이긴 승자는 다음 승부에서 손 모양을 바꾸지 않고 같은 것을 내는 경우가 많았다고 한다. 반면 두 번 이상 연속해서 진 패자는 대개 손 모양을 바꾸어 상대방에게 진 손 모양이 아닌 이길 수 있는 손 모양을 택했다고 한다. 따라서 승자는 유지하려는 습성, 패자는 바꾸려는 행동이 강하다는 분석이 나왔다.

① 가위바위보는 승자의 행운이 따르는 게임이다.
② 가위바위보의 승자는 다음 게임에서 처음과 같은 손 모양을 낸다.
③ 가위바위보의 패자는 연속적인 게임일 때 손 모양을 번갈아 내지 않는다.
④ 가위바위보의 승자와 패자는 서로 자신의 행동에 쉽게 반응을 보이지 않는다.

19.

요즘 자전거 열풍이 거세지고 있는데 자전거를 타면 어떤 점이 좋을까? 먼저 심폐 기능이 좋아질 뿐만 아니라 타면 탈수록 점점 탄탄해져 가는 자신의 몸도 느낄 수 있다. 허리 디스크를 완화하고 허리 근력을 강화하는 데도 효과적이다. 또 일상생활에서 받는 크고 작은 스트레스를 푸는 데도 그만이다. 최근에는 친환경 교통수단이란 점에서 더 인기를 끌고 있다.

① 자전거를 타는 사람들이 점점 줄어들고 있다.
② 자전거를 타면 스트레스 해소가 줄어들 수밖에 없다.
③ 자전거를 타면 심폐기능과 허리 근력에 도움이 안 된다.
④ 자전거를 타면 환경오염을 줄이는 데 도움을 줄 수 있다.

20.

발효 음식은 자연에서 일어나는 미생물의 반응을 이용한 음식이다. 그래서 나라, 지역, 기후와 자연조건, 재료에 따라 주로 먹는 발효 음식의 종류도 달라진다. 농사를 짓는 지역에서는 곡물을 이용한 발효 식품이 많다. 또 목축을 주로 하는 지역에서는 고기나 유제품의 발효 식품이 많고, 바다 가까이에서는 수산물 발효 식품이 발달했다.

① 발효 음식은 자연에서 얻은 미생물이다.
② 발효 음식은 지역적 조건 때문에 굉장히 다양하다.
③ 농사를 짓는 지역에서는 유제품의 발효 식품이 많다.
④ 흔하지 않은 재료를 사용해서 발효 식품을 만들 수 있다.

✔유형5 정답	1.③	2.④	3.③	4.②	5.①	6.④	7.②	8.①	9.③
	10.④	11.②	12.①	13.④	14.②	15.①	16.③	17.③	18.②
	19.④	20.②							

문제 푸는 꿀팁~! 🐝

예문 4개를 보고 순서대로 찾는 문제이다. 먼저 첫 번째 문장이 되는 것을 찾아야 하는데, 무엇에 대한 문제인지를 먼저 살펴보는 것이 중요하다. 그리고 첫 문장에 대한 사례나 근거, 구체적인 내용이 뒤에 따라오므로 앞뒤 문맥에 잘 맞추는 것이 좋다. 그리고 접속사(그러나, 따라서, 그러므로)나 또한 지시어(이, 그) 등이 앞뒤 문장을 연결하는 데 힌트가 될 수 있으니 염두에 두고 문제를 푸는 것이 중요하다.

1~16 다음을 순서대로 맞게 나열한 것을 고르십시오.

01.

(가) 한국기후와 환경네트워크에서는 탄소발자국 줄이기 캠페인을 한다.
(나) 인식하지 못했을 뿐 우리도 일상생활에서 이산화탄소를 배출하고 있다.
(다) 탄소발자국이란 제품 생산과 폐기 과정에서 배출되는 온실가스를 말한다.
(라) 이렇듯 기업과 가정에서 발생된 이산화탄소가 지구 환경을 파괴하고 있다.

① (나)-(다)-(라)-(가)　　　　② (가)-(다)-(나)-(라)
③ (나)-(라)-(다)-(가)　　　　④ (가)-(나)-(다)-(라)

02.

(가) 하지만 간척사업으로 인해 넓은 면적의 갯벌이 사라지고 있다.
(나) 갯벌은 수많은 물고기에게 서식지와 알을 낳는 장소를 제공해 준다.
(다) 게다가 오염 정화 기능과 태풍의 영향을 줄이는 역할을 하기도 한다.
(라) 썰물 때 바닷물이 밀려오고 밀려 나가는 평평한 곳을 갯벌이라고 한다.

① (나)-(라)-(가)-(다)　　　　② (라)-(다)-(나)-(가)
③ (나)-(가)-(라)-(다)　　　　④ (라)-(나)-(다)-(가)

03.

(가) 하지만 모발 기부를 하려면 파마와 염색을 하면 안 된다.

(나) 일반인이 백혈병 환자를 위해 도울 수 있는 방법은 모발 기부이다.

(다) 따라서 파마와 염색한 부분이 없어질 때까지 기다렸다가 기부하면 된다.

(라) 그것은 자연 모발로 가발을 만들 때 약품 처리를 하는데, 파마와 염색된 모발은 다 녹아 없어지기 때문이다.

① (라)-(다)-(나)-(가)   ② (나)-(라)-(가)-(다)

③ (라)-(나)-(다)-(가)   ④ (나)-(가)-(라)-(다)

04.

(가) 도시에서 발생하는 모든 농업활동을 도시 농업이라고 한다.

(나) 왜냐하면 도시농업은 먹는 즐거움과 만족감이 있기 때문이다.

(다) 이것은 도시지역의 자투리 공간을 활용하여 농사를 체험하는 것이다.

(라) 하지만 이것은 농촌에서 생계와 판매를 목적으로 하는 농업과 구별된다.

① (가)-(라)-(다)-(나)   ② (다)-(나)-(가)-(라)

③ (가)-(다)-(라)-(나)   ④ (다)-(가)-(나)-(라)

05.

(가) 그 대표적인 것이 ASMR이라는 영상이다.

(나) 연구 결과에 따르면 반복되는 소리가 심리적 안정감을 준다고 한다.

(다) 요즘 과도한 시각 자극에 지쳐 소리에서 휴식을 찾는 사람들이 늘고 있다.

(라) 이것은 의미 없는 소리가 반복되어 나오는 영상인데, 사람들은 이 영상을 보면서 안정을 찾는다.

① (라)-(나)-(가)-(다)   ② (다)-(라)-(가)-(나)

③ (라)-(가)-(나)-(다)   ④ (다)-(가)-(라)-(나)

06.

(가) 정전기 발생은 성별, 체질에 따라 차이가 있다.

(나) 정전기를 피하기 위해서는 털옷보다는 면으로 된 옷을 입는 게 좋다.

(다) 여성보다는 남성이, 뚱뚱한 사람보다는 마른 사람이 정전기에 민감하다.

(라) 왜냐하면 여자나 뚱뚱한 사람은 몸 안에 지방이나 수분이 많기 때문이다.

① (가)-(라)-(다)-(나)   ② (다)-(나)-(라)-(가)

③ (가)-(다)-(라)-(나)   ④ (다)-(라)-(나)-(가)

07.

(가) 고층 건물이 들어서 있는 도시의 골목은 바람이 통과하는 길목이다.

(나) 이것을 '먼로 현상'이라 하는데 유명한 배우의 이름에서 따온 것이다.

(다) 그런데 바람이 없는 날에도 고층 빌딩 아래에서 갑자기 바람이 불 때가 있다.

(라) 먼로라는 배우가 영화 속에서 바람으로 치마가 위로 올라가자 치마를 잡아내는 장면과 같다고 해서 붙여진 것이다.

① (가)-(다)-(나)-(라) 　　　② (나)-(라)-(가)-(다)
③ (가)-(나)-(다)-(라) 　　　④ (나)-(가)-(라)-(다)

08.

(가) 하지만 기계가 돌아가는 공장에서는 약속된 시간에 모여서 일을 했다.

(나) 자연에 의지해 농사를 지었던 농민들에게는 '지각'이라는 말이 없었다.

(다) 사람들이 도시의 공장에서 일을 하기 시작하면서 출퇴근과 지각이라는 말이 생겼다.

(라) 그러므로 정해진 시간에 출근하지 않으면 공장의 기계가 멈출 수밖에 없기 때문에 이 말이 생기게 되었다.

① (나)-(가)-(라)-(다) 　　　② (다)-(가)-(나)-(라)
③ (나)-(라)-(가)-(다) 　　　④ (다)-(나)-(가)-(라)

09.

(가) 그런 식물들을 환경 정화수라고 한다.

(나) 대기 중의 오염된 것을 깨끗하게 해 주는 식물들이 있다.

(다) 또한 스펀지처럼 소음을 차단해 주는 기능도 가지고 있다.

(라) 환경 정화수는 다른 나무에 비해 대기 오염 물질을 흡수하여 공기를 깨끗하게 만들어 준다.

① (나)-(라)-(가)-(다) 　　　② (라)-(나)-(다)-(가)
③ (나)-(가)-(라)-(다) 　　　④ (라)-(다)-(나)-(가)

10.

(가) 반면에 남자들은 단맛에 민감하다고 한다.

(나) 여성은 남성보다 약 25%의 민감한 미각을 갖고 있다.

(다) 특히 여자는 쓴맛에 민감하다고 한다.

(라) 여자들이 미각에 민감한 것은 유전자의 차이에 따라 혀에서 맛을 느끼는 부분이 다르기 때문이다.

① (다)-(나)-(라)-(가) 　　　② (나)-(가)-(다)-(라)
③ (다)-(라)-(나)-(가) 　　　④ (나)-(다)-(가)-(라)

11.

> (가) 그림 그리기, 사진 찍기, 음악, 요리, 운동 등이 그것이다.
> (나) 이 시간을 즐겁게 보낼 수 있는 여가활동은 여러 가지가 있다.
> (다) 사람이 살아가는 데 기본적으로 필요한 시간을 제외한 시간이 '여가'이다.
> (라) 여가활동은 정신건강에도 좋고 다양한 분야의 지식도 얻을 수 있다.

① (다)-(나)-(가)-(라) ② (라)-(가)-(나)-(다)
③ (다)-(가)-(나)-(라) ④ (라)-(나)-(가)-(다)

12.

> (가) 그러면서 대학로는 문화와 예술의 거리로 자리잡게 되었다.
> (나) 서울의 혜화동에서 이화동까지 이어지는 거리를 대학로라고 한다.
> (다) 대학로에 마로니에 공원이 조성되고, 크고 작은 공연장이 생겼다.
> (라) 이곳에서는 다양한 행사들이 열려 젊은이들의 발길이 끊이지 않는다.

① (나)-(라)-(다)-(가) ② (다)-(라)-(가)-(나)
③ (나)-(다)-(라)-(가) ④ (다)-(가)-(라)-(나)

13.

> (가) 많은 사람은 SNS를 이용하여 끊임없이 자신의 모습을 드러낸다.
> (나) 그럼으로써 사람들은 잃어버린 정체성을 찾고 마음의 위안도 얻는다.
> (다) 이것이 SNS가 사람들 사이의 매개 공간으로 애용되고 있는 이유이다.
> (라) 그리고 이런 자기 노출을 통해 타인과 소통하며 서로의 삶을 공유한다.

① (다)-(가)-(나)-(라) ② (가)-(라)-(나)-(다)
③ (다)-(나)-(가)-(라) ④ (가)-(나)-(라)-(다)

14.

> (가) 사람들은 오랜 연구와 노력을 통해 스마트폰을 만들어 냈다.
> (나) 가끔은 스마트폰을 내려놓고 두뇌를 활용해 보는 것은 어떨까?
> (다) 미래에는 기계보다 인간이 더 멍청해지는 일이 일어날 수도 있다.
> (라) 하지만 사람들은 자기가 만든 기계에 의해 점점 바보가 되고 있다.

① (가)-(라)-(다)-(나) ② (나)-(가)-(다)-(라)
③ (가)-(다)-(라)-(나) ④ (나)-(다)-(가)-(라)

15.

(가) 가족 식사는 아이의 인생에 큰 영향을 끼칠 수 있다.

(나) 식사 후 우리 뇌에서는 마음을 편안하게 해 주는 호르몬이 나온다.

(다) 특히 좋아하는 사람과 밥을 먹으면 만족감과 행복감까지 느낄 수 있다.

(라) 따라서 가족과 식사하는 것만으로도 아이의 정서 안정에 큰 도움이 된다.

① (나)-(라)-(다)-(가)　　　　　　② (가)-(다)-(나)-(라)

③ (나)-(다)-(라)-(가)　　　　　　④ (가)-(나)-(다)-(라)

16.

(가) 따라서 우선 물로 입 안을 헹구어 산성 성분을 제거한다.

(나) 식사가 끝나자마자 양치질을 하는 것은 그다지 좋지 않다.

(다) 음식물에 포함되어 있던 산성 성분이 치아를 공격하기 때문이다.

(라) 그리고 약 30분 뒤에 구석구석 깨끗이 양치하는 것이 가장 좋다.

① (다)-(라)-(나)-(가)　　　　　　② (나)-(다)-(가)-(라)

③ (다)-(나)-(라)-(가)　　　　　　④ (나)-(가)-(다)-(라)

✅ **유형6** 1.② 2.④ 3.④ 4.③ 5.④ 6.③ 7.① 8.④ 9.③
정답 10.④ 11.① 12.③ 13.② 14.① 15.④ 16.②

문제 푸는 꿀팁~! 🐝

빈칸에 들어갈 알맞은 내용을 고르는 문제로 빈칸의 위치에 따라 문제 푸는 방법을 다르게 생각해야 한다. 앞부분의 문장은 보통 전체 내용을 포함하는 주제문장이고 나머지는 이것을 설명하는 문장이므로 주제문이 말하려고 하는 내용을 파악해야 한다. 그리고 지시하는 이것(그것) 또는 접속사나 문법적인 관계를 통해서 원인이나 이유, 결과를 나누고 파악하면 문장 속에서 답을 유추할 수 있다.

1~15 다음을 읽고 (   )에 들어갈 내용으로 가장 알맞은 것을 고르십시오.

01.

컴퓨터나 스마트폰을 하루 종일 하다 보면 어깨와 목이 아프고 무겁다. 계속 들여다보면 어깨가 굽게 된다. 특히 어깨와 등이 둥글게 되는 증상을 거북목 증후군이라 한다. 잘못된 자세가 지속되면서 뼈의 변형이 서서히 진행되는데 자꾸 (   ) 거북이처럼 목이 나왔다 해서 붙여진 이름이다.

① 짧아진 팔 길이로 인해
② 머리를 꼿꼿하고 바르게 하니
③ 목과 머리를 앞으로 빼다 보니
④ 어깨가 좁아지고 머리가 작아짐에 따라

02.

코끼리는 매우 낮은 소리로 대화하는데, 낮은음의 소리는 높은음의 소리보다 더 멀리 나아갈 수 있다. 그래서 코끼리는 낮은 소리를 이용해서 먼 거리에 있는 동료들과 연락을 한다. 반면에 박쥐는 어두운 굴속에서 높은음의 소리를 사용해서 주변에 동료들이 있는지를 파악한다. 이처럼 코끼리와 박쥐는 (   ).

① 낮은음의 소리를 편리하게 사용한다
② 동료들과 대화할 때는 소리를 이용한다
③ 같은 음의 소리를 이용해서 대화를 한다
④ 동료들과 대화하는 동물로 유명한 것이다

03.

> 한 주방 업체에서 세제가 필요 없는 신개념의 수세미를 선보였다. 친환경 세제를 코팅 처리한 것으로 순수하게 국내 기술력으로만 만든 제품이다. 따로 세제를 묻히지 않고 그냥 물만 묻히면 세제 거품이 나오는 신개념 제품이다. 게다가 필요시 한 장씩 사용 가능하고, 부피가 작아 외부 사용 시에도 휴대가 간편해서 소비자들의 반응이 뜨겁다. 이는 설거지를 깔끔하고 간편하게 하도록 (   ) 때문이다.

① 기술을 도입했기
② 적은 비용으로 바꾸었기
③ 많은 사람에게 인기를 얻었기
④ 새로운 아이디어 상품으로 해결했기

04.

> 전기차는 말 그대로 연료가 기름이 아닌 전기로만 운행을 할 수 있는 친환경 차량이다. 날이 갈수록 오르는 기름 값에 비해 전기차는 연료비가 매우 저렴하고 운행 시 매연이 없어서 친환경 면에서 높은 평가를 받고 있다. 그래서 정부는 2025년까지 (   ) 전기차량 구입자에게 각종 혜택을 지원하기로 했다.

① 기름을 사용하는 차량을 위해
② 전기차를 홍보용으로 나눠 주기 위해
③ 친환경 전기차량의 수요를 늘리기 위해
④ 연료비가 적게 드는 차량을 만들기 위해

05.

> 새해는 새로 시작하는 날인만큼 깨끗하고 밝음의 표시로 설날에 흰 떡을 끓여 먹는다. 떡국에 사용되는 긴 가래떡은 재산이 늘어나고 장수하라는 의미를 담고 있다. 이 가래떡을 둥글게 써는 이유 역시 둥근 모양이 (   ) 새해에도 돈이 잘 들어와서 풍족하게 살기를 바라는 조상들의 마음에서 비롯된 것이다.

① 옛날 돈의 모양과 같기 때문에
② 태양과 같은 모양을 하기 때문에
③ 공의 모양과 다르지 않기 때문에
④ 보름달처럼 모양을 유지하기 때문에

06.

최근 들어 출퇴근 시간을 자유롭게 운용하는 기업이 늘어나면서 직장인들의 라이프스타일이 바뀌고 있다. 자신의 상황에 맞게 (   ) 자기계발에 힘쓰는가 하면, 월요병이나 육아 문제를 해결하는 이들도 늘어나고 있다. 자유로운 출퇴근 시간이 직장인의 가슴을 시원하게 만드는 청량제로 자리 잡고 있다.

① 여가시간을 활용하여
② 출퇴근 시간을 조절하여
③ 직장의 근무환경을 바꿔
④ 자신이 일할 직장을 잘 선택해서

07.

현대 생활이 점점 복잡해짐에 따라 밤에 잠을 잘 이루지 못해서 불면증에 시달리는 사람들이 늘어나고 있다. 잠을 이루지 못할 때는 대개 여러 가지 (   ). 그래서 어떤 사람들은 100에서 1까지 거꾸로 세다 보면 잡념이 없어져 잠이 든다고 하지만 이러한 방법도 별 효과가 없다. 수를 세는 도중에 그만 또다시 잡념이 생기기 때문이다.

① 공부를 하다 보면 잠이 깬다
② 잡념들이 생겨나기 마련이다
③ 숫자를 세는 방법을 사용한다
④ 운동을 해야 잠을 충분히 잘 수 있다

08.

부모로서 자식을 사랑하는 마음은 분명 간절하다. 그런데 자식이 그 마음을 몰라줄 경우 자녀의 철없음을 탓할 수도 있지만 다른 한편으로는 그런 (   ) 자신의 탓일 수도 있다는 말이다. '자식은 부모의 마음을 모른다.'는 편견에 젖어 있는 것이 부모들 대부분의 마음습관인 것이다.

① 생각이 나지 않는
② 마음을 알아주는 것은
③ 자식의 마음을 아는 것도
④ 마음을 제대로 전달하지 못한

09.

숲은 지구의 허파라고 사람들은 흔히 말한다. 숲은 (   ). 다시 말해, 숲은 대기 중에 있는 이산화탄소를 흡수하고 산소를 내뿜어 우리가 살아가는 데 꼭 필요한 산소를 마음껏 들이마시게 해준다. 그래서 숲은 인간에게 꼭 필요한 것이므로 우리는 조금씩 사라져 가는 숲을 지켜야 한다.

① 이산화탄소와 산소를 만들어 낸다
② 우리에게 필요한 자원을 많이 제공한다
③ 우리가 숨을 쉴 수 있게 해 주기 때문이다
④ 많이 훼손되어서 숲을 살리자는 캠페인을 해야 한다

10.

사람은 누구나 (   ) 자신의 얘기에 진심으로 귀를 기울여 주는 사람을 좋아한다. 대인 관계에서 만족스럽고 원만한 관계를 경험하면 삶에 긍정적인 영향을 주지만 그렇지 못할 경우에는 정신적 스트레스나 삶에 장애가 생기는 부정적인 영향을 미칠 수 있다. 그러므로 인간관계를 잘 풀기 위해서는 기본적인 지식과 노력, 훈련이 필요하다.

① 서로에게 만족하지 못하며   ② 자신에게 관심을 보여 주고
③ 친구들과 이야기하는 것을 좋아하고   ④ 다른 사람보다 자신만을 좋아해 주고

11.

여름철에는 온도와 습도가 높아 세균이 활발히 번식한다. 그래서 음식이 빨리 상하기 때문에 음식을 잘못 먹으면 세균과 바이러스 등에 의해 배탈과 설사, 식중독 같은 질환이 많이 발생한다. 또 이러한 질환은 소화 기능이 (   ), 물리적인 자극이 가해졌을 때, 세균이 만들어 낸 독 때문에 발병하기도 한다.

① 떨어졌을 때   ② 올라갔을 때   ③ 멀어졌을 때   ④ 왕성했을 때

12.

옛날에 우산을 파는 아들과 짚신을 파는 아들을 둔 어머니가 있었다. 이 어머니는 비가 오면 짚신 파는 아들을, 날씨가 좋으면 우산 파는 아들을 걱정했다. 그런데 어느 날 어머니의 (   ). 비가 오면 우산이, 날이 좋으면 짚신이 잘 팔릴 것이라고 생각한 것이다. 그 후로 어머니는 행복해졌다.

① 마음이 아팠다   ② 걱정이 많아졌다
③ 생각이 바뀌었다   ④ 행복은 사라졌다

13.

　　일상생활에서 사용하는 말을 가만히 들어 보면 잘못된 발음을 하는 경우를 흔히 볼 수 있다. 문자로 표기를 할 때는 어법에 맞게 쓰려는 노력을 하지만 음성언어의 경우에는 그렇지 못한 경우가 많다. 하지만 이것이 습관이 되다 보면 결과적으로 발음에 따라서 표기도 잘못하게 되는 경우가 많다. 즉, (　　　　　　　　　) 쓰는 경우가 발생하는 것이다.

① 어법에 맞게　　　　　　　　　　② 발음이 나오는 대로
③ 문법을 습관적으로　　　　　　　④ 글자가 보이는 대로

14.

　　공동육아 어린이집은 (　　　　　　　　　). 영재교육이나 조기교육을 실시하지 않는다. 나들이, 텃밭 가꾸기, 마당놀이 등을 통한 생태놀이와 주제에 따라 음악이나 미술 활동으로 연계하는 수업을 한다. 부모로서 자녀교육의 주체성을 갖고 내 아이, 남의 아이 할 것 없이 다 함께 잘 키우고자 하는 것이 공동육아 어린이집의 교육 목표이다.

① 무엇보다도 학부모들의 참여가 소극적이다
② 운영 주체가 원장이 아닌 학부모와 교사다
③ 자연 속에서 뛰어놀며 건강한 생각을 키우는 곳이다
④ 선행학습을 시키고 경쟁력 있는 아이로 키울 수 있다

15.

　　장수 마을에 계신 노인들은 평균적으로 웃는 횟수가 많다고 한다. 웃음이 장수하는 한 가지 비결인 셈이다. 즉, 웃음은 긍정적인 마음을 갖게 하고, 긍정적인 마음은 낙천적인 성격을 만든다. 낙천적인 성격은 자기 자신의 마음을 편안하게 하여 장수에 도움이 된다는 것이다. 그래서 상대적으로 웃음이 부족하면 (　　　　　　　　　)을 갖게 되고, 화를 많이 내고, 마음이 불안하여 장수하지 못하는 경우가 많다.

① 이기적인 마음　　② 낙천적인 마음　　③ 긍정적인 마음　　④ 부정적인 마음

✓ 유형7 정답 　1.③ 　2.② 　3.④ 　4.③ 　5.① 　6.② 　7.② 　8.④ 　9.③
　　　　　　　10.② 　11.① 　12.③ 　13.② 　14.③ 　15.④

문제 푸는 꿀팁~!

지문의 전체적인 내용을 이해하는 것이 우선되어야 한다. 첫 번째 문제는 빈칸에 알맞은 접속사를 찾는 문제로 주로 부사어가 나오기 때문에 부사를 중심으로 공부하고 앞문장과 뒷문장과의 관계를 잘 파악한 후 어휘를 골라야 한다. 두 번째 문제는 내용과 같은 것을 고르는 문제로 예문 4개를 먼저 읽고 거꾸로 지문에서 찾아 확인하면 좋다.

1~18 다음을 읽고 물음에 답하십시오.

음식 섭취는 생존을 위해 필수적이다. 상한 음식이나 독이 있는 음식을 느끼지 못하고 먹게 되면 안 좋은 결과가 생긴다. 그렇기 때문에 인간이 음식의 질을 분석하기 위하여 자신의 오감을 모두 사용한다. 첫 번째 판단은 음식의 모양과 냄새를 바탕으로 이루어진다. 그리고 이 음식이 입 속으로 들어가게 되면 (   ) 미각에만 한하지 않고 후각, 촉각, 그리고 청각도 포함된 복합적인 감각으로 음식을 섭취할지 거부할지에 대한 최종 결정이 이루어진다.

01. (   )에 들어갈 알맞은 것을 고르십시오.
① 단지   ② 또는   ③ 비록   ④ 과연

02. 이 글의 내용과 같은 것을 고르십시오.
① 음식은 꼭 필요한 것은 아니다.
② 음식을 먹으면 미각만을 사용한다.
③ 안 좋은 음식을 모르고 먹으면 탈이 난다.
④ 음식을 처음 봤을 때 다른 사람의 감각도 필요하다.

우리가 살고 있는 지구가 회복력이 있다고 해서 환경 문제를 심각하게 받아들이지 않는다면 큰 오산이다. (   ) 지구가 우리들이 파괴한 환경을 회복시킨다 하더라도 우리가 지불해야 할 값비싼 대가가 여전히 남아 있다. 수 세기 동안 전쟁을 거치면서 여러 국가가 다시 만들어졌으나 수백만 명의 사람들이 목숨을 잃었고 소중한 것들이 파괴되었다. 게다가 인간의 행위가 지구를 파괴할 가능성은 적지만 그러한 결과들은 너무나 처참했다.

03. (   )에 들어갈 알맞은 것을 고르십시오.
① 역시   ② 비록   ③ 반면에   ④ 차라리

04. 이 글의 내용과 같은 것을 고르십시오.
① 전쟁을 하면 지구가 무너질 것이다.
② 환경 문제를 심각하게 받아들일 정도는 아니다.
③ 지구가 회복력이 있으니까 인간은 걱정할 필요가 없다.
④ 우리가 무너뜨린 환경을 회복하려면 많은 대가가 필요하다.

관광은 그저 휴가를 보내는 것 이상으로 중요하다. 관광은 다양한 문화와 여러 지역에서 온 사람들이 함께 모일 수 있도록 해 주고, 관광객과 관광지의 지역사회가 서로의 차이점과 유사점에 대해 배운다. 그들은 (   ) 새로운 취향과 사고방식을 배우는데, 그것이 관광지에 사는 사람과 관광객 사이의 보다 나은 이해를 가져올 수 있다. 또 하나의 긍정적인 효과로 관광은 한 사회의 문화, 특히 그 문화의 예술 형태를 보존하도록 도움을 준다.

05. (   )에 들어갈 알맞은 것을 고르십시오.
① 역시   ② 이미   ③ 또한   ④ 과연

06. 이 글의 내용과 같은 것을 고르십시오.
① 관광은 그 지역 사람들이 모이게 도와준다.
② 관광은 휴가를 보내는 것만을 의미하지 않는다.
③ 관광은 관광지에 사는 사람들에게만 도움을 준다.
④ 관광객은 관광을 통해 서로 다른 점만 배울 수 있다.

여행은 크게 맞춤 여행과 개별 여행으로 나뉜다. 맞춤 여행은 여행자가 코스를 선택하며 여행사가 항공권과 숙소를 예약해 주는 형태이다. 여기에 현지 가이드를 통한 여행지 안내 서비스까지 제공한다. (   ) 개별 여행은 맞춤 여행에 좀 더 자율성이 보장되는 배낭여행 형태이다. 자신이 원하는 시간에 언제든지 떠날 수 있는 것이 개별 여행의 장점이지만 혼자 계획해야 하는 여행이므로 준비 단계부터 맞춤 여행보다 발품을 많이 팔아야 한다.

07. (   )에 들어갈 알맞은 것을 고르십시오.

① 이로 인해   ② 이와 같이   ③ 이런 점에서   ④ 이에 반해

08. 이 글의 내용과 같은 것을 고르십시오.

① 맞춤 여행은 자율성이 보장된다.

② 맞춤 여행은 발품을 많이 팔아야 한다.

③ 개별 여행은 혼자서 계획하는 여행이다.

④ 개별 여행은 여행사가 많은 서비스를 제공한다.

취업을 하는 데 가장 우선시되는 것이 일반적으로 성적이라고 생각한다. 그러나 실질적으로 기업에서는 성적이 아니라 경력을 원한다. 기본적으로 토익점수와 자격증, 그리고 해당 직종의 각종 공모전 입상 경력, 프레젠테이션 능력 등을 주로 본다. (   ) 경력에 해당되는 직종과 아르바이트 경험도 평가의 대상이 된다. 따라서 기본적인 성적이 된다면 내가 가고자 하는 직종의 경험 및 경력에 대한 자기관리가 잘 이루어져야 할 것이다.

09. (   )에 들어갈 알맞은 것을 고르십시오.

① 비록   ② 또한   ③ 마치   ④ 단지

10. 이 글의 내용과 같은 것을 고르십시오.

① 성적이 취업에 가장 중요한 요인이다.

② 취업할 때 기업은 경력보다 성적을 주로 본다.

③ 취업은 성적과 관계된 토익점수나 자격증이 중요하다.

④ 취업을 위해 직종 관련 경력이나 경험을 준비해야 한다.

일과 중 앉아 있는 시간을 조금만 줄여도 건강을 유지하는 데 도움이 된다는 연구 결과가 나왔다. 매일 30분씩 걷기나 산책 등 저강도 신체활동을 한 사람은 이러한 활동이 전혀 없는 사람에 비해 조기사망 위험이 17% 더 낮은 것으로 나타났다. 또 달리기나 중·고강도의 운동을 매일 30분씩 한 사람은 그렇지 않은 사람에 비해 조기사망 위험이 35% 감소했다. 즉, 일과 시간 도중에 (   ) 그리고 주기적으로 움직이는 것 모두 조기사망 위험을 낮추고 건강을 지키는 데 효과가 있다는 것이다.

11. (   )에 들어갈 알맞은 것을 고르십시오.
① 우연히　　　　② 틈틈이　　　　③ 날마다　　　　④ 반드시

12. 이 글의 내용과 같은 것을 고르십시오.
① 일을 하다가 잠깐씩 움직이는 것이 건강에 좋다.
② 일을 할 때는 앉아서 30분씩 해야 신체활동이 좋아진다.
③ 저강도 운동은 고강도 운동에 비해 운동 효과가 좋지 않다.
④ 규칙적으로 움직이는 것만으로는 조기사망 위험률을 낮추지 못한다.

옷차림은 입는 사람의 생각과 감정을 나타낸다. 자신의 개성을 잘 표현할 수 있고 사회적으로도 적절한 옷차림은 자신감을 가지게 될 뿐만 아니라 긍정적인 자아를 형성하게 된다. 그러므로 자신에게 잘 맞는 옷차림이 중요하다. 옷을 선택할 때는 (   ) 유행만 따르기보다는 나의 외모와 체형 등에 잘 어울리는 옷을 고른다면 자신의 장점을 살리고 단점을 감추는 데 도움이 될 것이다.

13. (   )에 들어갈 알맞은 것을 고르십시오.
① 다만　　　　② 마치　　　　③ 무조건　　　　④ 반드시

14. 이 글의 내용과 같은 것을 고르십시오.
① 옷차림은 옷을 입는 사람의 개성을 잘 나타낼 수 없다.
② 자신의 개성을 잘 나타내는 옷차림은 자신감을 줄 수 있다.
③ 옷을 고를 때는 유행에 맞는 옷을 선택해야 자신에게 긍정적이다.
④ 외모에 맞지 않는 옷차림은 자신을 나를 표현하는 데 도움을 준다.

애니메이션은 짧은 시간에 여러 장의 이미지를 연속 촬영하여 대상이 (   ) 살아 움직이는 것처럼 보이게 만든 영상이다. 시각적인 효과를 이용한 애니메이션은 정지된 만화보다 훨씬 생동감 있는 화면을 제공하며 인위적인 조작으로 현실에서는 불가능한 일들을 가능하게도 만든다. 최근에는 컴퓨터 기술의 발달로 애니메이션의 질감이나 표현이 끊임없이 발전하고 있어 영화뿐만 아니라 광고 등에도 다양하게 활용되고 있다.

15. (   )에 들어갈 알맞은 것을 고르십시오.
① 마치　　　　② 아직　　　　③ 이미　　　　④ 너무

16. 이 글의 내용과 같은 것을 고르십시오.
① 애니메이션은 아주 길지 않은 시간 내에 볼 수 있다.
② 애니메이션은 시각적인 효과가 만화보다 뛰어나지 못하다.
③ 애니메이션은 현실에서 일어날 수 없는 일들도 가능하게 한다.
④ 애니메이션은 컴퓨터 기술이 발전하면 할수록 다양한 표현이 힘들다.

습관은 우리가 매일 하는 행동과 생각에 꾸준히 영향을 준다. 좋은 습관은 어렵게 형성되지만 살아가는 데 도움이 되며 나쁜 습관은 쉽게 형성되지만 살아가는 데 방해가 된다. 식사를 급하게 하거나 부정적으로 생각하는 습관은 우리에게 좋지 않은 영향을 준다. (   ) 규칙적인 운동, 지속적인 일기 쓰기 등의 습관은 더 나은 삶을 사는 데 도움을 준다. 따라서 좋은 습관을 기르는 것이 중요하다.

17. (   )에 들어갈 알맞은 것을 고르십시오.
① 단지　　　　② 반면　　　　③ 다만　　　　④ 결국

18. 이 글의 내용과 같은 것을 고르십시오.
① 습관은 지속적으로 우리의 생활에 영향을 끼치기 어렵다.
② 쉽게 만들어진 습관은 어렵게 만들어진 습관보다 도움이 된다.
③ 밥을 천천히 먹는 습관은 우리의 삶에 좋은 영향을 줄 수 없다.
④ 매일 꾸준히 운동을 하게 되면 지금보다는 더 좋은 생활을 할 수 있다.

| ✅ 유형 8 | 1.① | 2.③ | 3.② | 4.④ | 5.③ | 6.② | 7.④ | 8.③ | 9.② |
| 정답 | 10.④ | 11.② | 12.① | 13.③ | 14.② | 15.① | 16.③ | 17.② | 18.④ |

문제 푸는 꿀팁~!

첫 번째 문제는 속담과 관용표현 문제로 문장의 쓰임과 상황을 통해 암기해야 하며,
두 번째 문제는 중심 생각 찾기 문제로 주로 처음의 문장과 마지막 문장에 중심 생
각이 많으므로 주의해서 읽는다. 또한 접속사(즉, 따라서, 그러므로) 등 다음에 나오
는 문장들이 중심 생각이 많다.

1~24 다음을 읽고 물음에 답하십시오.

오랜만에 온 가족이 처음으로 해외여행을 계획했다. 설레는 마음을 안고 공항에 도착해
서 보니까 (   )이라고 여행하려는 여행객들로 붐볐다. 비행기를 타기 전까지 시
간이 많이 걸리고 피곤했지만 설레어서 피곤함을 느끼지 못했다. 역시 여행이란 일상생활
에서 탈출하여 사랑하는 사람들과 함께한다는 것만으로도 즐겁고 행복한 것이다.

---

01. (   )에 들어갈 알맞은 것을 고르십시오.

① 그림의 떡   ② 걱정도 팔자
③ 내 코가 석 자   ④ 가는 날이 장날

02. 이 글의 중심 생각을 고르십시오.

① 여행은 피곤함이 쌓인다.
② 처음으로 가족여행을 하게 되었다.
③ 여행은 어떤 장소로 가느냐가 중요하다.
④ 사랑하는 사람들과 여행하는 것은 행복하다.

간헐적 단식은 하루 중 8시간 동안 자유롭게 식사하고 나머지 16시간 동안은 공복상태를 유지하는 다이어트이다. 연구 결과에 따르면 이 다이어트는 체중을 안전하게 감량하는 데에 효과적인 방법이며, 소화기관이 휴식할 수 있도록 도와주어 신진대사의 속도를 높인다고 한다. 간헐적 단식은 그냥 무작정 안 먹는 것이 아니고 (   ) 16시간 동안 단식을 하면 다른 다이어트 방법보다 쉽고 지속 가능하다는 장점이 있다.

03. (   )에 들어갈 알맞은 것을 고르십시오.
① 마음을 먹고　　　　　　　　② 가슴을 쳐서
③ 손발이 맞게　　　　　　　　④ 눈독을 들여

04. 이 글의 중심 생각을 고르십시오.
① 반복적으로 계속 음식을 먹어야 성공한다.
② 간헐적 단식은 먹으면서 살을 빼는 다이어트이다.
③ 소화기관에 휴식을 주는 단식이 다이어트에 효과적이다.
④ 간헐적 단식은 쉽고 계속할 수 있는 다이어트 중의 하나이다.

공정 여행은 영국에서 시작됐는데, 무분별한 관광지 개발로 환경오염 및 원주민 공동체 붕괴가 발생하여 이에 대한 해결책이 필요하다는 인식에서 비롯됐다. 다시 말해 공정 여행은 여행지의 삶과 문화, 자연을 존중하면서 여행자가 사용한 돈이 지역 사람들의 삶에 보탬이 되도록 하는 여행으로, 착한 여행이라고도 한다. 이것이야말로 (   ) 여행자도 즐겁고, 지역 공동체도 살리는 것으로 공정 여행의 핵심이다.

05. (   )에 들어갈 알맞은 것을 고르십시오.
① 발 벗고 나서고　　　　　　　② 눈에 불을 켜고
③ 병 주고 약 주고　　　　　　　④ 꿩 먹고 알 먹고

06. 이 글의 중심 생각을 고르십시오.
① 여행 지역의 문화와 자연을 사랑해야 한다.
② 공정 여행의 목표는 지역에서 돈을 벌기 위한 것이다.
③ 공정 여행은 지역 사회와 여행자에게 모두 도움이 된다.
④ 환경오염을 해결하기 위한 방법으로 공정 여행을 만들었다.

부모는 자녀의 행동이 (   ) 곧잘 화를 낸다. 특히 부모의 감정이 격해지기 쉬운 때가 바로 자녀의 성적표를 받아들었을 때가 아닐까 한다. 쌓였던 온갖 감정이 터져 나오며 이런저런 말들을 쏟아 붓게 된다. 그러나 정말 화가 많이 났다면 그 순간에는 말을 하지 않는 것이 좋다. 단순한 언어가 아니라 폭탄과 같은 폭발력을 지니기 때문이다.

07. (   )에 들어갈 알맞은 것을 고르십시오.

① 속이 쓰릴 때   ② 입을 다물게 할 때

③ 눈에 들어올 때   ④ 마음에 들지 않을 때

08. 이 글의 중심 생각을 고르십시오.

① 부모는 자녀의 행동에 만족해한다.

② 언어는 폭탄과 같은 폭발력이 있다.

③ 부모는 화가 많이 날 경우 잠시 참는 것이 좋다.

④ 부모는 아이의 성적표를 받았을 때 화를 잘 낸다.

우리는 늘 다른 사람과 어울려 살아간다. 이때 서로의 마음을 잘 이해해야만 친밀한 관계를 유지할 수 있다. 하지만 아무리 가까운 사이라도 상대방의 속마음을 알기는 쉽지 않으며 반대로 자신의 생각이나 느낌을 전달하는 것도 어려울 때가 많다. 자칫 실수라도 하게 되면 실수를 되돌리기 위해 (   ) 경우가 있다. 그만큼 사람들과의 좋은 관계를 유지하려면 서로를 이해하고 존중하며 배려해야 한다.

09. (   )에 들어갈 알맞은 것을 고르십시오.

① 진땀을 빼는   ② 마음을 비우는

③ 손사래를 치는   ④ 입에 달고 다니는

10. 이 글의 중심 생각을 고르십시오.

① 사람들은 조화를 이루며 사는 것이 좋다.

② 가까운 사이일수록 서로 잘 지내야 한다.

③ 상대에게 자신의 마음을 전하고 싶을 때가 있다.

④ 친밀한 관계가 지속되려면 서로 충분한 이해가 필요하다.

관심이나 가치가 유사한 사람들이 모인 온라인 커뮤니티에서는 객관적 정보에 근거하지 않은 생각이나 감정적 표현들이 많이 나타난다. 이런 표현들은 일반 사람들의 (   ) 청소년들에게 좋지 않은 영향도 미친다. 그 이유는 집단 구성원들의 성향이 유사하여 그 구성원의 의견에 동조하거나 극단적으로 한쪽 방향으로만 의견이 치우치기 때문이다. 따라서 이런 온라인 커뮤니티를 접한다면 좀 더 신중한 자세가 필요하다.

11. (   )에 들어갈 알맞은 것을 고르십시오.

① 마음에 들거나   ② 귀를 의심하거나

③ 눈에 거슬리거나   ④ 코앞에 닥치거나

12. 이 글의 중심 생각을 고르십시오.

① 청소년들은 온라인 커뮤니티를 피해야 한다.

② 온라인상의 커뮤니티는 집단적 성향이 강하다.

③ 온라인 커뮤니티를 할 때는 심사숙고해야 한다.

④ 온라인 커뮤니티에 모인 사람들은 관심거리가 동일하다.

오랜 우정에는 스트레스가 없다. 음식의 맛으로 보면 언제 먹어도 질리지 않는 담백한 맛에 해당한다. 그런 친구와의 관계는 언제 만나도 나를 있는 그대로 받아 줄 것이라는 신뢰가 있다. 따라서 편안하다. 그리고 힘든 일이 있을 때 친구는 서슴없이 (   ) 곤경에서 벗어나자는 희망을 준다. 물론 그런 우정은 아무나 가질 수 있는 것이 아니다. 반드시 서로의 노력이 있어야 가능하기 때문이다.

13. (   )에 들어갈 알맞은 것을 고르십시오.

① 벽을 허물며   ② 발을 맞추며

③ 손을 내밀며   ④ 입을 모으며

14. 이 글의 중심 생각을 고르십시오.

① 음식을 먹을 때는 담백한 맛이 가장 좋다.

② 친구는 언제든지 만나도 나를 잊지 않아 좋다.

③ 내가 힘들 때 친구는 항상 나에게 희망을 준다.

④ 친구와의 관계를 오래 유지하려면 서로 노력해야 한다.

요즘은 아침에 눈을 떠서 자기 직전까지 스마트폰과 함께하는 경우가 많다. 평소 고개를 숙이고 컴퓨터 화면을 많이 보거나 휴대전화나 게임기를 많이 사용하면 어깨와 목의 근육이 긴장하면서 자신도 모르게 C자형 목이 일자로 펴지는 일자형 목으로 변형되기 쉽다. 이런 상태로 오랫동안 있으면 목 디스크로 (   ) 있기 때문에 바른 자세를 유지하도록 좋은 습관을 기를 필요가 있다.

15. (   )에 들어갈 알맞은 것을 고르십시오.

① 머리를 굽힐 수도　　　　　　　② 기가 죽을 수도

③ 가슴이 아플 수도　　　　　　　④ 애를 먹을 수도

16. 이 글의 중심 생각을 고르십시오.

① 요즘 사람들은 스마트폰을 하루 종일 사용한다.

② 고개를 숙이는 행동은 목뼈에 변형을 주게 된다.

③ 게임이나 휴대 전화를 오랫동안 사용하면 일자형 목이 된다.

④ 목에 변형을 주는 나쁜 행동은 피하고 항상 자세를 바르게 해야 한다.

요즘 아침밥을 안 먹는 사람이 많다. '아침밥이 하루 중 가장 중요한 식사'라는 말은 (   ) 자주 들었을 것이다. 그러나 세 끼 중 가장 쉽게 거르는 것이 아침밥이다. 아침 잠을 더 자기 위해, 또는 아침에 소화가 잘 안 된다는 이유로 아침밥을 거르는 경우가 많다. 하지만 아침밥을 먹지 않으면 집중력이 떨어지고 위장병, 비만 등 다양한 부작용이 생기기 마련이다. 그러므로 건강한 생활을 위해서는 규칙적인 아침 식사가 중요하다.

17. (   )에 들어갈 알맞은 것을 고르십시오.

① 마음에 들 정도로　　　　　　　② 귀에 익을 정도로

③ 눈에 거슬릴 정도로　　　　　　④ 머리가 아플 정도로

18. 이 글의 중심 생각을 고르십시오.

① 아침 식사를 규칙적으로 하면 건강에 좋다.

② 요즘 사람들은 아침 식사를 안 하는 습관이 있다.

③ 아침 식사는 소화 불량의 원인이 되므로 안 좋다.

④ 아침 식사를 거르면 집중력을 떨어뜨리는 원인이 된다.

칭찬은 효과적인 교육 방법이다. 칭찬할 때는 '100점이네. 잘했어'라는 칭찬보다 '노력을 많이 했구나'라고 과정을 칭찬해야 아이가 결과가 아닌 과정을 중요시하게 된다. 또 칭찬할 일이 있을 때는 바로 해야 아이의 자율성을 키울 수 있다. 칭찬은 (   ) 반복해도 들을 때마다 새로운 힘을 주어 질리지 않는다. 가끔 물질적인 보상을 하는 경우도 있는데 그렇게 하면 칭찬의 힘보다 물질에만 집착할 수 있어 주의해야 한다.

19. (   )에 들어갈 알맞은 것을 고르십시오.
① 입이 무겁도록
② 입이 가볍도록
③ 입에 침이 마르도록
④ 입에 풀칠하도록

20. 이 글의 중심 생각을 고르십시오.
① 칭찬하는 방법을 잘 알고 해야 한다.
② 칭찬은 결과를 중요시할 때 효과적이다.
③ 칭찬은 자율성을 키우기 위해 꼭 해야 한다.
④ 칭찬은 말과 함께 물질적 보상이 따라야 한다.

도시에서 우연히 마주친 누군가에게 말을 건넨다는 것은 꽤나 용기가 필요한 일이다. 낯선 사람의 말에 (   ) 좋지 않은 경험을 해 본 사람들은 더욱 그럴 것이다. 이처럼 모르는 사람이 다가서는 것만으로도 보통은 긴장하기 마련이다. 말을 거는 사람이 수상한 목적이라도 있을까 봐 일단 한걸음 뒤로 물러서서 본다.

21. (   )에 들어갈 알맞은 것을 고르십시오.
① 입을 모았다가
② 귀 기울였다가
③ 손이 많이 가서
④ 손발이 맞아서

22. 이 글의 중심 생각을 고르십시오.
① 낯선 사람은 멀리해야 한다.
② 말을 거는 사람은 수상한 사람이다.
③ 우연히 마주치는 사람들은 긴장한다.
④ 모르는 사람에게 말을 거는 것은 어려운 일이다.

대학에 다니려면 비용이 많이 든다. 학비와 생활비를 포함해 보통 1년에 1,500만 원이 넘게 든다고 한다. 그래서 대학마다 학생들을 위한 대출을 해 주고 있다. 이것이 학비를 조달하는 좋은 방법이긴 하지만 주의하지 않으면 (   ). 왜냐하면 대출을 받기는 쉽지만 이를 갚아 나가고 유지하는 것은 어렵기 때문이다. 대학이 제공하는 대출 신청서를 무작정 작성하기보다는 이율이 가장 낮은 곳을 찾기 위해 모든 대출 기관을 조사하고 나에게 맞는 대출 조건을 알아봐야 한다.

23. (   )에 들어갈 알맞은 것을 고르십시오.

① 큰소리칠 수 있다   ② 한눈을 팔 수 있다

③ 큰코다칠 수도 있다   ④ 한술 더 뜰 수도 있다

24. 이 글의 중심 생각을 고르십시오.

① 대출신청은 빨리 해야 한다.

② 대학에 다니려면 돈을 많이 벌어야 한다.

③ 학생 대출이 학비를 마련하는 알맞은 방법이다.

④ 나에게 맞고 이율이 가장 낮은 곳을 찾아 대출을 신청해야 한다.

✓유형 9 정답	1.④	2.④	3.①	4.③	5.④	6.③	7.④	8.③	9.①
	10.④	11.③	12.③	13.③	14.④	15.④	16.④	17.②	18.①
	19.③	20.①	21.②	22.④	23.③	24.④			

문제 푸는 꿀팁~! 🐝

이 유형의 첫 번째 문제는 글쓴이나 등장인물의 기분이나 심정 등과 같은 감정을 묻는 문제이므로 전체적인 상황이나 분위기, 글쓴이나 등장인물이 처한 상황 등을 이해하고 감정 관련 어휘를 암기해야 한다. 두 번째 문제는 지문의 내용과 같은 것을 찾는 문제로 먼저 예문 4개를 읽고, 본문에서 하나하나 찾아 확인해 나가면 쉽게 답을 찾을 수 있다.

1~22 다음을 읽고 물음에 답하십시오.

내가 사진관 주인에게서 아직 채 마르지도 않은 사진 한 장을 받아 들었을 때, 나는 깜짝 놀라지 않을 수가 없었다. 실제 나이로는 순이와 나는 동갑이다. 그런데 사진에는 여덟 해나 차이가 있는 게 아닌가. 순이의 나이는 열두 살 그냥 그대로인데, 나는 지금 나이 스무 살이다. 그동안 나만 여덟 해 나이를 더 먹은 것이다. 사실 순이가 어딘가에 그냥 살아 있다면 꼭 내 나이와 같을 것이다. 그러나 나는 그 뒤로 순이를 본 적이 없었다. 내 마음속에 살아 있는 순이는 언제나 열두 살 그대로이다. 스무 살이면 제법 아가씨가 되었을 것이고 긴 머리에 화장도 할지도 모른다. 이런 걸 생각하니 웃음이 나왔다. 내게 있어서는 이게 제일 귀한 보물이 아닐 수 없었다. 하루를 꼬박 굶었으나 나는 <u>배고픈 생각이라고는 전혀 없었다.</u>

01. 밑줄 부분에 나타난 '나'의 심정으로 알맞은 것을 고르십시오.
    ① 상쾌하다   ② 포근하다   ③ 행복하다   ④ 순진하다

02. 이 글의 내용과 같은 것을 고르십시오.
    ① 지금 순이의 나이는 12살이다.
    ② 나는 8년 전에 순이를 보았다.
    ③ 나는 순이와 8살이나 나이 차이가 있다.
    ④ 나는 하루 동안 굶어서 배가 무척 고프다.

교무실 문을 열고 들어서는데 선생님들의 눈길에 연호는 얼굴이 화끈거렸다. 담임 앞으로 쭈뼛거리며 다가간 연호를 본 선생님은 의자를 가리키며 앉으라고 했다. 연호는 선생님 책상 옆에 놓인 의자에 앉았다. 선생님은 연호가 의자에 앉자마자 급식비를 왜 내지 않았느냐고 물었다. 연호는 깜빡 잊었다고 말을 하면서 얼굴에 피가 몰렸다. 꿈까지 꿀 정도로 생각했던 급식비를 깜빡 잊었다고 하려니 말이 제대로 나오지 않았다. 거짓말을 한 연호의 말을 선생님은 믿어 주는 것 같았다. 그러면서 진학에 대한 이야기로 이어졌다. 성적도 나쁘지 않은데, 왜 인문계 고등학교에 진학하지 않느냐고 했다. 공부에 취미를 못 느낀다고 말한 연호는 고개를 푹 숙였다. 급식비도 못 내서 불려 온 처지에 고등학교 이야기는 남의 나라 이야기 같았다.

03. 밑줄 부분에 나타난 '나'의 심정으로 알맞은 것을 고르십시오.

① 억울하다　　　② 지겹다　　　③ 짜증나다　　　④ 괴롭다

04. 이 글의 내용과 같은 것을 고르십시오.

① 연호의 집은 넉넉한 편이다.

② 연호는 공부를 좋아하지 않는다.

③ 연호는 교무실에 일부러 찾아갔다.

④ 연호는 급식비에 대해 거짓말을 했다.

모두 곱게 잘 커 준 아이들이었다. 하지만 엄마는 아이들을 생각하며 남몰래 속을 태웠다. 이 동네의 환경은 정말 끔찍하고 갈수록 심해졌다. 도시화 때문에 자동차와 트럭이 온종일 지나다녔고 온갖 쓰레기가 널려 있었다. 안전하고 조용한 곳은 점점 사라지고 밤마다 불빛이 시내를 환하게 비추었다.

그러던 어느 날 거대한 개가 막내를 덮치려고 했다. 막내는 비명소리와 함께 솟구쳐 올라 건물 지붕 위에 내려앉았다. 깜짝 놀란 개는 꼬리를 감추며 도망쳤다. 엄마는 그제야 비로소 아이들에게만 있는 날개의 의미를 이해할 수 있었다. 엄마는 아이들을 불렀고, 아이들은 엄마 주변에 모였다. 막내는 아직도 오들오들 떨고 있었다. 막내가 진정될 때까지 언니 오빠들은 막내의 어깨를 보듬어 주었다. 아이들을 불러 모은 엄마는 이제부터 이곳에서는 살지 못할 거라고 말했다.

05. 밑줄 부분에 나타난 '나'의 심정으로 알맞은 것을 고르십시오.

① 낯설어서 외롭다　　② 놀라서 무섭다　　③ 추워서 떨고 있다　　④ 슬퍼서 눈물이 난다

06. **이 글의 내용과 같은 것을 고르십시오.**
   ① 아이들은 모두 날개를 가지고 태어났다.
   ② 엄마는 아이들을 다른 곳에서 놀게 했다.
   ③ 엄마는 도시화된 주변 환경에 만족하고 있다.
   ④ 아이들이 살고 있는 곳에 차는 다니지 않는다.

> 뭔가 대단한 걸 잃어버렸는데 도리어 의기양양해지는 느낌. 혹은 교실에서 자기 혼자만 다른 시간을 살아내고 있는 것 같은 얼떨떨한 기분이 들었다. 며칠 뒤 나는 쓰레기장 앞으로 수미를 불러냈다. 누군가에게 시원하게 속내를 털어놓고 싶은 데다가 수미하고는 비밀을 나누는 게 도리일 것 같아서였다.
>
> 그런데 내가 어렵사리 비밀을 꺼내려는 순간 수미가 갑자기 눈물을 펑펑 쏟기 시작했다. 그러고는 '아까 성적표 봤니' '요즘 너무 힘들다' '이따위 점수 갖고는 살고 싶지가 않다'는 식의 말을 꺼내놓는 바람에 입을 다물 수밖에 없었다. 수미의 고민이 얼마나 오래되고 일관된 것인지를 아는 나로서는 당연한 처사였다. 그간 한 번도 1등을 놓친 적 없는 수미는 자존심에 깊은 상처를 입고 있었다.

07. **밑줄 부분에 나타난 '나'의 심정으로 알맞은 것을 고르십시오.**
   ① 자랑스럽다   ② 사랑스럽다   ③ 당황스럽다   ④ 후회스럽다

08. **이 글의 내용과 같은 것을 고르십시오.**
   ① 나는 성적 때문에 고민이 많다.
   ② 나는 수미에게 내 고민을 말하려고 했다.
   ③ 나는 수미의 고민을 전혀 눈치를 못 챘다.
   ④ 나는 수미의 고민을 듣기 위해 만나려고 했다.

동현이는 장난꾸러기는 아니지만 뭔가 독특했다. 책을 즐겨 읽어 또래에 비해 지식을 많이 쌓은 동현이는 수업 내용이 시시하다고 생각되면 소설책을 꺼내 읽었다. 그래서 내가 따로 불러 "똑똑한 건 알지만 수업을 잘 들으면 더 똑똑해질 수 있겠지?" 하고 타이르면, 동현이는 수업을 듣다 말고 말꼬리를 잡고 늘어지며 궁금한 점을 질문했다. 진도 때문에 내가 조금 서운하게 대답하면 당당히 교탁 앞으로 나와 다시 물었다. 이런 일이 되풀이되자 친구들은 동현이가 수업을 방해한다고 싫어했다. 쉬는 시간 동현이는 뒷문에 앉아 친구들 앞을 막기도 했다. 친구들이 "왜 그래?" 하고 물으면 "지나갈 수 있나 실험해 보고 싶어서"라며 황당한 행동도 서슴지 않았다.

09. 밑줄 부분에 나타난 '나'의 심정으로 알맞은 것을 고르십시오.

① 미안하다　　　② 부끄럽다　　　③ 허전하다　　　④ 안타깝다

10. 이 글의 내용과 같은 것을 고르십시오.

① 동현은 순종적인 학생이다.

② 반 친구들 모두가 동현을 좋아한다.

③ 동현은 가끔 수업 내용이 쉽다고 생각한다.

④ 동현은 수업시간에 집중을 잘하는 학생이다.

아빠 없이 아이를 키우는 엄마가 꾸겨진 만 원을 들고 동네 구멍가게에 분유를 사러 왔다. 분유통을 들고 계산대로 가져가니 주인은 1만 8천 원이라고 말했다. 힘없이 돌아서는 아이 엄마 뒤로 가게 주인은 분유통을 제자리에 올려놓다가 분유통을 슬며시 떨어뜨렸다. 가게 주인은 아이 엄마를 불러 세우고 찌그러진 분유통은 반값이라고 말했다. 주인은 만 원을 받고 천 원을 거슬러 주었다. 아이 엄마는 자존심을 상하지 않고 분유를 얻었고 가게 주인은 9천 원에 천국의 기분을 맛보았다. 정말 멋진 거래라고 생각했다.

11. 밑줄 친 부분에 나타난 '주인'의 심정으로 알맞은 것을 고르십시오.

① 불쾌하다　　　② 행복하다　　　③ 답답하다　　　④ 자랑스럽다

12. 이 글의 내용과 같은 것을 고르십시오.

① 아이 엄마는 아빠의 심부름을 나왔다.

② 가게 주인은 일부러 분유통을 떨어뜨렸다.

③ 아이 엄마는 자존심을 팔아서 분유를 샀다.

④ 가게 주인은 아이 엄마와 거래하고 싶지 않았다.

나는 아이들에게 부모님이 가장 소중하게 생각하는 물건을 그려 오라는 숙제를 내주었다. 다음날 발표 시간이 되었다. 카메라를 그려 온 아이, 승용차를 그려 온 아이 등 아이들의 그림 속에는 정말 비싸고 귀해 보이는 물건들이 가득했다. 그런데 마지막으로 발표할 민수의 도화지에는 베개 하나가 덜렁 그려져 있었다. 민수는 친구들의 웃음소리에도 아랑곳하지 않고 발표를 시작했다. "이건 우리 엄마가 베고 주무시던 베개예요. 그런데 엄마가 돌아가셔서 엄마는 더 이상 베개를 벨 수 없어요. 그런데 아빠는 이 베개를 절대로 버리지 않으셨어요." 민수의 발표가 끝나자, 순간 반 아이들은 숨을 죽이고 조용해졌다. 나도 어느새 <u>콧날이 시큰해졌다.</u>

13. **밑줄 친 부분에 나타난 '나'의 심정으로 알맞은 것을 고르십시오.**
① 슬프고 감동적이다 ② 괴롭고 우울하다 ③ 짜증나서 화가 난다 ④ 몰라서 서운하다

14. **이 글의 내용과 같은 것을 고르십시오.**
① 민수 어머니의 베개는 비싸고 귀한 것이다.
② 반 친구들은 민수의 그림을 보고 비웃었다.
③ 숙제는 자신의 가장 소중한 물건을 그려오는 것이다.
④ 민수는 친구들의 웃음소리 때문에 발표를 할 수 없었다.

스물한 살, 대학생이던 나는 여군에 지원했다. 군인은 그저 잘 뛰고 훈련만 잘하면 되는 줄 알았는데 아니었다. 습득할 지식도 많았고, 잠자는 시간도 부족했지만 동기와 서로 도우며 열심히 훈련받았다. 3개월이 지날 무렵, 너무 힘들어 포기하고 싶어서 중대장님에게 말씀드리려고 사무실 앞에 서 있는데, 동기가 다가와 화장실로 끌고 가더니 갑자기 눈물을 쏟았다. 함께 한참 운 뒤 동기가 '너만 힘든 게 아니라 동기 모두가 똑같이 겪는데 왜 혼자 못 견디겠다고 하냐'며 '얼마 안 남았으니 힘내자'고 하였다. 그 말을 들으니 <u>쥐구멍이라도 들어가고 싶었다.</u> 나만 힘들다고 생각한 게 바보 같아서……. 그날 이후 더 열심히 훈련을 받았고 5개월 뒤 당당히 임관했다.

15. **밑줄 친 부분에 나타난 '나'의 심정으로 알맞은 것을 고르십시오.**
① 부끄럽다   ② 당황스럽다   ③ 억울하다   ④ 실망스럽다

16. **이 글의 내용과 같은 것을 고르십시오.**
① 3개월 후, 훈련이 힘들어서 포기했다.
② 힘든 훈련을 중대장의 도움으로 극복했다.
③ 군인은 잘 뛰고 훈련만 잘하면 되는 것이다.
④ 동기의 설득으로 끝까지 훈련을 받을 수 있었다.

집으로 들어오는 골목에 약국이 하나 있다. 몇 년 사이에 주인이 세 번쯤 바뀌었는데, 이번에 간판을 건 사람은 꽤 오래 하고 있다. 어쩐 일인지 먼저와는 달리, 약국 안 의자에는 동네 사람들이 늘 모여 앉아 있곤 한다. 지나다 보면, 30대 중반으로 보이는 수더분한 인상의 여주인이 사람들과 얘기하는 모습이 보인다. 그 약국 여주인을 내가 처음 만난 것은 어느 여름날이었다. 그날, 시내에서부터 머리가 아파 집으로 오는 길에 약국에 들렀다. 반갑게 맞아 주는 그녀에게 두통약을 달라고 했더니, 좀 쉬면 괜찮아질 거라면서 찬 보리차를 꺼내 한 컵 따라 주었다. 그러면서 되도록 약은 먹지 말라고 했다. 생각지 않은 처방에 나는 잠시 그녀를 바라보았다. 약국을 나와 집으로 오는데 더위 속에서 한줄기 소나기를 만난 듯 심신이 상쾌해졌다. 그 후로 자연스럽게 그녀와 허물없는 이웃이 되었다.

17. 밑줄 친 부분에 나타난 '나'의 심정으로 알맞은 것을 고르십시오.
① 상쾌하다　　　② 당황스럽다　　　③ 답답하다　　　④ 실망스럽다

18. 이 글의 내용과 같은 것을 고르십시오.
① 동네 사람들은 약국 앞 의자에 자주 앉아 있다.
② 시내에서 오는 길에 약국에 들러서 두통약을 샀다.
③ 약국 여주인은 나에게 약 대신 차가운 보리차를 주었다.
④ 나는 집으로 오는 길에 소나기를 맞아서 기분이 좋았다.

김밥 아줌마는 작품을 만들 때 사람들이 보고 있으면 막 화를 낸다. 누군가 쳐다보면 마음이 흔들려서 실패작만 나온다는 것이다. 김밥을 말고 있을 때 누가 무슨 말을 해도 들은 척을 하지 않는다. 한 번 더 말을 시키면 여지없이 성질을 내며 일손을 놓아 버린다. 언젠가 나는 무심히 김밥 마는 것을 구경하고 있다가 당했다. 쳐다보고 있으니까 김밥 옆구리가 터지는 실수를 다 한다고 신경질을 내는 그녀가 무서워서 주문한 김밥을 싸는 동안 멀찌감치 떨어져 있었다. 그러나 집에 돌아와서 먹어 본 김밥은 그녀에게 당한 것쯤이야 까맣게 잊어버리고도 남을 만큼 그 맛이 환상적이었다. 그 김밥은 돈 몇 푼의 이익을 위해 만들어진 그런 김밥이 아니었다. 나는 그래서 그녀의 김밥을 서슴지 않고 '작품'이라 부른다.

19. 밑줄 친 부분에 나타난 '나'의 심정으로 알맞은 것을 고르십시오.
① 두렵고 궁금하다.　　　　② 아쉬우면서 설렌다.
③ 기분이 좋고 행복하다.　　④ 당황스럽고 불안하다.

20. 이 글의 내용과 같은 것을 고르십시오.

① 김밥 아줌마는 사람들을 만나면 화를 잘 내는 편이다.

② 김밥 아줌마가 다른 작품을 만들 때 실수를 자주 한다.

③ 김밥 아줌마는 내가 말을 시키면 실수한다고 좋아하지 않는다.

④ 김밥 아줌마가 만든 김밥은 다른 것과 비교할 수 없을 정도로 맛있다.

지금도 그렇지만 대학 시절 나는 무척이나 촌스러웠다. 대학을 졸업하고 사회생활을 막 시작할 때가 되어서도 옷차림이나 머리 모양이 대학생들과 별로 다를 것이 없었다. 화장도 할 줄 몰랐고, 머리도 손질할 줄 몰랐으며, 옷도 청바지 외에는 별로 없었다. 그러던 내가 취직을 했는데, 그곳은 유행의 최첨단을 걷는 사람들이 모인다는 방송국이었다. 시골 사람 서울 구경이 그랬을까? 신입 사원 연수 때부터 나는 어리벙벙하기만 했다. 신입 사원들의 연수를 위해 단체 합숙을 하는 첫날, 순진하게도 나는 안내문에 쓰여 있는 대로 세면 도구와 속옷 몇 벌만 챙겨 갔다. 하지만 나와는 달리 동기 아나운서들은 여벌옷들은 물론 드라이어와 화장 도구 일체를 챙겨 와서는 갖가지 화장품을 풀어 놓고 아침마다 정성껏 얼굴을 두드리는데 제대로 된 화장이 그런 것인 줄 <u>그때 처음 알았다.</u>

---

21. 밑줄 친 부분에 나타난 '나'의 심정으로 알맞은 것을 고르십시오.

① 몰라서 창피스럽다

② 처음이라서 불만이다

③ 몰라서 실망스럽다

④ 처음이라서 자랑스럽다

22. 이 글의 내용과 같은 것을 고르십시오.

① 나는 대학 때도 졸업 후에도 모습이 전혀 변하지 않았다.

② 나는 시골에서 올라와 서울 구경으로 방송국에 처음 갔다.

③ 나는 신입 사원 연수 때 동료 아나운서들과 안내문을 썼다.

④ 나는 매일 아침 동료 아나운서들과 화장하느라 바쁘게 움직였다.

✔ 유형 10 정답									
1.③	2.②	3.④	4.④	5.②	6.①	7.③	8.②	9.④
10.③	11.②	12.②	13.①	14.②	15.①	16.④	17.②	18.③
19.①	20.④	21.①	22.①					

TOPIK
토픽 II
유형별 읽기 문제집

고급편

신문 기사 제목에 맞는 설명 찾기

문제 푸는 꿀팁~!

신문 기사의 제목을 보고 설명한 문장을 찾는 문제로 함축적 의미의 어휘를 암기해야 하고 그 함축적 어휘와 유사하게 풀어쓴 어휘를 미리 알아두면 도움이 된다.

1~22 다음 신문 기사의 제목을 가장 잘 설명한 것을 고르십시오.

01.

> 보건, 금융, 작년 경제 성장에 크게 기여

① 매년 경제 발전에 보건과 금융이 많은 기여를 하였다.
② 작년 경제 발전에 많은 도움이 된 부문은 보건과 금융이었다.
③ 매년 경제 성장에 많은 기여를 한 부문은 보건과 금융뿐이었다.
④ 작년에 이어 올해도 경제 성장에 보건과 금융이 많은 도움을 주었다.

02.

> 올해 성장률 2.7% 최저, 정부 부양에도 투자 최악

① 올해 경제 성장은 아주 나쁘고 정부의 투자도 아주 낮다.
② 올해 경제 성장률이 나빠서 정부에서는 투자를 하지 않는다.
③ 올해 경제 성장이 낮았지만 정부에서는 활발한 투자가 많아졌다.
④ 올해 낮은 경제 성장률 탓에 정부가 노력해도 투자하는 곳이 별로 없다.

03.

> 맑고 포근한 하루, 미세먼지 걱정도 없어

① 미세먼지 없는 날은 맑고 포근한 날씨이다.
② 오늘은 맑고 따뜻한 날씨에 미세먼지도 없다.
③ 매년 맑고 포근한 날씨로 미세먼지는 걱정 없다.
④ 내일은 미세먼지 걱정할 필요 없이 좋은 날씨가 될 것이다.

04.

혈세 낭비, 광화문 확장에 여론 싸늘

① 세금을 낭비해서라도 광화문 확장에 여론은 찬성했다.
② 국민이 낸 세금으로 광화문을 확장해야 한다는 의견이 많다.
③ 광화문을 세금으로 확장하는 것에 대한 국민의 반응은 좋다.
④ 광화문 확장은 세금 낭비라는 이유로 국민은 좋아하지 않는다.

05.

고속도로 전 구간 '거북이걸음' 내일 새벽쯤 풀릴 듯

① 고속도로 전체 구간이 다 막혀서 내일 자정까지 지속될 것이다.
② 고속도로 하행선은 원활하지만 내일 자정이 지나서는 막힐 것이다.
③ 고속도로 상행선이 밀려 있어서 차량이 급속히 빨리 움직이고 있다.
④ 고속도로 전체 구간이 천천히 움직이고 있지만 내일은 원활할 것이다.

06.

회계사 인력 유치전에 몸값 껑충

① 회계사가 너무 필요해서 치열하게 싸웠다.
② 회계사를 데려오기 위해 주는 돈이 전보다 비싸졌다.
③ 회계사를 잡기 위해 치열한 경쟁으로 몸싸움이 심했다.
④ 회계사 업무 보는 사람들이 몸값을 올리려고 경쟁했다.

07.

포근한 날씨 롱패딩 열풍 꺾여, 천덕꾸러기 신세

① 롱패딩 인기가 올라가면서 따뜻한 날씨도 계속되었다.
② 따뜻한 날씨로 롱패딩의 인기가 높아져서 불티나게 팔린다.
③ 롱패딩은 천덕꾸러기와 같은 처지가 되어 인기가 많아졌다.
④ 따뜻한 날씨 탓에 롱패딩 유행이 식어서 걱정거리로 전락했다.

08.

> ## 농가 좋고 기업 좋고…외식업계 상생의 '로컬푸드' 줄 잇는다

① 농촌에서 기른 농수산물이 외식하는 데 아주 좋다.
② 농촌에서는 기업과 공동으로 외식 사업을 시작했다.
③ 외식업계와 농가가 힘을 합쳐 새로운 제품을 만들려고 한다.
④ 외식업계가 국산 농산물을 이용한 제품을 잇따라 출시하고 있다.

09.

> ## 반려견도 명절 스트레스…대부분 반려인들 귀성 포기

① 반려견은 명절 준비로 스트레스를 많이 받는다.
② 반려견을 데리고 명절을 보낼 뿐만 아니라 산책도 한다.
③ 반려견과 반려인은 명절 스트레스로 고향에 가지 않는다.
④ 반려인은 함께 사는 개가 스트레스를 많이 받아 산책을 한다.

10.

> ## 서울역 1호선 열차 고장으로 운행 지연 '출근길 시민 불편'

① 서울역에서 1호선 지하철이 시민들 때문에 자주 고장이 난다.
② 서울역에서 1호선 열차가 고장나서 시민들이 불편을 겪고 있다.
③ 서울역에서는 출근하는 시민들을 위해 열차 운행을 늦추고 있다.
④ 서울역에서 출근 열차를 이용하는 시민들은 편하지 않다고 한다.

11.

> ## 국가장학금 확대로 대학생 3명 중 1명꼴 '반값등록금' 혜택

① 대학생 약 66%는 국가에서 장학금 혜택을 받는다.
② 정부에서는 대학생들에게 등록금을 50% 할인해 줄 예정이다.
③ 정부에서는 대학생들에게 장학금 혜택을 주려고 정책을 낼 예정이다.
④ 대학생 약 33%는 정부 장학금으로 등록금 절반가량의 혜택을 받는다.

12.

'목줄 풀린 개' 단속법 있으나 마나

① 목줄은 개를 단속하는 데 안성맞춤이다.

② 목줄이 풀려서 개뿐만 아니라 단속에도 좋다.

③ 목줄을 풀어놓은 개는 단속을 해도 소용이 없다.

④ 목줄이 풀린 개를 단속하는 법이 제정되어 시행될 예정이다.

13.

남북 '씨름' 세계유산 공동 등재

① 씨름은 남과 북이 함께 세계유산에 기록되었다.

② 씨름은 공동으로 남측과 북측에서 교류하려고 한다.

③ 씨름은 세계유산으로 남과 북에서 공동으로 운영된다.

④ 씨름은 남과 북이 공동으로 세계유산에 오르도록 힘쓰고 있다.

14.

외식업계, 연말 맞이 신메뉴 출시 봇물

① 외식업계는 타 업계의 신메뉴 개발로 긴장하고 있다.

② 외식업계는 겨울철 시즌을 대비하여 메뉴 개발에 힘쓰고 있다.

③ 외식업계는 연말을 맞아 다양하고 새로운 메뉴를 선보이고 있다.

④ 외식업계는 연말 맞이 손님들에게 새로운 메뉴를 소개하려고 한다.

15.

내일 전국 대부분 -10℃ '한파주의보' 서울 체감온도 더 낮아

① 내일은 전국적으로 대부분 따뜻할 것이다.

② 내일 날씨는 전국적으로 매우 추울 것으로 예상된다.

③ 내일 서울 대부분 지역이 영상 10도로 춥지 않을 것으로 예상된다.

④ 내일 날씨가 매우 춥지만 실제 몸으로 느끼는 온도는 그렇지 않다.

16.

> ### 강원도 설익은 정책 남발 '시끌'

① 강원도의 정책을 주민들이 낯설어 해서 좋지 않다.

② 강원도는 현실적이고 의욕적인 정책을 내놓고 있다.

③ 강원도는 구체적인 대책도 없이 정책만 내놓고 있다.

④ 강원도의 정부 정책은 잘 실천되는데 주민들은 시끄럽다.

17.

> ### [천안, 아산] 투자 호재 많아 주택 매입, 임대사업 시장 '파란불'

① 천안, 아산의 부동산 시장이 과열되어 있다.

② 천안, 아산은 임대사업을 하기에는 좋지 않은 환경이다.

③ 천안, 아산에 투자자들이 많아져서 주택 가격이 오르고 있다.

④ 천안, 아산은 부동산 투자를 할 만한 좋은 여건을 가지고 있다.

18.

> ### 오늘 충청 이남 장맛비, 내일 중부 집중호우

① 내일은 충청 이남에 장마가 시작될 것이다.

② 내일은 중부지방에 집중적으로 비가 내릴 것이다.

③ 오늘은 장맛비가 내리고, 내일은 비가 오지 않을 것이다.

④ 오늘과 내일 충청 이남과 중부 지방에 집중호우가 내릴 것이다.

19.

> ### 수입차 전시장은 공격적으로 늘리는데, 서비스센터는 '찔끔'

① 수입차는 판매뿐만 아니라 서비스도 좋아서 인기가 많다.

② 수입차가 공격적인 마케팅으로 한국 시장을 점령하고 있다.

③ 수입차가 대중화되어 많은 사람이 수입차를 선호하고 있다.

④ 수입차의 판매에는 열을 올리는데 서비스센터는 턱없이 부족하다.

20.

> ### 해외 단독 매장 1호점, 쿠웨이트에 둥지 틀다

① 쿠웨이트에 첫 번째 해외 매장을 세웠다.

② 쿠웨이트는 해외에 매장 1호점을 열었다.

③ 쿠웨이트의 매장이 해외를 상대로 영업을 시작했다.

④ 쿠웨이트에 1호점을 비롯하여 여러 매장이 자리를 잡았다.

21.

> ### '가방끈' 길어졌지만 육아에 발목… 서울 여성 경제활동 저조

① 서울 여성들은 경제활동을 위해 아이 낳는 것을 꺼리고 있다.

② 서울 여성들은 교육 수준을 높이기 위해서 육아를 포기하고 있다.

③ 서울 여성들의 학력은 높아졌지만 육아로 경제활동은 많지 않은 편이다.

④ 서울 여성들의 경제활동 비율이 낮은 이유는 학력 수준이 높기 때문이다.

22.

> ### 금일 낮 동안 30도 '후텁지근'… 남부 곳곳 비

① 내일 날씨는 대체로 맑으며 남부지방에 비가 많이 올 것이다.

② 내일 낮에는 남부지방에서 장마가 시작되며 약간 더울 것이다.

③ 오늘 낮에는 조금 불쾌할 정도로 덥고 남부지방에는 비가 올 것이다.

④ 오늘 하루 종일 높은 온도가 유지되고 남부지방에서만 비가 올 것이다.

✔ **유형 11 정답**

1.②	2.④	3.②	4.④	5.④	6.②	7.④	8.④	9.③
10.②	11.④	12.③	13.①	14.③	15.②	16.③	17.④	18.②
19.④	20.①	21.③	22.③					

문제 푸는 꿀팁~!

이 유형은 전체적인 문장을 이해하는 것이 중요하며, 앞뒤 문장이 연결되는 핵심어휘를 찾거나 접속사를 활용하여 빈칸에 들어갈 문장을 찾는다. 맞는 문장을 찾은 후에는 빈칸에 넣어서 읽고 자연스러운지 확인한다.

1~23 다음을 읽고 (   )에 들어갈 내용으로 가장 알맞은 것을 고르십시오.

01.

온돌은 아궁이에서 피운 불의 열기를 방의 구들장 아래로 들여보낸 후 이 열기로 구들장을 데워 난방을 하는 구조이다. 난방에 사용된 열기는 통로에서 오래 머물다 굴뚝을 통해 빠져나간다. 일반적으로 고도가 높으면 풍속도 커지므로, 굴뚝이 높으면 따뜻한 공기의 이동도 빨라져 방 전체가 따뜻해진다. 그래서 방 전체의 난방이 필요한 추운 지역으로 갈수록 (   ).

① 굴뚝이 낮아지는 것이다
② 굴뚝이 높아지는 것이다
③ 방 안 공기의 이동이 느려진다
④ 방 안 공기의 이동이 빨라진다

02.

대청마루는 방과 방 사이에 바람을 잘 통하게 하기 위해 앞뒤를 뚫어서 만든 것이다. 추운 지방보다 더운 남쪽 지방에서 무더위를 피하고 습기와 통풍을 위해 땅으로부터 떨어진 높이의 집이 발달했다. 옛날 사람들은 바람이 잘 통하는 시원한 대청마루에서 여름철을 보냈다. 그래서 마루는 (   ) 때문에 여름철 주거공간이나 곡물을 건조시키는 공간으로서 유용하게 사용될 수 있었다.

① 집 전체를 건조하게 하기
② 시원한 바람을 저장할 수 있기
③ 습도가 높아 환기에 신경 써야 하기
④ 습기를 피할 수 있고 통풍이 잘되기

03.

> 뱃살을 빼는 최고의 운동으로 인정받고 있는 훌라후프는 날씨나 장소에 크게 구애받지 않고 누구나 할 수 있는 운동이다. 연구 결과에 따르면 30분 동안 돌리는 훌라후프는 1시간 동안 걷기 운동을 하는 것과 같은 효과가 있다고 한다. 배꼽 위치의 허리 주변에서 돌아가기 때문에 그곳에 (   ) 장 기능을 좋게 만들어 주면서 혈액순환을 도와주어 복부비만 다이어트에 효과가 있다고 한다.

① 지방이 많이 생기면
② 근육이 뭉치게 되면
③ 살을 계속 빼주게 되면
④ 지속적으로 자극을 주면

04.

> 1962년 천연기념물로 지정된 진도개는 전라남도 진도군이 원산지인 한국의 토종개이다. 특히 강아지 때부터 함께한 주인에게 깊은 애정을 가져 주인과 가족에게 매우 충직한 성격을 가지고 있다. 게다가 영리하고 활동적인 견종으로 용맹하고 민첩하며 유혹에 쉽게 넘어가지 않아 수렵견으로 적합하다. 하지만 낯선 사람에 대한 (   ) 예민한 성격인 경우가 많아 방범견으로 이용하려면 강아지 때부터 적절한 사회화 교육이 필요하다.

① 애착을 느끼고
② 낯가림이 없고
③ 친화력이 좋고
④ 경계심이 강하고

05.

> 일본 모 IT 회사는 '무료 택시'를 시범적으로 운영하고 있다. 12월 한 달간 무료 택시로 지정된 50대가 도시를 달린다. 손님이 무료 택시를 이용하려면 IT 회사에서 만든 앱을 설치해서 택시를 불러야 한다. 이 무료 택시의 비밀은 '광고'에 있다. 지정된 무료 택시는 내·외부 공간에 광고를 싣고 달린다. 택시를 이용하는 손님은 (   ) 택시 안에서 동영상 광고를 보게 된다. 따라서 무료 택시는 광고주와 IT 회사 모두에게 인지도 상승효과를 가져온다.

① 광고판으로 활용된
② 상품을 주문하게 하는
③ 광고 제품을 배달하는
④ 제품을 직접 만들 수 있는

06.

저소득 가계일수록 식료품비가 차지하는 비율이 높고, 고소득 가계일수록 식료품비가 차지하는 비율이 낮은 것을 '엥겔의 법칙'이라고 한다. 그리고 총 가계 지출액 중에서 식료품비가 차지하는 비율을 '엥겔 지수'라고 한다. 일반적으로 식료품은 필수품으로서 소득의 높고 낮음에 관계없이 (   ) 동시에 어느 수준 이상은 소비할 필요가 없는 재화이다. 즉, 저소득 가계라도 반드시 일정한 금액의 식료품비를 지출해야 하며, 소득이 증가하더라도 식료품비는 일정 금액 이상 증가하지 않는다는 말이다.

① 꼭 소비에 제한적이며
② 소비에 신경을 써야 하며
③ 소비를 할 때 신중해야 하며
④ 반드시 얼마만큼 소비해야 하며

07.

갑자기 비가 많이 내리면 홍수가 날 수도 있는데, 그 홍수를 막기 위해 강변이나 해안을 따라서 벽을 세우는 것을 둑이라고 말하며, 또한 제방이라고도 한다. 강이나 냇가에 가보면 강물이나 냇물의 흐름을 따라 둑이 쌓여 있다. 이 둑은 장마가 졌을 때, 물이 넘치는 것을 막기 위해 쌓은 것이다. 또 저수지나 댐도 둑으로 쌓여 있는데 이것은 가뭄 때 쓰려고 물을 가두어 두기 위해 쌓은 것이다. 즉, 둑은 (   ) 물의 수면의 높이를 통제하는 시스템이라고 할 수 있다.

① 물이 흘러가게 하기 위해서
② 홍수가 날 때 문을 열기 위해서
③ 물로 벽을 더 높이 만들기 위해서
④ 넘치는 물을 막거나 가두어 두기 위해서

08.

최근 보도되고 있는 성조숙증 아동 즉, 소아성인병의 문제는 본질적으로 잘못된 먹거리 때문에 발생하는 것이다. 성조숙증 아이들은 정신적인 부분이 신체 발달을 따라가지 못하기 때문에 심리적인 스트레스를 받을 수 있다. 성조숙증의 큰 원인은 (   ) 인한 비만이다. 특히 육식 위주의 식습관과 패스트푸드의 범람은 인체 독성의 증가와 비타민 등의 부족을 일으키는 요인 중의 하나다.

① 많은 체육 활동으로
② 정신적인 스트레스로
③ 자극적인 매체 시청으로
④ 잘못된 식생활 습관으로

09.

효소는 소화·흡수를 돕는 일뿐만 아니라 몸속 노폐물과 독소를 배출하여 신진대사를 촉진시키며 면역력을 강화하여 몸의 항상성 유지에 도움을 주고 각종 질병을 예방할 수 있는 지름길이다. 그러나 현대인의 특성상 바쁜 업무와 스케줄로 인해서 채소와 과일, 생식 등을 자주 접하기란 쉽지가 않다. 따라서 효소식품을 비타민제처럼 섭취해 주면 건강과 피부 관리에도 큰 도움이 될 수 있다. 또한 효소 한 잔으로 간단하게 식사 한 끼를 때울 수 있고 덤으로 (   ) 일석이조이다.

① 건강까지 챙길 수 있어
② 질병을 치료할 수 있어
③ 노폐물을 흡수할 수 있어
④ 바쁜 생활을 줄일 수 있어

10.

외모는 행복에 얼마나 중요할까? 혹시 외모 자체보다는 자신의 외모를 얼마나 긍정적으로 바라보는지가 행복에 더 중요하지 않을까? 연구에 따르면 실제로 행복한 사람들은 불행한 사람들보다 자신을 매력적으로 생각한다고 한다. 그런데 흥미로운 점은 행복한 사람과 불행한 사람의 외모를 객관적으로 평가해 보면 두 사람 사이에 큰 차이가 발견되지 않는다는 것이다. 결국, 개인의 행복에 중요한 영향을 미치는 것은 (   )의 문제라고 할 수 있다.

① 불행한 사람보다 자신이 얼마나 행복하냐
② 자기 스스로 외모를 비교해서 바라보는 것
③ 스스로가 자신을 얼마나 매력적으로 바라보느냐
④ 자신의 외모가 가장 뛰어나는 것으로 바라보는 것

11.

두뇌 운동을 하면 뇌 기능이 저하되는 현상을 예방할 수 있다. 뇌의 활동을 자극하고 정신건강을 유지시켜 주는 두뇌 운동으로는 퍼즐이 있다. 퍼즐이 정신건강에 도움을 준다는 것은 어떤 뇌 운동과 비교해도 손색이 없다. 게다가 비용이 거의 들지 않으며, 언제 어디서나 즐길 수 있다는 장점이 있다. 연령과 성별, 직업에 상관없이 모든 사람이 즐길 수 있어 최고의 여가 수단이다. 또한 퍼즐은 사고력을 키워주고 (   ) 생각의 유연성을 높여준다.

① 뇌 기능을 마비시키며
② 뇌 균형을 조절할 수 있으며
③ 뇌 움직임을 활발하게 해 주며
④ 뇌 건강의 악화를 치료해 주며

12.

> 스트레스를 이기는 가장 좋은 방법은 자신이 처한 현상을 인정하고 긍정적인 사고 방식을 가지는 것이다. 스트레스를 좋게 받아들이기는 어렵겠지만 ( ) 긍정적으로 받아들이는 것이 무엇보다 중요하다. 일반적으로 스트레스는 상황을 제어할 수 없다는 느낌에서 발생한다. 스트레스를 받지 않는 방법은 자기 힘으로 제거할 수 있는 골칫거리들은 미리 제거해 버리고 그렇게 할 수 없는 문제들은 받아들이는 것이다.

① 피할 수 없는 상황이라면
② 자신이 이길 수 있는 거라면
③ 다른 사람의 힘을 이용한다면
④ 주변 환경을 제거할 수 있다면

13.

> TV를 오래 보면 정신적 자극이 둔해진다. TV를 시청하고 있는 동안 두뇌의 상태 변화를 살펴보면 처음 20~30분 동안은 판단력이 유지된다. 그러나 이후에는 ( ) 멍한 상태로 바뀐다. 화면을 통해 쏟아지는 그림의 움직임에서 아무런 느낌을 얻지 못하고, 바보같이 TV만 쳐다보게 되는 것이다. 심리학자들 사이에서 TV는 바보상자라는 곱지 않은 시선을 넘어 생존 본능까지 착취해가는 '흡혈 상자'라고까지 불린다.

① 뇌의 움직임이 활발한
② 신체적 활동이 없어지는
③ 판단력을 유지할 수 있는
④ 정신적 자극에 무감각해지는

14.

> 일상생활의 약 3분의 1은 수면으로 이루어지고 있다. 수면은 신체의 휴식, 즉 근육과 뇌의 휴식을 위해 필수적이다. 우리 몸에서 뇌는 생명유지를 위한 모든 생물학적 기능을 총괄하는 곳이다. 뇌가 ( ) 휴식이 필요하다. 이런 휴식은 대부분 수면시간에 이루어진다. 수면을 제대로 하지 못하면 건강에도 영향을 미칠 수 있다. 하루 6~8시간의 수면을 하는 경우 사망률이 가장 낮고, 이보다 짧거나 긴 수면 시간을 갖는 경우는 사망률과 질병 발생률이 높다는 연구 결과가 있다.

① 생명을 단축하기 위해서는
② 오랫동안 잠을 자기 위해서는
③ 알맞은 운동을 하기 위해서는
④ 적절한 균형을 유지하기 위해서는

15.

　　변비가 생기는 원인으로는 여러 가지가 있는데, 그중에서도 불규칙적인 배변 습관을 가졌거나 대변을 보고 싶을 때 자주 참게 되면 생길 수 있다. 또 음식물을 비교적 적게 섭취한다든가 섬유소가 들어 있지 않은 음식물을 먹고 수분을 적게 취하면 (　　　　　　　　　) 변비가 생기기 쉽다. 그리고 정신적인 긴장이나 근심이 자주 있을 때에도 변비가 올 수 있다. 따라서 변비를 예방하려면 아침마다 대변 습관을 들이고 식전에 냉우유나 냉수 등을 마시면 좋다. 그리고 적당한 운동과 안정이 필요하다.

① 배가 자주 아파서
② 장운동이 활발해져서
③ 소화 기능이 좋아져서
④ 소화 흡수가 잘되지 않아서

16.

　　심리학자들에 따르면 자동차는 개인의 특성을 가장 뚜렷하게 드러낼 수 있는 소장품 중 하나로 다양한 방법으로 (　　　　　　　　　) 표출해 낸다고 한다. 실용성을 중시하는 사람은 합리적인 가격대나 연비가 좋은 자동차를 오랫동안 운전하는 경향을 보이고, 환경을 중시하는 사람의 경우는 전기차나 하이브리드차를 선호하게 되는 것이다. 희귀한 차를 수집하는 사람이라면 독특하고 남들과는 다른 차에 대한 각별한 애정을 갖기도 한다. 이처럼 사람들은 단순히 자동차를 교통수단으로 인식하지 않고, 이를 통해 자신들의 생활 방식을 표출한다.

① 자신의 직업과 성격을
② 자신의 개성 및 삶의 가치관을
③ 자신의 미와 자동차의 아름다움을
④ 자신이 차를 아끼고 사랑하는 것을

17.

　　현실의 삶이 고달프면 고달플수록 드라마 속의 세계는 고통을 달래 주는 안식처가 된다. 사람들은 드라마 속의 등장인물들을 통해 잊고 지냈던 유년의 추억을 되살리고, 첫사랑의 상처를 어루만지며, 가족과 이웃에게 무심했던 자신을 되돌아보게 된다. 이처럼 드라마의 세계는 현실을 재현하면서도 마음속의 이상형을 보여 준다. 오랜 세월 동안 꾸준히 인기몰이를 하고 있는 역사 드라마의 매력 역시 (　　　　　　　) 데에 있다.

① 과거의 사건들을 현실과 비교해 보려는
② 현실과 환상의 조화를 가능하게 해 주는
③ 현실보다는 환상을 통해 대리만족을 하려는
④ 옛날 일들에 대해 호기심을 갖고 알아보려는

18.

　　잠은 성장호르몬 분비에 중요한 영향을 미치기 때문에 하루 7시간 이상 자야 한다. 성장호르몬은 우리 몸에서 평생 나오며 노화를 방지한다. 특히 간, 근육, 지방, 뼈에 작용해 체지방을 줄이고 근육량을 늘리며, 심혈관계에 좋은 영향을 미친다. 20세 이후 10년마다 약 14%씩 감소하고, 60세쯤 되면 20세의 절반 이하로 떨어진다. 성장호르몬이 결핍되면 심혈관 질환 발생률이 정상의 2배까지 증가하고, (　　　　　　) 성호르몬에도 영향을 주어서 우울증이나 불면증을 유발한다.

① 근육량이 줄면서 체력도 떨어지며
② 근육량이 늘면서 체력이 좋아지며
③ 체지방이 늘면서 몸이 무거워지며
④ 체지방이 줄면서 몸이 가벼워지며

19.

　　사람들은 몸이 아프면 우선 병원을 찾기 마련이다. 아직까지 많은 사람에게 병원만이 병을 치료하는 곳으로 인식되어 왔기 때문이다. 그러나 병원에서의 치료 외에 경험과 상식에 의존하는 치료 방법이 있다. 한국 사람들은 예로부터 배가 아프기만 하면 '엄마 손은 약손'이라 하면서 배를 슬슬 문지르는 방법을 써 왔다. 또한 체하면 엄지손가락 끝을 땀으로써 낫게 하는 방법도 써 왔다. 거의 90% 이상의 한국 사람들은 이러한 방법을 경험했으며, 절반 이상이 치료 효험이 있다고 주장한다. 이렇게 대부분의 민간요법은 (　　　　　　　　　　　).

① 상식적으로 허용되어서는 안 되는 것이다
② 예로부터 내려오는 병원 치료 방법의 하나다
③ 병원에서 치료할 수 없는 병을 치료하게 된다
④ 경험과 상식의 체계화를 통하여 구축된 것이다

20.

　　에스컬레이터는 저절로 움직이는 계단이다. 그리고 그것은 동시에 마음을 비추어 주는 거대한 거울이기도 하다. 성급한 사람들은 가만히 서 있질 못하고 그 위에서도 걷는다. 그래서 에스컬레이터의 풍경을 보면, (　　　　　　　　　　) 한눈에 볼 수 있다는 것이다. 일본의 한 사회학자가 조사한 것을 보면 "에스컬레이터 위에서 걷느냐?"는 질문에 대해서 도쿄의 경우, "그렇다"고 대답한 사람은 25.5%에 지나지 않는데, 오사카의 경우에는 무려 35%의 비율을 보이고 있다. 같은 일본인이라도 도쿄보다 오사카 사람들이 훨씬 더 급하게 산다는 것을 나타내 주고 있다.

① 사회학자의 조사 결과를
② 사람들이 성급해진 이유를
③ 그 도시에서 사는 사람들의 마음을
④ 일본 사람들의 에스컬레이터 사용량을

21.

공손하고 정중한 말을 사용하는 것은 상급자에게 공손하게 행동해야 하는 사회체계에서는 어쩔 수 없이 따라야만 하는 관습일 수 있다. 만일, 보다 상대적으로 지위가 높은 사람이 낮은 사람에게 공손하게 말을 하면 지위가 낮은 사람은 자신의 지위가 낮다는 점을 인식해서 (   ). 사회적 지위가 낮은 사람이 자기보다 높은 상대방에게 덜 정중하게 응답을 한다면 자기가 더 지위가 높다는 주장을 하고 있는 셈이다. 그러한 행동은 자신의 상급자에게 모욕을 줌으로써 결국은 자신의 위치를 흔들리게 하는 결과를 초래할 것이다.

① 공손한 표현을 그대로 받아들이면 된다
② 훨씬 더 정중한 표현을 사용해야만 한다
③ 보다 덜 정중한 표현을 사용해도 무방하다
④ 자신의 위치에 맞게 그냥 받아들이면 된다

22.

스트레스 관리의 기본은 자신만의 스트레스 해소법을 찾는 데 있다. 스트레스를 받았을 때 즉각 해소할 수 있는 자신만의 방법을 터득하는 것이 중요하다. 조용한 공간을 찾아 눈을 감고 깊게 심호흡하면서 명상을 하거나 좋아하는 음악을 듣는 것도 좋다. 그렇지만 그중에서도 부정적인 삶의 태도를 긍정적으로 변화시키는 것이 가장 중요하다. 즉, (   )는 우리 몸의 면역 기능을 끌어올려 스트레스가 쌓이지 않게 하고, 건강한 몸을 유지시킨다는 연구 결과도 있다.

① 삶을 긍정적으로 보는 태도
② 스트레스를 방치하려는 태도
③ 스트레스 해소법을 찾으려는 태도
④ 부정적인 삶을 지속시키려는 태도

23.

백화점의 경우 주 수입원은 판매수수료이다. 판매수수료는 일반적으로 30~40% 인데 해외명품 업체들로부터는 9% 이하의 수수료를 받는다. 그렇지만 백화점의 품격을 과시하기 위한 홍보용으로 화려하며 고급스러워 보이는 해외명품 제품을 통행량이 가장 많은 1층에 배치한다. 1층에서 손님을 끌어들이는 역할을 하고, 2층과 3층에서는 활발한 판매활동이 주로 이루어진다. 2층과 3층에는 여성정장 및 캐주얼, 잡화, 영캐주얼, 준보석 등이 판매용 제품이며 이곳은 백화점을 전시하는 효과는 적지만 (   )이 되기 때문에 수익의 많은 부분은 여기서 발생한다.

① 달콤한 쇼핑
② 심심한 쇼핑
③ 매콤한 수입원
④ 짭짤한 수입원

유형 12
정답

1.②	2.④	3.④	4.④	5.①	6.④	7.④	8.④	9.①
10.③	11.③	12.①	13.④	14.④	15.④	16.②	17.②	18.①
19.④	20.③	21.②	22.①	23.④				

082　　　　　　　　　　　　　　　　　　　TOPIK II 유형별 읽기 문제집

문제 푸는 꿀팁~!

지문 전체를 읽고 이해한 후 예문 4개를 하나씩 대조해 가며 맞는 것과 맞지 않는 것을 표시해 가면서 문제를 푸는 것이 좋다. 또한 중급 유형에도 나오는 문제이므로 난이도가 있는 어휘를 숙지할 필요가 있다.

1~23 다음을 읽고 내용이 같은 것을 고르십시오.

01.

흔히 우리 주위에서 볼 수 있는 눈은 잡으면 보슬보슬 흩어지는데 북극의 눈은 단단하다. 북극에서는 눈이 끊임없이 내린다. 특히 북극과 같이 추운 곳에서의 눈은 녹지 않고 층층이 쌓이게 된다. 솜털같이 보송보송했던 눈의 결정들도 시간이 지나면 공기가 빠져나가 단단해진다. 즉, 밀도가 점점 높아져 만년설이 되고 결국에는 얼음으로 변하게 되는 것이다.

① 북극에서 쌓이는 눈은 밀도가 낮다.
② 얼음이 되려면 밀도가 낮아야 한다.
③ 북극처럼 추운 곳은 쉽게 눈이 녹는다.
④ 북극의 눈은 계속 쌓이고 압축되어 단단하다.

02.

사막에는 혹독한 환경 속에서도 식물 못지않게 많은 동물이 살고 있다. 특히 사막에서 사는 포유류는 온도 변화를 견뎌야 하기 때문에 다른 지역의 동물보다 체온의 변화가 크다. 또한 뜨거운 햇빛을 피해 모래 언덕이나 바위 밑에 숨기 쉽도록 크기가 작은 것이 많으며, 주로 밤에 활동한다. 반면에 사막의 파충류는 다른 동물과는 달리 낮에 많이 활동한다. 왜냐하면 파충류는 냉혈 동물이기 때문에 뜨거운 기온도 잘 견딜 수 있기 때문이다.

① 사막의 포유류는 주로 주행성 동물이다.
② 사막에 살고 있는 파충류는 야행성 동물이다.
③ 사막의 파충류는 뜨거운 환경에서도 생활이 가능하다.
④ 사막의 포유류는 뜨거운 환경에서 살아남기 위해 몸집이 크다.

03.

먹이 확보와 자손 번식을 위해 이동하는 사막 메뚜기는 메뚜기 떼 중에서 가장 악명이 높다. 사막 메뚜기들은 지나가는 곳마다 모든 곡식을 먹어 치워 버려서 '바람의 이빨'이라는 별명이 붙었다. 영국의 모 연구소에서 사막 메뚜기를 대상으로 실험을 진행했다. 그 결과 군집 상태일 때의 메뚜기들은 혼자일 때보다 기억 및 인식능력이 현저히 떨어져 모든 걸 먹어 치운다는 것이다.

① 사막 메뚜기는 종족 번식만의 이유로 이동한다.
② 사막 메뚜기는 혼자일 때가 기억력이 더 나쁘다.
③ 사막 메뚜기는 메뚜기 종류 중에서 가장 순하다고 알려져 있다.
④ 사막 메뚜기는 집단 행동할 때 사물을 알아보는 능력이 떨어진다.

04.

상어는 바다에서 가장 능숙하게 수영을 하는 물고기이다. 상어가 수영을 잘하는 비결은 비늘에 나 있는 작은 돌기 덕분이다. 보통 수영을 하면 흐르는 물이 피부에서 빙글빙글 맴도는 와류 현상을 일으킨다. 이로 인해 마찰력이 생겨 수영 속도가 느려지게 되지만 상어의 돌기는 마찰력을 줄여 수영을 빨리할 수 있도록 해 준다. 상어 비늘에 있는 돌기의 원리가 공기나 물의 저항을 덜 받게 하기 위해서 여러 곳에 이용되고 있다. 예를 들면 비행기, 자동차 타이어, 잠수함, 수영복 등에 활용되고 있다.

① 모든 물고기는 돌기 덕분에 수영을 잘할 수 있다.
② 상어에게만 있는 돌기는 물과의 저항을 줄여 준다.
③ 일반적으로 수영을 하면 물의 저항 때문에 수영하기가 쉽다.
④ 비행기에도 물의 저항을 줄이려고 상어의 돌기 원리가 이용되었다.

05.

소금 섭취량이 부족하면 식욕 감퇴가 일어나고 장기적인 경우에는 무력증에 빠질 수도 있으므로 항상 적정량의 소금을 섭취해야 한다. 소금은 바닷물을 일정한 장소에 가두고 소금의 결정이 생길 때까지 햇볕에 물을 증발시키면 얻을 수 있다. 바닷물을 끓여서 물을 증발시키는 방법으로 소금을 얻는 천일제염법은 강수량이 적고 조수간만의 차가 크며, 햇볕을 쬐는 날이 많은 지역에서 가능한 방법이다.

① 소금을 끓이면 소금물을 얻을 수 있다.
② 천일제염법은 빗물을 끓여서 소금을 얻을 수 있다.
③ 식욕을 떨어뜨리기 위해서 소금 섭취량을 늘려야 한다.
④ 오랜 시간 소금을 평균량보다 적게 먹으면 몸에 힘이 없다.

06.

　　캐러밴은 낙타나 말 등에 짐을 싣고 다니며 물건을 사고파는 상인의 집단이나 여행자들을 가리키는 말이다. 캐러밴은 처음에 실크로드를 통해 교역을 하던 사람들이 여러 가지 위험에서 서로를 보호하기 위해서 만든 집단이다. 많은 양의 짐을 싣고 아프리카를 통과해야 했기 때문에 낙타가 주요 이동 수단이 되었지만 19세기부터 교통 수단이 발달하자 캐러밴은 급격하게 쇠퇴하기 시작했다. 그 결과 지금은 종교 순례나 각종 위협으로부터 스스로를 지키기 위해 무리를 이룬 이민자 행렬에서 캐러밴을 찾아볼 수 있다.

① 캐러밴은 무역을 위해서 만든 무리이다.
② 교통수단이 발달하면서 캐러밴은 더 활발하게 되었다.
③ 지금도 낙타와 말을 이용한 이민자 행렬의 캐러밴을 볼 수 있다.
④ 캐러밴은 위험에서 서로 보호하기 위해 같이 이동하는 사람들이다.

07.

　　지구를 한 바퀴 도는 여행자가 새로운 시간대로 들어갈 때마다 자기 시계를 1시간 앞당기거나 늦추면서 여행을 한다. 그리고 다시 출발한 곳으로 되돌아왔을 때, 자신의 날짜가 하루 차이가 나는 것을 발견하게 된다. 이것은 날짜선이 기준이 되기 때문이다. 날짜변경선이란 지구상에서 날짜를 변경하기 위해 편의상 설정한 경계선으로 태평양의 거의 중앙부인 경도 180도 선을 따라 남북으로 그어져 있는 가상의 선을 말한다. 날짜변경선을 경계로 동쪽과 서쪽의 날짜가 하루 달라지게 되는데, 날짜선을 지나 동쪽으로 여행하면 날짜를 하루 늦추고, 반대로 서쪽으로 여행하면 하루를 앞당긴다.

① 동쪽에서 서쪽으로 가면 하루가 빨라진다.
② 서쪽에서 동쪽으로 가면 하루가 앞당겨진다.
③ 세계 여행을 하는 사람은 날짜를 신경 쓸 필요가 없다.
④ 날짜 변경선은 날짜 변경을 위해 지구에 실제로 그은 선이다.

08.

동물은 어떤 일을 여러 가지로 해 보고 그 가운데 가장 유리한 행동을 하기도 한다. 이러한 행동을 '시행착오'라고 한다. 이것은 생쥐가 먹이를 먹기 위해 미로를 빠져나오는 시간을 측정해 보면 쉽게 알 수 있다. 처음에 생쥐는 미로를 빠져나오는 데 시간이 오래 걸리지만, 여러 번 반복하다 보면 그 시간이 점차 줄어든다. 생쥐는 많은 시행착오 끝에 제일 빠른 시간 안에 미로를 빠져나오는 길을 학습하는 것이다. 인간도 마찬가지이다.

① 생쥐는 시간을 측정하기 위해 미로 게임을 한다.
② 생쥐는 시간이 갈수록 미로를 나오는 시간이 길어진다.
③ 인간과 생쥐는 시행착오를 거쳐 미로에 대한 공부를 한다.
④ 동물은 시행착오를 거쳐 자신에게 가장 좋은 행동을 한다.

09.

검은해오라기는 물고기를 잡아먹는 평범한 새이지만 먹이를 잡을 때 사냥법이 아주 독특하다. 사냥할 때 물속에 조용히 발을 담그고 날개를 둥글게 편 채로 가만히 먹잇감을 기다린다. 그러면 펼친 날개 밑으로 그늘이 생기게 되고 어두운 곳을 좋아하는 물고기들은 그늘 밑으로 모여든다. 이때 검은해오라기는 그 순간을 놓치지 않고 재빠르게 물고기를 잡아먹는다.

① 검은해오라기는 물속에서 발로 물고기를 사냥한다.
② 검은해오라기는 특별한 새이지만 평범하게 사냥한다.
③ 검은해오라기는 어두운 곳을 좋아하기 때문에 그늘을 만든다.
④ 검은해오라기는 펼쳐진 날개 밑으로 모여든 물고기를 사냥한다.

10.

고추가 매운맛을 내는 까닭은 캡사이신이라는 화학 물질 때문이다. 고추가 이 물질을 만드는 까닭은 동물들이 자기를 해치는 것을 막기 위해서이다. 고추는 씨를 널리 퍼뜨려서 번식을 해야 하는데, 동물들이 씨까지 씹어 먹으면 번식을 할 수 없기 때문이다. 그래서 매운맛을 내는 캡사이신을 분비한다. 사람도 아주 매운 고추를 먹으면 속이 쓰린 것처럼 캡사이신이 동물의 몸속으로 들어가면 신경을 자극하기 때문에 고통스럽다.

① 고추는 캡사이신이라는 물질로 매운맛을 낸다.
② 고추는 동물을 해치기 위해 화학 물질을 사용한다.
③ 고추는 동물들을 통해서 씨를 멀리까지 퍼뜨릴 수 있다.
④ 고추는 사람이나 동물의 몸속에 들어가서 캡사이신을 만든다.

11.

끈끈이주걱은 곤충을 잡아먹어 부족한 양분을 얻는 식충 식물이다. 끈끈이주걱의 잎에는 가느다란 털이 수백 개 나 있다. 이 털끝에는 이슬이 맺힌 것 같이 생긴 끈끈한 액체가 방울방울 맺혀 있다. 작은 곤충은 햇빛에 반사된 액체를 꿀로 착각해 그 위에 앉는다. 그러면 끈끈한 액체는 곤충의 발을 꼭 잡아서 놓아 주지 않는다. 곧바로 털들이 오므라들면서 곤충이 도망가지 못하게 단단히 감싼 후 소화액을 내어 곤충에 있는 영양분을 빨아들인다.

① 끈끈이주걱은 곤충에게 부족한 영양분을 준다.
② 끈끈이주걱은 잡힌 곤충의 소화액을 흡수한다.
③ 끈끈이주걱은 곤충을 잡기 위해 액체를 배출한다.
④ 끈끈이주걱은 수백 개의 이슬이 털끝에 달려 있다.

12.

피부의 감각점 중에서 가장 많은 것은 아픔을 느끼는 통점이며 가장 적은 것은 따뜻함을 느끼는 온점이다. 그러나 감각점은 감각의 강도가 세지면 모두 통점으로 연결된다. 즉 미지근한 물에 손을 담그면 따뜻하게 느껴지지만 뜨거운 물에 손을 담그면 아픔을 느낀다. 지나치게 찬 얼음이 손에 닿아도 차다는 느낌보다는 아픔을 먼저 느끼는 것도 마찬가지이다.

① 피부의 감각에는 통점과 온점이 가장 많다.
② 피부의 감각은 정도에 따라 모두 통점을 느낀다.
③ 물이 미지근할 때 피부가 느끼는 감각은 온점에 해당이 된다.
④ 물이 아주 차게 느껴질 때 피부의 감각은 통점보다 온점이다.

13.

손은 우리 몸에서 가장 많은 일을 하는 부위이자 가장 더러운 곳이다. 손바닥에는 평균 150종류의 세균이 산다고 한다. 또 호흡을 통해 바이러스나 세균이 옮는 것보다 손을 통해 병균이 옮아서 병에 걸리는 경우가 더 많다. 연구 결과에 따르면 비누로 손을 씻은 경우 세균이 99%, 손 소독제의 경우는 98%, 물로만 씻었을 때는 93%의 세균이 없어져서 병에 걸릴 확률도 낮아졌다고 한다. 따라서 최소한 손만 잘 씻어도 병에 걸릴 일이 줄어들고 건강하게 살 수 있다.

① 손보다 호흡을 통해서 질병에 더 많이 걸린다.
② 우리 몸에서 가장 바쁘게 움직이는 곳은 손이다.
③ 병에 안 걸리고 건강하려면 손을 덜 씻어야 한다.
④ 비누보다 물로만 손을 씻었을 때가 더 효과적이다.

14.

귀는 우리 몸이 균형을 잡을 수 있도록 도와준다. 양쪽 귀에는 반고리관이 세 개씩 있고 반고리관에는 액체가 가득 들어 있다. 머리가 움직이면 반고리관에 들어 있는 액체도 움직인다. 반고리관의 감각기는 머리가 어느 쪽으로 움직이는지 뇌에 신호를 보낸다. 신호를 받은 뇌는 몸이 흔들리지 않고 균형을 잡도록 명령을 내린다.

① 반고리관은 왼쪽과 오른쪽 귀 모두 합쳐 세 개가 있다.
② 반고리관은 물과 같은 액체가 있어 움직일 때 조심해야 한다.
③ 반고리관은 우리가 몸을 어디로 움직이는지 뇌에 가르쳐 준다.
④ 반고리관은 몸이 한쪽으로 기울이지 않게 스스로 균형을 잡는다.

15.

우리가 자주 보는 텔레비전 화면을 가까이에서 자세히 살펴보면 작은 점들로 되어 있다. 그런 점들은 모두 색이 합쳐져 하나의 그림으로 나타나는 것을 알 수 있다. 텔레비전 화면의 안쪽은 색이 있는 아주 작은 점들로 덮여 있어 이 점들이 빛을 내서 화면의 뒤를 비추면 텔레비전의 그림을 만드는 것이다. 이 점들의 색은 빨강, 초록, 파랑의 세 가지뿐이며 이 색들이 서로 합쳐지면 화면에 여러 가지 색이 나타나게 된다.

① 텔레비전은 많은 점이 모여 만들어진 것이다.
② 텔레비전 화면 내부에는 여러 가지 색으로 덮여 있다.
③ 텔레비전 화면 뒤를 비추면 그림들이 서로 합쳐져 나타난다.
④ 텔레비전 화면의 점들은 세 가지 색이 서로 섞여서 나타난다.

16.

휴가 후에 세균이나 바이러스에 의해 설사, 장염, 급체 등 소화기 계통의 질환이 나타날 수 있다. 대부분 열, 구토, 설사, 복통 등을 호소하게 되는데 어린이와 노인의 경우 가벼운 설사로도 탈수현상이 일어날 수 있으므로 물과 이온음료 등으로 충분한 수분과 전해질 공급을 해 주는 것이 중요하다. 설사를 한다고 해서 식사를 안 할 경우 오히려 면역력이 더욱 떨어져 증상이 악화될 수 있다. 이때 죽이나 미음 등 소화가 잘 되는 부드러운 음식을 섭취하는 것이 좋고 배를 따뜻하게 해 주면 도움이 된다.

① 어린이와 노인은 물과 이온음료로 탈수현상을 예방해야 한다.
② 사람들은 휴가가 끝난 뒤에 눈병을 비롯한 피부병 등에 많이 걸린다.
③ 설사가 있을 경우에는 면역력이 떨어지므로 음식 섭취를 하면 안 된다.
④ 소화기 계통의 질환에는 약을 먹기보다 따뜻한 음식을 먹는 것이 좋다.

17.

풍요로운 삶을 추구하는 인간의 욕구는 커지는 데 반해 지구의 식량자원은 고갈되어 가고 있다. 그래서 22세기는 인간의 생존과 관련한 생명 과학의 시대라고 해도 과언이 아니다. 세계는 이미 자원 전쟁의 시대를 맞고 있으며, 다양한 생물자원의 확보와 연구는 식량 대란 및 환경 위기에 대처하고 쾌적한 삶을 지속하기 위한 필수 과제이다. 따라서 국내 생물자원의 탐구, 유지, 생산, 이용 등에 관한 연구는 한 국가의 범위를 넘어선 범국가적인 과제라 할 수 있다

① 인간의 생존은 다양한 생물자원의 확보에 있다.
② 인간의 욕구와 식량자원은 비례적으로 상승하고 있다.
③ 식량 문제와 환경 문제는 우리나라만 당면한 문제이다.
④ 22세기는 자원 전쟁의 시대 또는 생물자원의 시대라고 한다.

18.

가을철 등산에서 최고의 적은 '저체온증'이다. 저체온증이란 체온이 섭씨 35도 이하로 떨어졌을 때 몸에서 발생할 수 있는 증상을 말한다. 저체온증은 무조건 날씨가 춥다고 발생하는 게 아니라 일교차가 크거나, 평지와 온도 차가 큰 산 정상을 오를 때 발생하기 쉽다. 특히 몇 시간에 걸쳐서 등산한 후에 급격한 기온 변화를 겪거나 갑작스런 바람이나 비, 눈까지 만날 경우 체감온도는 더 떨어질 수 있다.

① 추운 겨울날 저체온증에 걸리기가 쉽다.
② 눈이나 비가 오는 날에만 저체온증이 발생한다.
③ 저체온증은 온도가 급격히 떨어졌을 때 나타난다.
④ 저체온 현상은 몸의 온도가 35도 이상일 때 나타난다.

19.

김장을 담그는 일은 우리 민족의 가을철 풍습 가운데 매우 정겨운 일로 기록된다. 겨울철부터 봄에 이르는 기간 동안 기본 반찬으로 매우 중요하다. 늦가을 배추를 거두어서 소금에 절여 물에 씻어두고 온갖 양념을 무채와 함께 버무려 배춧잎 사이사이에 속을 집어넣는다. 특히 별다른 반찬이 없고 채소 구하기가 쉽지 않던 시절에 김장 담그는 풍습은 겨울나기를 위한 첫 번째 큰일이었다. 김장을 담그는 법은 지역에 따라, 만드는 김치에 따라 매우 다양하지만 공통점은 이웃 간에 품앗이로 함께 모여서 담소를 즐기며 공동으로 김장을 담갔다는 점이다.

① 김장을 담그는 방법은 어느 지역이나 모두 동일하다.
② 예전에는 김치가 겨울을 나는 데 중요한 반찬이었다.
③ 우리 민족의 전통적인 겨울철 풍습은 김장 담그기이다.
④ 예전에는 김장을 담글 때 이웃의 도움이 중요하지 않았다.

20.

프랑스에서 19세기 말 대중 교육이 시작되었다. 모든 계층의 아이들이 한 반에서 학습하게 되니, 차이가 있을 수밖에 없고, 여분의 보충 수업이 필요한 아이들을 선별해 내는 작업을 심리학자인 비네와 동료들이 맡게 되었다. 이들을 선별해 내기 위해 비네는 학급에서 가장 뛰어난 아이는 풀 수 있지만 그렇지 못한 아이들은 해결할 수 없는 논리 문제, 단어 기억 문제, 그림 외우기 등과 같은 문제를 만들었다. 이 문제가 바로 거의 모든 사람이 학교 교육을 받으며 한두 번쯤은 받아 보았을 지능검사의 시초이다.

① 프랑스의 대중 교육은 심리학자들이 맡았다.
② 비네가 지능검사의 문제를 처음으로 만들었다.
③ 지능검사는 학교 교육을 받은 사람이라면 꼭 받아야 한다.
④ 19세기 말 지능검사가 만들어지면서 대중 교육이 시작되었다.

21.

웹사이트 검색 중에 소요되는 3초간의 지연 시간은 네티즌에게 3분 정도로 길게 느껴진다고 한다. 가상공간에서는 현실 세계보다 체감 시간이 더 느리게 흘러간다는 이야기이다. 조급한 성격을 지닌 한국 사람들에게 인터넷에서 잠깐이라도 지체되는 시간은 유난히 참기 힘들 정도로 지루하고 답답할 것이다. 이처럼 한국의 초고속 통신망 보급률이 급속히 상승한 데에는 한국인의 고질적인 문제점으로 지적되던 '빨리빨리 문화'가 나름대로 긍정적인 작용을 했다고 볼 수 있다.

① 가상공간에서는 시간을 보내기 어렵다.
② 한국인은 '빨리빨리 문화'를 고쳐야 한다.
③ 웹사이트를 검색하는 데에 쓰는 3초는 3분과 같다.
④ 한국인의 급한 성격은 초고속 통신망 보급에 도움이 되었다.

22.

젓가락을 자주 사용하면 뇌 능력 상승에 도움이 된다는 연구 결과가 있다. 손 근육을 많이 사용하는 젓가락질이 섬세함과 근력 조절 등을 길러 주며, 이것이 뇌 운동으로 이어져서 뇌의 성장을 촉진시켜 준다는 원리이다. 음식을 먹을 때 숟가락과 젓가락을 함께 사용하면 통합적이고 총체적인 행동양식의 발달이 이루어지며 이로 인해 두뇌발달 및 손동작의 발달이 이루어지게 된다. 그러나 어려서부터 젓가락 사용이 서툰 사람들은 젓가락을 사용할 때마다 스트레스를 받게 된다.

① 젓가락과 숟가락을 같이 사용하면 좋지 않다.
② 젓가락 사용은 두뇌발달에 좋은 영향을 미칠 수 있다.
③ 어릴 때의 젓가락 사용은 사람들에게 스트레스를 준다.
④ 젓가락을 많이 사용하면 손가락 근육에 손상을 줄 수 있다.

23.

모든 자전거에는 브레이크가 있지만 경륜에 사용되는 자전거는 브레이크가 없이 만들어진다. 왜냐하면 경륜용 자전거는 중량을 낮게 유지하기 위해 필수적인 부품만으로 이루어져 있기 때문이다. 브레이크가 없기 때문에 자전거를 멈출 때 경주 선수는 페달을 뒤로 돌리고 그다음에 손으로 앞바퀴를 단단히 잡는다. 손으로 바퀴를 잡으면 바퀴가 회전하는 것을 막지만 위험하기 때문에 장갑이 꼭 필요하다. 만일 장갑을 끼지 않는다면 맨손으로 자전거를 멈추려 할 때마다 심하게 다치게 되므로 장갑은 필수이다.

① 모든 자전거는 필요한 부품만 사용되었다.
② 경륜 자전거는 발로 바퀴를 잡아서 멈춘다.
③ 경륜에 사용되는 자전거는 브레이크가 없다.
④ 경주할 때 선수들은 장갑을 끼지 않아도 된다.

문제 푸는 꿀팁~!

이 유형은 주제를 찾는 문제로 글쓴이의 주장이 나타난 앞부분과 결론이 정리되어 있는 끝부분에 주의를 하며 읽어야 한다. 그리고 글의 중간에 있는 접속사(그래서, 그리고, 즉, 그러므로, 따라서) 등의 연결어는 주의 깊게 읽고 문제를 풀어야 한다.

1~21 다음 글의 주제로 가장 알맞은 것을 고르십시오.

01.

　　최근 알래스카의 빙하가 예상보다 빠른 속도로 녹고 있다는 보도가 심심찮게 들린다. 해빙 속도가 두 배 이상 빨라졌다고 한다. 알래스카의 빙하가 녹기 시작하면서 지난 100년 동안 지구 해수면은 20cm 이상 높아졌고 그 속도는 점차 빨라지고 있다. 이는 인간 활동으로 인해 이산화탄소의 양이 급격히 늘어나자 오존층이 파괴되어 지구 기온의 상승을 초래하면서 거대한 빙하를 녹여 갔던 것이다. 이렇게 지구 온도가 상승하면 모든 생태계는 살기 힘들어진다. 이를 막기 위해서는 오존층을 파괴하는 이산화탄소를 줄이는 것이 급선무이다.

① 알래스카의 빙하가 녹아서 해수면이 높아졌다.
② 지구 생태계를 위해 이산화탄소를 줄여야 한다.
③ 오존층이 파괴되어 모든 생태계가 살기 힘들어졌다.
④ 알래스카의 빙하가 예상보다 빠른 속도로 녹고 있다.

02.

　　최근 연구들은 습관 형성에 대한 몇몇 흥미로운 결과들을 보여 준다. 이 연구들에서 하나의 긍정적인 습관을 성공적으로 습득한 학생들은 더 적은 스트레스, 더 적은 충동적인 지출, 더 좋은 식습관, 감소된 카페인 소비, 더 적은 TV 시청시간 등을 나타냈다. 좋은 습관을 만들기 위해서는 어떤 습관이라도 공들여서 계속하면 습관 형성은 더 쉬워질 뿐만 아니라 다른 습관도 마찬가지로 쉬워진다. 그것이 올바른 습관을 가진 사람들이 다른 사람들보다 매사에 일을 더 잘하는 것처럼 보이는 이유이다.

① 올바른 습관을 가지려면 일을 잘해야 된다.

② 좋은 습관을 만들기 위해서는 정성을 들이면 쉽게 형성된다.

③ 습관 형성에 대한 연구 결과는 학생들에게 흥미롭게 나타난다.

④ 긍정적인 습관을 형성한 학생은 다른 사람보다 스트레스가 적다.

03.

> 길을 잃거나 조난을 당했을 때는 멀리서도 한눈에 알아보거나 들을 수 있는 구조 신호법이 있다. 첫째 봉화를 이용하는 방법이다. 이것은 밤에는 불을 피워 불꽃으로, 낮에는 연기를 이용하여 자신의 위치를 알리는 방법이다. 두 번째는 거울이나 물을 이용하는 방법이다. 먼 곳에서는 숲 속에 있는 사람을 잘 발견할 수 없다. 이때 거울이나 물을 이용하여 빛을 반사시켜 자신의 위치를 나타내야 한다. 세 번째 방법은 소리를 이용하는 것이다. 불씨나 거울 같은 도구가 없는 상황이라면 큰 소리가 나는 물체를 두드려 소리를 내거나 나팔, 호루라기 같은 도구를 이용하여 자신의 위치를 알려야 한다.

① 위험을 대비한 구조 신호를 배워야 한다.

② 먼 곳에서도 들을 수 있는 방법이 최고이다.

③ 주변의 물건을 활용하는 방법으로 탈출해야 한다.

④ 조난을 당했을 때는 자신의 위치를 알리는 것이 중요하다.

04.

> 가난한 나라를 돕는 것은 매우 중요하지만 그것은 단순하지 않다. 우리는 지진이나 홍수 같은 비상사태에 처한 가난한 사람들에게 직접 돈이나 식량을 주어 그들을 돕는다. 그러나 덜 긴급한 상황에서 식량을 제공하는 것은 사람들을 의존적으로 만들 수 있다. 만일 선진국에서 가난한 나라에 계속 식량을 준다면 가난한 나라의 농부들은 판매할 식량을 굳이 생산할 필요가 없다고 여길 것이다. 우리는 가난한 사람들이 스스로 돈을 벌거나 혹은 자신들의 식량을 생산하도록 도울 필요가 있다. 단지 그들에게 돈이나 식량을 주는 것은 좋은 생각이 아니다. 우리는 그들이 자립할 수 있도록 도울 방법을 찾아야 한다.

① 가난한 나라의 경제적 자립을 도와야 한다.

② 선진국은 가난한 사람들을 계속 도와주어야 한다.

③ 가난한 사람들은 판매할 식량들을 생산해야 한다.

④ 자연재해에 대비한 긴급 구조 체계를 확립해야 한다.

05.

인터넷은 우리가 어디에 있든 사람들과 즉시 연락할 수 있고, 상대방을 만나지 않고도 함께 일들을 계획할 수 있으며 마우스 클릭 한 번으로 정보의 세계에 접근할 수 있다. 그러나 한편으로 인터넷은 우리를 컴퓨터 앞에 붙어 있게 해서 현실에서 우리를 격리시킨다. 오랫동안 인터넷을 사용하면 가상과 현실을 분간하지 못하는 결과를 초래한다. 그래서 사람과 사람 사이에 나눠야 할 것이 적어지고, 가상과 현실의 경계가 없어지게 되면 삶이 위험하게 될 것이다. 따라서 우리는 인터넷 사용을 줄여서 인터넷에 존재하는 공간과 우리가 사는 실제 세상과의 균형을 만들어 낼 필요가 있다.

① 인터넷은 정보의 세계에 접근이 가능하다.
② 컴퓨터 앞에 앉아 있게 만드는 것이 인터넷이다.
③ 인터넷을 통해 상대방과 일을 계획하는 것은 쉬는 일이다.
④ 인터넷 사용을 줄여 현실과 가상세계의 균형을 유지해야 한다.

06.

미술치료는 심리치료의 일종으로 미술 활동을 통해 감정이나 내면세계를 표현하고 기분의 이완과 감정적 스트레스를 완화시키는 방법이다. 말로써 표현하기 힘든 느낌, 생각들을 미술 활동을 통해 표현하여 안도감과 감정의 정화를 경험하게 하고 내면의 마음을 돌아볼 수 있도록 하는 치료법이다. 고통스러운 일을 겪은 아이들은 그림을 그리거나 만들기를 통해 심리적인 안정을 얻을 뿐만 아니라 자신이 경험한 것에 대해 더 자세히 전달하고 정리할 수가 있다. 그래서 미술치료는 심리적 충격을 안겨 주는 사건들을 경험한 아동들뿐만 아니라 말로써 자신의 어려움을 표현하기 어려워하는 어른들에게도 유용하다.

① 미술치료로 아이들의 내면을 봐야 한다.
② 미술치료로 어른들의 어려움을 이해할 수 있다.
③ 미술치료는 아이들뿐만 아니라 어른들도 모두 적용된다.
④ 미술치료는 사람들의 심리를 치료하는 방법 중의 하나이다.

07.

> 더운 사막에 사는 사막여우는 몸에 비해 귀가 아주 크다. 큰 귀에는 혈관이 넓게 퍼져 있어서 몸의 열을 밖으로 쉽게 내보낼 수 있다. 반면에 추운 극지방에 사는 북극여우는 귀가 작고 뭉툭하게 생겼다. 또 길고 하얀 털이 빽빽하게 나서 몸의 열을 쉽게 밖으로 뺏기지 않는다. 따라서 동물은 오랫동안 환경에 맞게 변화되어 지금의 모습으로 살아간다.

① 북극여우는 귀가 작아서 추운 지방에 살기에 좋다.
② 여우는 자신이 살아가는 환경에 맞추어 진화되었다.
③ 사막여우는 사막에 사는 데 적합한 모습으로 변했다.
④ 여우는 자신이 사는 곳의 온도에 따라 귀 모양이 다르다.

08.

> 아이돌 스타는 대중에게 우상처럼 떠받들어지는 연예인으로 나이 어린 가수들을 일컫는 말로 흔히 쓰인다. 이들은 실력보다는 외모, 화려한 퍼포먼스 등을 내세워 인기를 얻기 때문에 다른 가수에 비해 음반 판매량이 아주 높다. 하지만 아이돌 스타는 '반짝 스타'로 끝나는 경우가 많다. 따라서 진정한 스타로 거듭나려면 무엇보다 자신의 실력을 키워야 한다.

① 아이돌 스타는 어린 나이에 가수가 되어 인기를 누린다.
② 아이돌 스타는 반짝 스타로 대중들에게 우상화되어 있다.
③ 아이돌 스타는 외모나 춤보다 자신의 실력을 쌓아야 한다.
④ 아이돌 스타의 노래는 다른 가수에 비해 대중들에게 인기가 있다.

09.

> 독립영화는 감독의 의도 하에 자유롭게 제작되는 영화로 주제와 형식, 제작 방식이 상업 영화와는 다르다. 이것은 상업 영화와 달리 흥행과는 무관하며 자유롭다. 따라서 감독이나 후원자가 마련한 적은 제작비로 만들며 보통 1시간 이내의 단편 영화가 제작되는 경우가 많다. 또한 다양한 장르로 독창적이고 예술적이며 실험적인 작품들이 만들어진다.

① 독립영화의 상업성
② 독립영화의 예술성
③ 독립영화의 제작 과정
④ 독립영화의 정의와 특징

10.

　　청소년의 팬덤 활동은 여러모로 청소년들에게 좋은 영향을 미친다는 결과가 나왔다. '팬덤'은 특정 인물이나 분야를 열정적으로 좋아하는 집단을 말하는데 이 활동을 통해 청소년들은 친구와 관심사를 공유하고 인간관계를 확장할 수 있다. 또한 일상의 답답함에서 벗어나 공연장이나 경기장에서 스타를 응원하며 삶의 만족감도 얻을 수 있다. 따라서 이런 팬덤 활동을 잘 활용한다면 청소년들이 건전하고 올바르게 성장할 수 있을 것이다.

① 청소년들의 관심사
② 청소년들의 활동 범위
③ 팬덤 활동의 긍정적인 영향
④ 팬덤 활동의 부정적인 영향

11.

　　전자 상거래는 누구나 언제 어디서든지 인터넷만 있으면 손쉽게 할 수 있고 나라와 지역 경계 없이 개방적인 성격을 가지고 있다. 또한 소비자들이 시간과 장소에 구애받지 않고 쇼핑할 수 있는 등 많은 장점을 가지고 있기 때문에 시장 규모가 빠르게 성장하고 있다. 전자 상거래가 활발히 이루어지려면 기업의 경쟁을 자유롭게 하고 상품 유통을 막는 장벽을 없애야 한다.

① 전자 상거래의 역할
② 전자 상거래의 시장 형성
③ 전자 상거래의 대책 마련
④ 전자 상거래의 활성화 방향

12.

　　콘서트홀에서 감미로운 노래와 웅장한 오케스트라 연주에 휩싸이는 경험은 매우 매력적이다. 하지만 모든 콘서트홀이 늘 최고의 소리를 들려주는 것은 아니다. 어떤 콘서트홀에서 공연을 관람하느냐에 따라 공연의 만족도가 달라질 수 있다. 그건 오케스트라와 가수 외에도 콘서트홀의 다양한 요소들이 공연의 질에 영향을 미치고 있기 때문이다.

① 콘서트홀에서 듣는 공연은 매우 감동적이다.
② 콘서트홀에서 하는 공연은 장소에 따라 만족도가 다르다.
③ 가장 좋은 소리를 들려주는 콘서트홀의 공연은 많지 않다.
④ 공연의 질은 콘서트홀의 여러 가지 상황에 따라 달라질 수 있다.

13.

지역마다 전통적으로 많이 생산되는 특산물이 있다. 예를 들면, 금산의 인삼, 영광의 굴비, 제주의 감귤 등이다. 전통 산업은 대부분 그 지역에서 나는 재료를 이용하여 만들어지는데 오늘날 이런 산업은 대부분 축소되거나 쇠퇴하고 있다. 그러한 이유는 공장의 대량 생산화와 수입 상품이 들어왔기 때문이다. 따라서 각 지역의 특산물을 이용한 전통 산업의 경쟁력 강화와 신기술 도입 등 위기를 맞는 전통 산업을 되살리는 데 힘써야 한다.

① 전통 산업의 활성화 전략
② 외국 상품 경쟁력 강화 방안
③ 지역 특산물 대량 생산화 전략
④ 지역 특산물 생산 기술 도입 방안

14.

저금리 상태가 지속되는 사회에서는 사람들이 저축에 대해 상당히 회의적이다. 저축은 미래를 위해 현재의 소비를 억제하는 것이며 이때 그 대가로 이자를 받게 된다. 물가가 상승하고 그에 비해 금리가 낮아질 때에는 화폐의 가치가 떨어지게 되므로 저축에서 얻을 수 있는 실질적인 수익은 낮아지거나 오히려 손해를 볼 수도 있게 된다. 따라서 저금리 상황에서의 저축은 사람들에게 신뢰를 받지 못하게 된다.

① 저축은 사람들의 미래를 위해 마련된 수단이다.
② 물가 상승과 저금리 상태일 때 저축을 더 해야 한다.
③ 저금리 상태가 유지되면 저축에 대한 신뢰도가 떨어진다.
④ 저축과 그에 따른 이자는 금리의 상황에 따라 달라질 수 있다.

15.

고령화 사회 문제를 해결하기 위해서는 무엇보다 국가적 차원의 체계적인 노인 복지 제도를 마련하는 일이 중요하다. 노인들이 활동적으로 사회 활동을 할 수 있게 취업을 알선하고, 재교육을 시켜서 적극적으로 자신의 노년을 계획할 수 있도록 도와주어야 한다. 또한 기업이나 사회단체가 한마음으로 고령 사회에 대비할 수 있는 문화행사, 복지시설 등에도 투자를 아끼지 않아야 한다.

① 고령화 사회의 문제점 지적
② 고령화 사회 문제의 해결책 제시
③ 고령화 사회에 대처하는 기업의 노력
④ 고령화 사회를 극복하기 위한 국가적 제도 마련

16.

요즘 TV나 라디오, 신문 등의 광고를 보면 다이어트에 관심이 많은 여성들이 많다는 것을 알 수 있다. "ZERO 칼로리~", "진정한 S라인을 향해~" 등의 광고 문구들은 우리 사회에 불고 있는 다이어트 열풍을 잘 보여준다. 이러한 광고들은 다이어트가 사회문제로까지 확대된 요즘의 세태를 잘 반영하고 있다. 뚱뚱한 여자들을 기피하고 날씬한 여성을 선호하며, 아름답고 날씬하다는 것이 인생의 성공을 의미하는 듯한 모습은 우리 사회에 만연해 있는 외모지상주의를 잘 이용한 광고라고 할 수 있다.

① 광고가 사회 모습을 반영한다.
② 요즘 다이어트 열풍이 불고 있다.
③ 다이어트 광고가 사회문제가 된다.
④ 외모지상주의가 광고에 많이 나온다.

17.

봄날 춘곤증으로 인한 졸음을 참기 힘들 때에는 억지로 참는 것보다는 30분 이내의 낮잠이 뇌를 안정화시켜 학업이나 업무의 능률 향상에 도움이 된다. 하지만 직장인이나 학생들의 경우, 잘못된 수면 자세를 장시간 취하다 보면 관절 건강을 해칠 수 있어 주의가 필요하다. 책상에 엎드려 자기보다는 등받이 의자를 이용하거나 쿠션을 이용하는 것이 좋다. 또한 수건을 말아 목과 허리에 받쳐서 몸이 최대한 구부러지지 않도록 자는 것이 좋은데 이는 척추 곡선 유지에 도움을 주기 때문에 허리에 가해지는 부담을 줄일 수 있다.

① 낮잠을 통해 뇌를 안정화시킬 수 있다.
② 졸음은 참지 말고 30분 이상 자는 것이 좋다.
③ 잘못된 수면 자세는 관절의 건강을 해칠 수 있다.
④ 낮잠을 잘 때는 수건을 이용해 관절의 부담을 예방할 수 있다.

18.

절약은 어려서부터 꼭 길러야 하는 미덕이다. 무엇을 얼마나 어떻게 써야 하는지, 왜 그래야 하는지 알려주는 것은 아이들이 물건을 어떻게 사용하는지에 대한 관념을 심어주는 데 중요한 역할을 하기 때문이다. 우리는 너무나도 풍족한 물질 속에서 살고 있으며 우리 아이들도 마찬가지로 풍요로운 물질적 혜택을 받고 있다. 그러므로 요즘 아이들은 자신들이 선택하기만 하면 무엇이든 가질 수 있다고 생각하며, 놀다가 싫증이 난 것은 내다 버리면 그만이라고 생각하는 경향이 있는 것이다.

① 절약의 중요한 역할
② 풍족한 사회에서의 미덕
③ 풍요로운 물질 선택의 중요성
④ 절약을 어려서부터 배워야 하는 이유

19.

전국 국립공원에서는 그린포인트 제도가 실시되고 있다. 이는 국립공원 지원센터에서 비닐봉투를 얻어 탐방 도중 여기저기 떨어진 쓰레기를 모은 후 탐방이 끝나는 지점의 지원센터로 가져가면 무게를 달아 포인트를 적립해 주는 제도이다. 적립 포인트는 나중에 홈페이지에서 쿠폰 형태로 내려받아 국립공원 시설 이용 시 현금처럼 사용할 수 있다. 우리 땅을 깨끗하게 사용하고 후손에게 맑고 건강한 자연을 물려준다는 생각으로 그린포인트 모으기에 동참한다는 것은 의미 있는 일이다.

① 국립공원 시설 탐방
② 그린포인트의 화폐적 가치
③ 자연보호와 그린포인트 제도
④ 쓰레기 처리방법의 이해와 실천

20.

봄이 되면 건조한 날씨와 점점 강해지는 자외선 등에 의해 아토피 질환이 악화되기 쉽다. 그래서 청소와 위생에 신경을 많이 써야 한다. 청소기로 집안 구석구석을 자주 청소하면 집안 먼지와 진드기를 줄이는 데 도움이 된다. 또한 이불과 베개 관리는 햇볕에 잘 말린 후 털어주는 것을 잊지 말아야 한다. 아토피 예방을 위한다면 진드기의 온상인 카펫을 치우는 것도 좋은 방법이다. 그리고 외출 후에는 반드시 씻고 피부가 건조하지 않도록 로션이나 보습제 등을 바르는 것이 좋다.

① 아토피 치료법
② 아토피 예방법
③ 진드기 서식장소
④ 침구류 관리방법

21.

아이를 야단쳐야 할 순간은 너무나도 많지만 어떻게 야단쳐야 좋은지는 잘 모르는 부모가 많다. 먼저 아이의 이야기를 잘 들어주어야 한다. 아이의 잘못된 행동을 바로잡는 것보다 선행되어야 할 것은 아이가 왜 그랬는지 이해하고 근본적인 원인을 해결해 주는 것이다. 그런 다음 너무 길고 장황하게 말하지 말고, 쉽고 간단하게 얘기하는 것이 좋다. 만약 이야기를 듣지 않고 부모의 입장에서 무조건적으로 야단을 친다면 아이는 입을 굳게 닫거나 반감을 갖고 더욱더 그릇된 행동을 할 수도 있다. 따라서 아이의 이야기에 귀 기울이는 것이 중요하다.

① 아이의 잘못을 야단치는 것은 열등감을 준다.

② 아이와 이야기할 때는 쉽고 간단하게 해야 한다.

③ 아이와 대화할 때는 다른 아이와 비교하면 안 된다.

④ 아이를 야단칠 때는 아이의 이야기를 듣는 것이 최우선이다

✔ **유형 14** 1.② 　 2.② 　 3.④ 　 4.① 　 5.④ 　 6.④ 　 7.② 　 8.③ 　 9.④
정답 　 10.③ 　 11.④ 　 12.④ 　 13.① 　 14.③ 　 15.② 　 16.① 　 17.③ 　 18.④
　　 19.③ 　 20.② 　 21.④

문제 푸는 꿀팁~!

이 유형은 보기의 문장을 어디에 넣을 것인지를 찾는 문제이다. 먼저 문장 간의 관계를 파악하여 보기에 있는 정보를 바탕으로 생략된 어휘, 문장 등을 살펴야 한다. 따라서 글을 읽을 때에는 문장 자체에 대한 의미만을 생각하는 것이 아니라 앞뒤 문장의 논리적인 전개를 고려하여 자연스럽게 연결될 수 있는 것을 찾아내는 것이 중요하다.

1-27 다음 글에서 <보기>의 문장이 들어가기에 가장 알맞은 곳을 고르십시오.

01.

같은 언어를 사용하며 의사소통하는 사회 집단을 언어 공동체라고 한다. (㉠) 언어 공동체는 가족, 지역, 세대, 성별 외에도 다양하게 구분할 수 있다. (㉡) 이런 언어 공동체는 내용과 형식은 물론 의사소통 방식에서도 다른 공동체와 구별되는 담화 관습을 가지고 있다. (㉢) 예를 들어 의사들로 구성된 언어 공동체는 의학 용어를 사용하는 등 다른 공동체와 구별되는 고유한 담화 관습을 가지고 있다. (㉣)

> **보기**
>
> 이처럼 담화 관습은 언어 공동체마다 다르다.

① ㉠   ② ㉡   ③ ㉢   ④ ㉣

02.

온기 있는 언어는 슬픔을 감싸 안아준다. (㉠) 세상살이에 지칠 때 어떤 이는 친구와 이야기를 주고받으며 고민을 털어내고, 어떤 이는 책을 읽으며 작가가 건네는 문장에서 위안을 받는다. (㉡) 말하는 사람은 시원할지 몰라도 듣는 사람은 정서적 화상을 입을 수 있기 때문이다. (㉢) 이렇듯 태고 때부터 늘 함께해 온 '언어' '말'이 지니고 있는 소중함, 중요성을 알게 해 준 이기주 작가의 '말의 온도'를 읽으면서 말이 얼마나 중요한지 글자의 점 하나가 얼마나 큰 의미를 담고 있는지 새삼 깨닫게 될 것이다. (㉣)

하지만 용광로처럼 뜨거운 언어에는 감정이 많이 실리기 때문에 조심해야 한다.

① ㉠   ② ㉡   ③ ㉢   ④ ㉣

03.

언어는 역사성을 가진다. 옛날에 '곶'이라는 말이 현대에 오면서 '꽃'이라는 말로 변했다. (㉠) 이처럼 언어는 시간의 흐름에 따라 끊임없이 변하고 새롭게 태어난다. (㉡) 예를 들어 인터넷이 발달하고 스마트 기기의 보급이 늘어나면서 매년 수백 개의 새로운 말이 생성되고 있다. (㉢) 또 유행에 따라 등장했다가 금방 사라지는 단어가 있는가 하면 꾸준히 사람들의 입에 오르내리면서 사전에 실리게 되는 단어가 있다. 이렇게 언어는 생성과 발전, 소멸의 과정을 거치는데 이러한 언어의 특성을 언어의 역사성이라고 한다. (㉣)

다시 말해 말은 새로운 생각이나 기술, 기기가 생기면 새로운 말이 생기기도 하고 쓰이던 말이 사라지기도 하는 것이다.

① ㉠   ② ㉡   ③ ㉢   ④ ㉣

04.

옛날 사람들은 말을 적게 하는 것을 소중히 여겼다. (㉠) 말을 하는 이유는 자기 뜻을 표현하기 위해서인데, 왜 말을 적게 해야 한다고 했을까? (㉡) 단지 해야 할 말은 해야 하고, 해서는 안 되는 말은 하지 않아야 한다는 사실을 지적한 것이다. (㉢) 다른 사람에게 자신을 과시하기 위한 말과 다른 사람을 헐뜯는 말 또한 하지 않아야 한다. 진실이 아닌 말과 바르지 못한 말도 하지 않아야 한다. (㉣)

말을 할 때 이 네 가지를 경계한다면, 말을 적게 하려고 애쓰지 않아도 저절로 그렇게 된다.

① ㉠   ② ㉡   ③ ㉢   ④ ㉣

05.

여러분은 '초연결 사회'라는 말을 들어 본 적이 있나요? (㉠) 평소 병을 앓던 사람이 쓰러지면 그 사람의 시계가 가까운 병원에 그 사실을 바로 알려 주어 곧바로 응급 치료를 받을 수 있다. (㉡) 그리고 컴퓨터나 스마트폰으로 학습 동영상을 보기도 하고, 먼 곳에 있는 사람과 얼굴을 보며 이야기를 나눌 수도 있다. (㉢) 이런 초연결 사회의 장점으로는 시간과 공간의 제약이 사라졌다는 점을 꼽을 수 있다. (㉣) 과거에는 학교에서 선생님을 직접 만나야만 수업을 들을 수 있었지만 지금은 무선 통신망을 이용하여 언제 어디서나 쉽게 수업을 들을 수 있기 때문이다.

> **보기**
>
> 이렇게 무선 통신망으로 인간과 인간, 인간과 사물이 연결된 오늘날의 사회를 '초연결 사회'라고 한다.

① ㉠   ② ㉡   ③ ㉢   ④ ㉣

06.

영화 <로봇, 소리>에는 자신이 한 일에 책임감을 느껴, 입력된 프로그램의 명령을 거부하는 로봇이 등장한다. (㉠) 이 로봇은 감정을 느끼고 스스로 판단을 내리는, 마치 인간과 같은 존재로 그려진다. (㉡) 그런데 업무수행 중 폭격으로 부모를 잃고 울부짖는 아이 소리를 듣게 된다. (㉢) 아이의 소리를 들은 로봇은 자책감에 인공위성과 교신을 끊고 그 아이를 돕기 위해 지구에 불시착한다. (㉣) 바다에 떨어진 로봇은 주인공을 만나 서로 의지하게 된다. 이 영화는 인간과 로봇이 어떻게 공존할 수 있는지를 보여 주는 영화이다.

> **보기**
>
> 원래 이 로봇은 인공위성에서 도청을 하기 위해 만들어졌다.

① ㉠   ② ㉡   ③ ㉢   ④ ㉣

07.

　　우리는 이미 과거와 다른 방식으로 뇌를 사용한다. (㉠) 디지털 기술의 발달로 암기와 관련된 부분은 대부분 디지털 기술에 의존하고 있다. (㉡) 그러나 지금은 단축 번호나 검색으로 전화번호를 금방 찾을 수 있어서 가까운 사람의 전화번호조차 못 외우는 경우가 다반사이다. (㉢) 우리는 이미 의학적으로 두뇌의 변화를 경험하고 있다. (㉣) 한국병원 박 모 교수는 "기억 대신 검색이 중요한 위치를 차지하게 되면서 색에 필요한 뇌 기능은 발달하지만 두뇌의 기억 용량은 감소하게 되었다"라며 "디지털 기기에 지나치게 의존하면 기억력이 쇠퇴한다"라고 말했다.

> **보기**
>
> 휴대 전화가 등장하기 전까지만 해도 수십 명의 전화번호를 외우고 다니는 경우가 흔했다.

① ㉠　　　　　　② ㉡　　　　　　③ ㉢　　　　　　④ ㉣

08.

　　어떤 사람의 생각이나 감정을 글이나 그림처럼 다른 사람들이 보거나 느낄 수 있게 만든 것을 저작물이라고 한다. (㉠) 그 저작물을 만든 사람을 지켜 주기 위한 권리가 저작권이다. 저작물을 이용하려면 먼저 저작권자에게 허락을 받아야 한다. (㉡) 저작권자의 허락을 받지 않고 가져다 쓰는 행위는 모두 저작권 침해에 해당한다. (㉢) 저작물을 이용할 때도 지켜야 할 기본적인 예의가 있다. (㉣) 저작자의 이름을 밝혀야 하고 마음대로 저작물의 제목이나 내용을 바꾸면 안 된다. 또 돈을 벌기 위한 목적으로 남의 저작물을 허락 없이 사용해서도 안 된다.

> **보기**
>
> 왜냐하면 다른 사람이 힘들여 만든 저작물을 아무런 대가도 치르지 않고 가로채는 것이기 때문이다.

① ㉠　　　　　　② ㉡　　　　　　③ ㉢　　　　　　④ ㉣

09.

'미인대칭'이라는 말이 있다. (㉠) 이 말의 의미는 '미소 짓고, 인사하고, 대화 나누고, 칭찬하자!'라는 운동이다. (㉡) 평상시에 만나는 사람마다 인사하고, 미소 짓고, 대화를 나누고 서로를 칭찬해 보자. (㉢) 이러한 것들은 우리 스스로를 건강하게 만들 것이다. (㉣) 또한 사회를 화목하게 만들 것이며 국가의 경쟁력을 높여 주는 중요한 요소가 될 것이다.

보기

이 운동은 선진국으로 가는 지름길을 제시해 주는 캠페인이다.

① ㉠ ② ㉡ ③ ㉢ ④ ㉣

10.

에너지와 물질은 물리에서 아주 기초적인 두 가지 개념이다. (㉠) 공간을 차지하고 무게가 있는 것은 모두 물질이다. (㉡) 그것은 고체일 수도 있고 액체, 기체일 수도 있다. (㉢) 예를 들어, 얼음은 고체이고, 물은 액체이고, 수증기는 기체이면서 양과 무게를 갖고 있다. (㉣) 그러나 빛과 열은 무게가 없고 공간을 차지하지 않으므로 물질이 아닌 에너지이다.

보기

물질은 반드시 양과 무게 모두를 갖고 있어야 한다.

① ㉠ ② ㉡ ③ ㉢ ④ ㉣

11.

대다수 직장인이 바쁜 일과와 끊임없는 스트레스 및 빈번한 술자리로 시달리고 있다. (㉠) 이런 생활이 계속되면 건강한 삶을 살기 어렵고 만성피로 또는 우울 증상이 나타난다. (㉡) 휴식이 가장 좋은 치료법이다. (㉢) 자신이 피로를 느끼지 않고 일을 할 수 있는 상한선의 한계를 알고, 그 한계 내에서 자신을 조절하는 법을 터득해야 한다. (㉣) 다음으로 중요한 것은 적당한 운동이다.

보기

이러한 증상이 있으면 어떻게 해야 할까?

① ㉠ ② ㉡ ③ ㉢ ④ ㉣

12.

마늘 섭취량은 보통 하루 2~3쪽이 적당하다. (㉠) 몸에 좋은 마늘이지만 너무 많은 양을 먹는 것은 좋지 않다. (㉡) 특히 위장병이 있거나 위가 약한 사람은 생마늘의 알리신 성분이 위벽을 자극해서 헐게 할 수 있으므로 익혀 먹는 것이 좋다. (㉢) 마늘을 익히면 알리신 성분은 줄어들지만 항산화 성분의 함량은 오히려 증가한다. (㉣)

보기

즉, 항산화 성분이 많은 음식은 몸에 좋기 때문에 콜레스테롤 함량이 높은 고기를 마늘과 함께 구워 먹으면 좋은 것이다.

① ㉠   ② ㉡   ③ ㉢   ④ ㉣

13.

우리의 뇌에 정신을 맑게 유지하고 집중할 수 있도록 하는 신경세포의 그물인 '망상활성화계'란 것이 있다. (㉠) 예를 들어 무엇인가를 억지로 외우려고 하면 기억이 나지 않지만 즐거운 마음으로 외우면 기억이 오래가는 이유가 바로 이 활동 때문이다. (㉡) 그렇기 때문에 기억력을 높이려면 즐거운 마음으로 글을 읽는 것이 좋다. (㉢) 우리의 뇌는 계속 새로운 세포를 만들어 내고 노년에도 얼마만큼의 신경세포를 만든다는 연구가 발표되었다. (㉣) 따라서 즐거운 마음으로 책이나 신문을 읽거나 취미생활을 하면 뇌 활동이 더욱 왕성해져 뇌 세포가 생길 가능성이 더 크다.

보기

이는 감정이 녹아 있을 때 제대로 활동하게 된다.

① ㉠   ② ㉡   ③ ㉢   ④ ㉣

14.

성장한 자식에게 부양받기를 거부하고 부부끼리 독립적인 노년 생활을 꾸려 나가는 노인들이 늘어나고 있다. (㉠) 젊은 맞벌이 부부가 늘어나면서 손자를 돌봐야 하는 것이 노인들에게는 큰 부담이다. (㉡) 더구나 같이 살면서 자식이나 며느리에게 가사 결정권을 양보하는 것 또한 자식과의 동거를 기피하게 하는 요인이 된다. (㉢) 그러나 무엇보다 중요한 것은 부모를 부양하려는 진실한 마음과 성의가 없기 때문인 것 같다. (㉣)

보기

이들은 자식과 함께 산다고 해서 꼭 좋은 건 아니라고 말한다.

① ㉠   ② ㉡   ③ ㉢   ④ ㉣

15.

물은 신진대사에 도움을 주어 혈액순환을 원활하게 하기 때문에 깨끗한 혈액공급의 원천이 된다. (㉠) 또한 물을 마시면 포만감이 생기지만 칼로리가 없어 다이어트에 도움이 된다. (㉡) 대소변을 활발하게 해 체내 노폐물 배출에도 좋다. (㉢) 간혹 물을 마시면 몸이 붓는다 하여 피하는 경우가 있는데, 신장 기능에 이상이 없다면 상관없다. (㉣)

보기

맑은 혈액은 노화방지에 좋을뿐더러 고혈압 등 각종 질환 예방에도 효과적이다.

① ㉠   ② ㉡   ③ ㉢   ④ ㉣

16.

바다에는 2,000종이 넘는 어류들이 무리를 이루며 살아간다. (㉠) 이들 중에는 평생 동안 무리를 이루는 종도 있고, 흩어져 살다가 산란기 때 모여드는 종도 있다. (㉡) 무리를 이루는 어류들은 같은 시기에 태어나기에 비슷한 크기로 자라고 일정한 간격을 유지한 채 움직인다. (㉢) 왜냐하면 무리를 이루어 다니면 포식자에게 발견되기 쉽지만 포식자의 공격을 막아내는 데 유리한 점이 많기 때문이다. (㉣)

보기

무리를 이루는 어류들은 안전을 위해 보다 크게 뭉치려고 한다.

① ㉠   ② ㉡   ③ ㉢   ④ ㉣

17.

입 냄새는 자연스런 생리현상이다. 자고 나면 입 냄새가 나는데, 이는 수면 중 구강 내 침이 줄고 산성화되면서 세균에 의한 악취가 생기기 때문이다. (㉠) 비정상적으로 지독한 입 냄새의 90%는 구강 내 문제이다. (㉡) 구취를 해소하기 위해서는 우선 양치질로 혀뿌리 안쪽까지 깊숙이 닦아 설태를 자주 제거해야 한다. (㉢) 음식물 찌꺼기를 제거하기 위해 칫솔질뿐 아니라 치실, 치간 칫솔도 사용해야 한다. (㉣) 치태, 치석은 스케일링으로만 제거되므로 정기적으로 치과를 방문하는 것이 좋다.

보기

그중에서도 설태, 치태, 치석, 흡연 등이 주원인이라고 한다.

① ㉠   ② ㉡   ③ ㉢   ④ ㉣

18.

> 피가 깨끗하고 우리 몸 구석구석까지 막히지 않고 원활하게 잘 공급되어야만 건강 유지가 가능하다. (㉠) 혈액은 이 길이를 단 20초 만에 돌아서 심장으로 복귀한다. (㉡) 파이프가 오래되면 녹스는 것처럼, 혈관을 제대로 관리하지 않으면 기름기가 낀다. (㉢) 혈관 속에 흐르는 혈액에 콜레스테롤과 중성지방 등이 많아지면 몸의 혈관 건강에 나쁜 영향을 미친다. (㉣) 만약 심장으로 가는 혈관에 나쁜 콜레스테롤이 쌓이게 되면 혈관이 막히게 되어 건강을 잃을 수 있다.

보기

> 혈관의 길이는 약 10만km로 지구 두 바퀴 반이나 된다.

① ㉠　　　② ㉡　　　③ ㉢　　　④ ㉣

19.

> 사람은 비타민이나 무기질이 풍부한 채소의 섭취가 필요한데 채소는 곡물과 달라서 저장하기가 어렵다. (㉠) 물론 채소를 건조시켜 저장할 수는 있지만 건조시키면 본래의 맛을 잃고 영양분의 손실을 가져오게 된다. (㉡) 그래서 채소를 소금에 절이거나 장·초·향신료(마늘, 생강) 등과 섞어서 새로운 맛과 저장 방법을 개발하게 되었다. (㉢) 그 후 18세기 중반쯤 향신료인 고추가 수입되면서 지금처럼 빨갛게 담가 먹기 시작했다. (㉣) 이렇게 개발된 우리 고유의 식품이 바로 김치이다.

보기

> 고추가 수입되면서 음식문화의 일대 혁명이 일어났다.

① ㉠　　　② ㉡　　　③ ㉢　　　④ ㉣

20.

> 『아들과 함께 걷는 길』은 가족의 소중함을 전하는 책이다. (㉠) 작가가 어렸을 때 대관령 고갯길을 아버지와 함께 걸어서 넘어온 기억을 바탕으로 쓴 글이다. (㉡) 대관령 고갯길은 총 서른일곱 굽이를 돌아야 한다. (㉢) 개인적인 일상과 과거사의 이야기가 세대를 통해 전달되고 있다. (㉣) 그 과정 속에서 전해지는 삶의 의미와 지혜, 가족의 소중함을 느낄 수 있다.

보기

> 고갯길을 돌면서 부자간의 나눈 대화 속에서 가족의 의미를 자연스럽게 전하고 있다.

① ㉠　　　② ㉡　　　③ ㉢　　　④ ㉣

21.

자동차나 전기제품 등은 사용할수록 낡고 고장이 나서 결국 버리게 된다. (㉠) 그러나 우리의 뇌만은 예외이다. (㉡) 우리 뇌는 사용할수록 나날이 좋아진다. (㉢) 특히 중요한 점은 두뇌에 신선한 자극을 계속 주어야 한다는 것이다. (㉣) 따라서 자극이 주어지지 않는 다른 부위는 기능이 저하된다. 여기서 말하는 같은 종류의 자극이란 평상시 생활 중에서 거의 습관화된 행동이나 사고를 뜻한다.

> **보기**
>
> 같은 종류의 자극만 계속 주면 뇌의 특정 부위만 활동하게 된다.

① ㉠   ② ㉡   ③ ㉢   ④ ㉣

22.

수원 못골시장은 '따뜻한 이야기를 파는 시장'으로 유명하다. (㉠) 상인들의 인생 이야기를 이미지화해서 매출을 올렸기 때문이다. (㉡) 잡곡 노점을 해 아들을 챔피언으로 키워낸 아주머니는 '챔피언 아줌마'로, 손수레로 신발을 팔아 아들을 파일럿으로 키워낸 아버지의 가게를 '날개 달린 신발 가게'로 이름을 지었다. (㉢) 이 이름을 기반으로 간판과 판매대를 디자인했다. (㉣) 그러면서 고객은 상인 간의 대화 속에서 '정'을 느꼈고 시장의 단골이 되었다.

> **보기**
>
> 독특한 간판과 판매대에 대해 묻고 찾는 사람들이 점점 늘어났다.

① ㉠   ② ㉡   ③ ㉢   ④ ㉣

23.

창원시는 도시관광 활성화를 위해 국내 최초로 '디지털 체험관광 도시'를 조성했다. (㉠) 진해의 근대사를 활용해 첨단 기술과 문화유산을 접목하여 진해를 관광도시로 특성화시킨 것이다. (㉡) 국내에 첫선을 보인 디지털 체험 관광 도시는 증강 현실 기술을 활용하였다. (㉢) 길을 가면서 휴대 전화로 진해의 1920년대 거리를 현재의 거리에 겹쳐 볼 수 있게 했다. (㉣) 그러면서 관광객에게는 도시 관광에 활용할뿐더러 다양한 볼거리를 제공하게 했다.

> **보기**
>
> 이러한 디지털 기술로 가상현실을 재현하고 이를 역사자료로 동시에 보존하게 한 것이다.

① ㉠   ② ㉡   ③ ㉢   ④ ㉣

24.

한국의 비빔밥을 세계인과 나누고 싶다는 마음과 열정 하나로 홍보 활동을 시작한 청년들이 있다. (㉠) '비빔밥 유랑단'은 비빔밥을 중심으로 다양한 한식을 전 세계인에게 선보이며 한식의 건강한 식습관을 전파하였다. (㉡) 하지만 사람의 우려에도 불구하고 이들은 한식의 세계화를 위해 먹거리 트럭으로 전 세계를 돌며 비빔밥을 알렸다. (㉢) 그리고 조리부터 시식까지 참여할 수 있는 행사도 진행하였다. (㉣) 무모했던 그들의 도전이 5년 만에 인정을 받고 정부와 다양한 기업으로부터 지지를 받고 있다.

보기

처음 이들의 행동을 보고 무모한 도전이라고 걱정하였다.

① ㉠   ② ㉡   ③ ㉢   ④ ㉣

25.

여름에 땀을 많이 흘리면 자연히 물을 많이 찾게 된다. (㉠) 이때 음료수나 물을 많이 마신다면 위의 부담도 커지고 식욕도 떨어지게 된다. (㉡) 왜냐하면 무더운 날씨에 차가운 물을 마시게 되면 갑자기 들어온 찬 기운에 영향을 받아서 배탈이나 설사가 날 수 있기 때문이다. (㉢) 그 이외에도 냉수에 레몬이나 식초를 몇 방울 떨어뜨려서 마시는 것도 좋다. (㉣) 그러면 더위로 인한 갈증도 해소시켜 줄뿐더러 건강에도 좋다.

보기

하지만 갈증을 참을 수 없을 때는 시원한 물보다는 더운물을 마시는 것이 좋다.

① ㉠   ② ㉡   ③ ㉢   ④ ㉣

26.

햇빛은 색이 없는 것처럼 보이는데 사실은 여러 색이 합쳐져 있는 것이다. 비가 내리다가 햇빛이 비치게 되면 무지개가 나타난다. (㉠) 무지개는 빗방울이 햇빛을 여러 가지 색으로 나누기 때문에 생긴다. (㉡) 이렇게 빛이 여러 가지 색의 띠 모양으로 나뉜 것을 '스펙트럼'이라고 한다. (㉢) 스펙트럼에는 빨강, 주황, 노랑, 초록, 파랑, 남색, 보라색이 나란히 나타난다. (㉣) 이 모든 색이 합쳐져 빛의 색이 된다.

보기

무지개를 보면 햇빛의 여러 가지 색을 알 수 있다.

① ㉠   ② ㉡   ③ ㉢   ④ ㉣

27.

감기에 걸리지 않게 면역력을 기르려면 대체로 뜨거운 효능을 가진 음식이나 식품을 먹는 게 좋다. (㉠) 홍삼은 뜨거운 효능을 가진 것으로 면역력을 향상시키는 건강기능식품 중의 하나이다. (㉡) 이것은 말리지 않은 인삼을 증기나 여러 방법으로 익혀서 말린 것을 말한다. (㉢) 인삼은 햇볕을 싫어한다. (㉣)실제로 햇볕에 노출되면 몇 시간이 지나서 잎이 축 늘어지고 시드는 것을 볼 수 있다. 이렇게 햇볕을 피해 축적된 홍삼의 열성은 면역력을 높여 주기 때문에 감기에 걸리지 않게 하고 생활에 활력을 준다.

보기

그래서 인삼밭은 모두 검은 해가림 막으로 덮여 있다.

① ㉠   ② ㉡   ③ ㉢   ④ ㉣

심정 찾기, 글의 내용과 같은 것 찾기

문제 푸는 꿀팁~!

이 유형은 유형 10과 같은 유형이다. 첫 번째 문제는 글쓴이나 등장인물의 기분이나 심정 등과 같은 감정을 묻는 문제이므로 전체적인 상황이나 분위기, 글쓴이나 등장인물이 있는 상황 등을 이해하고 감정 관련 어휘를 암기해야 한다. 두 번째 문제는 지문의 내용과 같은 것을 찾는 문제로 먼저 예문 4개를 읽고, 본문에서 하나하나 찾아 확인해 나가면 쉽게 답을 찾을 수 있다.

1~28 다음을 읽고 물음에 답하십시오.

나는 서로 가슴을 열어 놓고 이야기할 만한 사람도 없이 혼자서 살아왔다. 이것은 6년 전 사막에서 비행기가 고장을 일으킨 때의 일이다. 비행기 엔진이 그곳에서 그만 고장난 것이다. 정비사도 승객도 없었기 때문에 나는 그 어려운 수리를 나 혼자서 해치워 보려고 마음먹었다. 내게 있어서 그것은 생사의 문제였다. 겨우 일주일 동안 마실 물만이 있었을 뿐이었으니까. 나는 사람이 사는 곳에서 수만 리나 떨어진 모래밭에서 잠이 들었다. 그것은 넓은 바다 한가운데에서 뗏목을 타고 표류하는 것보다도 훨씬 더 외로운 신세였다. 그러니 해가 뜰 무렵 이상한 목소리를 듣고 잠에서 깨었을 적에 내가 얼마나 놀랐겠는가.

"나, 양 한 마리만 그려 줘."

"응?"

"나, 양 한 마리만 그려 줘."

나는 마치 벼락이라도 맞은 것처럼 후닥닥 일어났다. 그리고 눈을 비비고 자세히 주위를 둘러보았다. 그러나 나를 심각하게 바라보고 있는 한 어린아이가 보였다. 나는 <u>눈이 휘둥그레져서</u> 그 아이를 쳐다보고 있었다. 나는 지금 사람 사는 곳에서 수만 리 떨어진 곳에 외톨이로 있었다는 사실을 잊고 있지 않았기 때문이다.

"그런데… 넌 여기서 뭘 하고 있는 거니?"

그러나 그 아이는 아주 중대한 일이기나 한 것처럼 천천히 계속해서 같은 말을 되뇌었다.

01. 밑줄 부분에 나타난 '나'의 심정으로 알맞은 것을 고르십시오.

① 고통스럽다　　　　② 걱정스럽다　　　　③ 갑작스럽다　　　　④ 변덕스럽다

02. 이 글의 내용과 같은 것을 고르십시오.

① 내가 있는 사막 가까운 곳에 마을이 있다.

② 나는 사막에서 자는 것이 굉장히 외롭다고 느꼈다.

③ 나는 비행기가 고장 난 것보다 먹을 것이 없어서 걱정이다.

④ 나는 혼자 사는 것을 좋아해서 사막에서 잠을 자게 되었다.

"어? 엄마, 우리가 탈 비행기가 스케줄 모니터에 안 뜨는데?"

"설마… 공항이 여기가 맞아? 알렉산드리아에 공항이 두 개라며?"

분명 이 공항이 맞는데도 엄마의 한마디에 뜨끔해 프린트한 비행 티켓을 다시 살펴본다. 알렉산드리아 아랍공항. 여기가 맞다. 체크인 시간까지 남은 시간은 한 시간 남짓. 더 늦은 시간에 출발하는 비행기들도 이미 모니터에 다 띄웠는데 우리가 탈 비행기만 <u>감감무소식이다.</u>

"저희가 타야 할 비행편이 스케줄 모니터에 안 뜨는데요?"

공항 안내데스크에 문의하자 직원은 우리의 티켓을 확인한 뒤 어딘가로 전화를 건다.

"문제없습니다. 잠시만 기다려 보세요. 곧 모니터에 뜰 겁니다."

그래야죠. 당연히 떠야지요. 너무나 당연한 질문과 대답이 오갔다는 것에 헛웃음이 나온다. 일단 기다려 보기로 한다. 10분이 지나고 20분이 지나고 30분이 지난다. 그러나 상황은 매한가지다. 나는 다시 안내데스크를 찾는다.

"문제없습니다. 공항관제센터에서 오타를 낸 걸 수도 있으니 기다려 보세요."

아니, 공항관제센터 직원이 PC방 알바생도 아닌데 설마 오타를 낼까. 어이가 없지만 달리 방법이 없어 또 기다린다. 이제 10분만 지나면 체크인 시간이다.

그런데도 우리가 타야 할 비행기는 온데간데없다. 나는 하는 수 없이 다시 안내데스크를 찾는다. 역시나 돌아오는 대답은 '노 프라블롬'. 시간은 계속 흘러가고 비행 스케줄은 여태 정해지지 않았는데 이게 어찌 문제가 아니란 말인가!

---

03. 밑줄 부분에 나타난 '나'의 심정으로 알맞은 것을 고르십시오.

① 처량하다　　　　② 답답하다　　　　③ 진지하다　　　　④ 씁쓸하다

04. 이 글의 내용과 같은 것을 고르십시오.

① 우리가 타야 할 비행기는 소식이 없다.

② 우리는 공항을 잘못 찾아와서 문제가 생겼다.

③ 우리는 비행기에 탑승할 시간이 지나서 걱정한다.

④ 우리는 직원에게서 비행기에 문제가 있다는 것을 들었다.

오디션이 시작되었다. 심사위원 앞에 선 참가자들은 1, 2분 안에 준비해 온 것을 보여 줘야 했다. 현중이는 차례가 다가올수록 속이 타는지 계속 생수를 마셔댔고, 나도 손바닥의 땀을 바지에 문질렀다. 우리의 차례가 되었을 때 아무 준비 없이 그 자리에 선 것이 부끄러웠고 다른 사람에게는 짧게만 여겨졌을 순간이 한없이 길게 느껴졌다. 게다가 노래 가사와 춤 순서를 까먹어 모든 게 뒤죽박죽되었다. 마치 천국행과 지옥행을 가르는 심판관 앞에 선 듯 노래를 부르고 춤을 추었다.

"얼굴은 괜찮은데… 연예인 되고 싶은 거 맞아요?"

내가 쭈뼛거리는 사이 심사위원은 '다음'을 외쳤다.

"우리가 너무 준비를 안 했어. 우리 연습해서 다시 도전하자."

현중이도 느낀 것이 있는지 내 어깨에 팔을 두르며 말했다. 아직도 내 귓가에 심사위원의 말이 계속 맴돌았다. '얼굴은 괜찮은데 연예인 되고 싶은 거 맞아요?'라는 말이 내 마음을 부추겼다. 연예인이 아주 불가능한 일은 아니라는 생각이 강하게 들었다. 이 길은 현중이 같은 길동무가 있어 외롭지 않을 것 같았다.

"좋았어! 인생 뭐 별거냐? 가는 거야!"

나는 현중이와 어깨동무를 하며 밖으로 걸어 나왔다.

05. **밑줄 부분에 나타난 '나'의 심정으로 알맞은 것을 고르십시오.**

① 긴장되다　　　　② 속상하다　　　　③ 너그럽다　　　　④ 억울하다

06. **이 글의 내용과 같은 것을 고르십시오.**

① 두 사람은 오디션이 끝난 후 절망을 했다.

② 두 사람은 발표시간이 너무 짧아서 아쉬웠다.

③ 두 사람은 연예인이 되고 싶어서 오디션을 봤다.

④ 두 사람은 준비해 온 춤만 보여 주어서 실패했다.

"하여튼 내가 나가서 찾아볼게. 원 이것이 어델 갔담."

외삼촌의 목소리가 들렸다. 나는 벽장 안에서 재미가 나서 혼자 히히 웃었다.

벽장 안은 답답하고 더웠다. 그래서 나도 모르게 슬며시 잠이 들고 말았다. 얼마 동안이나 잤는지 잠에서 깬 후에 난 벽장 안으로 들어온 것을 잊어버리고 말았다. 이상한 곳에서 잠을 깬 나는 어두컴컴하고 좁고 더워서 그만 엉엉 울고 말았다. 그러자 갑자기 가까운 곳에서 어머니의 외마디 소리가 나더니 벽장문이 벌컥 열리고 어머니가 달려들어서 나를 안아 내렸다.

"요 망할 것아."

하면서 어머니는 <u>가슴을 쓸어내리면서</u> 내 엉덩이를 댓 번 때렸다. 나는 더욱더 소리를 내서 울었다. 그때 어머니도 나를 끌어안고 따라 울었다.

"옥희야, 옥희야, 응 이제 괜찮다. 엄마 여기 있지 않니, 응, 울지 마라, 옥희야. 엄마는 옥희 하나면 그뿐이야. 세상 다 필요 없다. 옥희만 있으면 된다. 옥희야, 울지 마라, 응, 울지 마라."

이렇게 어머니는 나더러 자꾸 울지 말라고 하면서도 어머니는 끊이지 않고 그냥 자꾸 울었다.

외할머니는 "벽장 속에는 왜 숨었담" 하고 앉아 있고, 외삼촌은 "별일이네" 하면서 밖으로 나갔다.

07. 밑줄 친 부분에 나타난 '어머니'의 심정으로 알맞은 것을 고르십시오.

① 만족스럽다　　　② 다행스럽다　　　③ 부담스럽다　　　④ 사랑스럽다

08. 이 글의 내용과 같은 것을 고르십시오.

① 나도 모르게 벽장 안에 숨어 있었다.

② 가족들은 나와 숨바꼭질을 하고 있었다.

③ 외할머니는 나를 찾아서 울음을 멈추지 않았다.

④ 엄마는 내가 우는 소리를 듣고 벽장문을 열었다.

내가 미옥이에게 관심이 있다는 것을 어떻게 표현해야 할지 모르겠다고 아버지에게 말했더니 아버지는 편지를 보내 보라고 했다.

"편지요? 너무 촌스럽지 않을까요?"

"그건 촌스러운 게 아니라, 오히려 정중한 거다. 봐라, 내가 너희 엄마와 결혼할 수 있었던 것도 다 편지 덕분이지."

나는 아버지 말대로 미옥이에게 정중하게 편지를 썼다. 나는 나중에 꼭 미옥이와 결혼하리라는 결심을 굳히고 또 굳혔다. 미옥이와 결혼할 수 있기 위해서는 나이를 빨리 먹어야 하는데, 이제 겨우 열여섯 살이라는 게 분하고 원통할 지경이었다. 그러나 편지에는 그런 말을 쏙 빼고 그저 방학을 어떻게 보내고 있는지, 3학년에 올라가서는 더 열심히 공부하자는 말의 편지를 썼다. 편지를 부치기 위해 우체국으로 자전거를 타고 가면서 미옥이가 사는 동네 앞을 지날 때는 혹시 '미옥이가 골목에 나와 있지는 않을까'하는 마음에 마을 안 골목으로 들어갔다. 동네 몇 바퀴 괜히 돌기도 하면서 자전거 페달을 느리게 굴렸다. 그때 미옥이는 같은 동네 애들이랑 어딘가를 가고 있었다.

"야, 한희창, 너 어디 가냐?"

아라가 먼저 나를 발견하고 물었다.

"그냥 우체국 가던 길이야."

"근데, 왜 우리 동네는 들어와서 어정거려?"

"너희 동네 오면 안 되냐?"

"아니, 뭐 꼭 그런 건 아니지만. 그래, 잘 가라."

아라 옆에서 정작 미옥이는 딴 곳을 바라보고만 있었다.

09. 밑줄 친 부분에 나타난 '나'의 심정으로 알맞은 것을 고르십시오.
① 간절하다   ② 난처하다   ③ 진지하다   ④ 상쾌하다

10. 이 글의 내용과 같은 것을 고르십시오.
① 나를 본 미옥이와 친구들은 반가워했다.
② 나는 일부러 미옥이의 동네를 걸어 다녔다.
③ 나는 편지를 부치고 우체국에서 오는 중이었다.
④ 나는 미옥이를 우연히 길에서 마주치게 되었다.

엄마가 곁에 있었을 땐 깊이 생각하지 않은 엄마의 사소하고 어느 땐 보잘것없는 것같이 여기기도 한 엄마의 말들이 나의 마음속으로 해일을 일으키며 되살아났다. 나는 깨달았다. 전쟁이 지나간 뒤에도, 밥을 먹고 살 만해진 후에도 엄마의 지위는 달라지지 않았다는 것을. 오랜만에 만난 가족들이 아버지와 밥상 앞에 둘러앉아 대통령 선거 얘기를 나눌 때도 엄마는 음식을 만들어 내오고, 접시를 닦고, 행주를 빨아 널었다. 엄마는 대문과 지붕과 마루를 고치는 일까지도 도맡아 했다. 엄마가 끊임없이 되풀이해내야 했던 일들을 거들어주기는커녕 나조차도 관습으로 받아들이며 아예 엄마 몫으로 돌려놓고는 당연하게 여기고 있었다는 것을. 때론 오빠의 말처럼 엄마의 삶을 실망스러운 것으로 간주하기까지 했다. 인생에 단 한 번도 좋은 상황에 놓인 적이 없던 엄마가 나에게 언제나 최상의 것을 주려고 그리 노력했는데도, <u>외로울 때 등을 토닥여준 사람 또한 엄마였는데도……</u>.

11. 밑줄 친 부분에 나타난 '나'의 심정으로 알맞은 것을 고르십시오.

① 짠하다   ② 당황스럽다   ③ 절박하다   ④ 시원섭섭하다

12. 이 글의 내용과 같은 것을 고르십시오.

① 오빠는 엄마의 삶을 존중한다.

② 엄마는 나를 위해 항상 희생하셨다.

③ 나는 엄마가 한 일에 대해 실망하고 있다.

④ 엄마가 나에게 해준 말이 전혀 기억나지 않는다.

요즘 밭은 눈으로 덮여 있다. 사람의 발길이 닿지 않으니 눈은 오로지 햇볕으로만 녹아 없어질 수 있다. 봄이 되어서야 눈이 사라져 흙이 드러나고, 거기에서 연초록 생명이 터져 나올 것이다. 그러고 보면 눈은 겨우내 추위로부터 땅속 생명들을 지켜내는 역할을 하는지도 모른다. 눈밭이 포근해 보이는 것은 그와 같이 생명에 대한 따뜻한 사랑 때문이 아닐까. 지난 늦가을 심은 마늘도 눈의 포근함 속에서 단잠을 자고 있을 게다. 밭에는 마늘 말고 무도 있다. 무 구덩이를 만들어 그 안에 무를 보관해 놓았다. 시골 어머니에게 물어 만들었지만 막상 해보니 쉽지 않았다. 구덩이 위로 굵은 나무, 가느다란 나무, 짚을 차례로 덮고, 그 위에 비닐을 씌우고 흙을 덮었다. 혼자서 처음 해보는 것이라 구덩이 모양도 예쁘게 나오지 않았다. 구덩이 안에 들어가는 무도 잎이 나오기 시작한 지점을 칼로 도려내야 한다는 것을 뒤늦게 장인어른에게서 들었다. 그렇게 하지 않으면 땅속에서 무가 싹을 틔운단다. 얼마 전에 처음으로 무 구덩이에서 무를 꺼내 먹었다. 내가 기른 무를 한겨울에도 자연 상태에서 보관하면서 먹는 재미와 보람이 적지 않다. <u>정서적으로 살이 찌는 느낌이다.</u>

13. 밑줄 친 부분에 나타난 '나'의 심정으로 알맞은 것을 고르십시오.
① 안심하다　　　　② 불안하다　　　　③ 뿌듯하다　　　　④ 어이없다

14. 이 글의 내용과 같은 것을 고르십시오.
① 눈밭은 사람의 발길이 닿지 않아서 따뜻하고 포근하다.
② 눈은 겨우내 추위로부터 땅속 생명들을 지켜내는 역할을 한다.
③ 어머니와 함께 무 구덩이를 만들고 그 안에 무를 보관해 놓았다.
④ 내가 농사지은 것을 자연 상태에서 보관하여 먹는 재미와 보람은 적다.

　가족이랑 삼겹살집에 갔습니다. 4인분을 주문하고 불판이 뜨거워지기를 기다렸습니다. 삼겹살이 나오자 아내는 집게를 들고 부지런히 굽기 시작했습니다.
　'지지직' 소리를 내며 고기가 익자, 아내는 이쪽저쪽 식구들 앞에 가져다 놓기 바빴습니다. 제법 흡족히 먹은 듯해 된장찌개를 주문했습니다. 된장찌개 역시 맛있게 먹었습니다.
　"여보 갑시다. 맛있게 먹었네."
　아내는 아무 말 없이 일어섰습니다. 그날 밤 잠들기 전 아내가 말했습니다.
　"당신, 어떻게 그러실 수 있어요. 나는 고기 굽느라 맨날 하나도 못 먹어요. 식구들 먹인 뒤 이제 좀 먹으려 하면 일어서자고 하니, 참……."
　'아차! 또 나의 실수, 이럴 수가…….' <u>나는 차마 아내의 얼굴을 볼 수 없어서 등을 돌렸습니다.</u>

15. 밑줄 친 부분에 나타난 '나'의 심정으로 알맞은 것을 고르십시오.
① 옹졸하다   ② 섭섭하다   ③ 궁금하다   ④ 겸연쩍다

16. 이 글의 내용과 같은 것을 고르십시오.
① 아내는 나에게 늘 감사해 한다.
② 아내는 늘 가족을 위해 헌신한다.
③ 나는 가족의 행복이 제일 중요하다.
④ 맛있게 먹는 가족의 모습이 나의 행복이다.

　　결혼식을 며칠 앞둔 어느 날이었다. 식구들이 모두 모인 자리에서 나는 차마 입에 담지 못할 말로 아버지의 가슴에 평생 낫지 않을 피멍을 들게 만들었다.
　　"제발, 큰아버지 손잡고 들어가게 해 주세요."
　　말이 채 끝나기도 전에 오빠한테 뺨을 맞았지만 나는 막무가내였다. 가뜩이나 집안이 기우는데 등이 굽은 아버지의 손을 잡고 식장으로 걸어 들어가기는 정말이지 싫었다.
　　"흠… 걱정 말거래이. 안 그래도 허리가 쑤셔서 그날은 식장에도 몬 간다."
　　시집가는 딸 마음 상할까 봐 아버지는 거짓말까지 하셨다. 나는 결국 결혼식장에 큰아버지의 손을 잡고 입장하는 불효를 저질렀다. 하지만 나도 자식인지라 다시는 그러지 않겠다고 몇 번이고 다짐했다. 세월이 흘러 아이를 갖게 되었을 때, 시집살이에 입덧까지 하면서도 시어머니한테는 내색도 못하고 하루하루가 고역이었다. 그러던 어느 날 시장에서 돌아오던 나는 동네 어귀에서 내 눈을 의심하지 않을 수 없었다. 모자를 푹 눌러썼지만 작은 키에 굽은 등, 그리고 걸음걸이가 분명 친정아버지였다. 그러나 나는 나도 모르게 눈을 질끈 감고 외면하며 집으로 돌아왔다. 그런데 그날 저녁 퇴근하는 남편이 큼직한 보따리 하나를 들고 왔다.
　　"저 아래, 가게 아줌마가 주던데……?"
　　그것은 아버지의 체취가 묻어 있는 보따리였다. 시어른들 볼까 봐 집에도 못 오시고 아버지는 청국장 보따리를 가겟집에 전하고 가신 것이었다.

---

17. 밑줄 친 부분에 나타난 '나'의 심정으로 알맞은 것을 고르십시오.
① 불쌍하다   ② 행복하다   ③ 섬뜩하다   ④ 창피하다

18. 이 글의 내용과 같은 것을 고르십시오.
① 청국장 보따리는 아버지가 사위에게 전해 주었다.
② 나는 아버지를 알아보지 못한 채 집으로 돌아왔다.
③ 아버지는 딸의 마음을 이해하고 딸을 걱정하며 사랑한다.
④ 딸은 임신을 하고 난 후 아버지의 마음을 이해하게 되었다.

소년은 개울가에서 소녀를 보자 곧 윤 초시네 증손녀 딸이라는 걸 알 수 있었다. 소녀는 개울에다 손을 담그고 물장난을 하고 있는 것이다. 서울서는 이런 개울물을 보지 못하기나 한 듯이……

벌써 며칠째 소녀는 학교에서 돌아오는 길에 물장난이었다. 그런데 어제까지는 개울 기슭에서 하더니, 오늘은 징검다리 한가운데 앉아서 하고 있다. 소년은 개울둑에 앉아 버렸다. 소녀가 비키기를 기다리자는 것이다. (중략)

다음 날은 좀 늦게 개울가로 나왔다. 이날은 소녀가 징검다리 한가운데 앉아 세수를 하고 있었다. 분홍 스웨터 소매를 걷어 올린 팔과 목덜미가 마냥 희었다. (중략)

소녀는 소년이 개울둑에 앉아 있는 걸 아는지 모르는지 그냥 날쌔게 물만 움켜 낸다. 그러나 번번이 허탕이다. 그래도 재미있는 양 자꾸 물만 움킨다. 어제처럼 개울 건너는 사람이 있어야 길을 비킬 모양이다.

19. 밑줄 친 부분에 나타난 '소년'의 심정으로 알맞은 것을 고르십시오.

① 재미있다   ② 심심하다   ③ 짜증나다   ④ 지루하다

20. 이 글의 내용과 같은 것을 고르십시오.

① 소년은 징검다리에 앉아 세수를 하고 있다.

② 소년은 소녀를 기다리는 동안 물가에서 놀았다.

③ 소녀는 소년이 징검다리에서 비키기를 기다렸다.

④ 소녀는 스웨터를 입은 채로 개울가에서 물놀이를 했다.

칠판 앞에는 우리 반 남자아이들이 다 나와 있었어. 하나같이 멋쩍은 표정이었지. 지나가는 사람이 보았다면 아마 단체로 벌서는 줄 알았을 거야.

"이번에 정하면 겨울 방학까지 앉는 거다. 시작."

선생님은 마치 달리기 출발 신호를 하는 것처럼 손을 쭉 뻗으며 말씀하셨어. 나는 이게 몇 번째 짝 바꾸긴지 마음속으로 세고 있었지. 삼월부터 한 달에 한 번씩 바꿨으니까 삼, 사, 오, 육, 칠, 구, 십, 십일, 십이. 그래, 여름 방학 빼고 아홉 번째였어.

"우리 선생님은 짝을 이상하게 바꿔. 저번에는 여자들보고 맘에 드는 남자 옆에 앉으라고 하더니 말이야."

뒷자리에 앉은 아이가 투덜거렸어.

남자아이들은 계속 쭈뼛거렸지. 서로 다른 사람 뒤에 숨으려고만 했어. 나는 누가 와서 내 옆옆에 앉을까 궁금했어. 짝 바꾸기가 끝날 무렵까지 혼자 앉아 있으면 어쩌나 걱정도 되었어. 나는 키가 작아서 첫 줄에 앉아 있었거든. 특별히 나를 좋아하기 전에는, 아무도 맨 앞줄에 앉으려고 하지 않을 것 같았어.

선생님이 재촉하시는데도 남자아이들은 계속 머뭇거리고만 있었어. 자꾸 칠판 쪽으로 물러서기만 했지.

21. 밑줄 친 부분에 나타난 '남자아이들'의 심정으로 알맞은 것을 고르십시오.

① 부끄럽다   ② 서운하다   ③ 당황하다   ④ 후회하다

22. 이 글의 내용과 같은 것을 고르십시오.

① 우리 반 짝꿍 바꾸기는 매달 1회 정도 있다.
② 남자아이들은 선생님께 단체로 혼나고 있다.
③ 나를 좋아하지 않으면 절대 내 옆에 앉을 수 없다.
④ 내 짝과 나는 키가 크지 않기 때문에 항상 맨 앞에 앉는다.

하루가 다르게 풀려 가는 날씨에 때로는 외투가 무겁게 느껴진다.

학교에서 돌아와 보니 할머니가 옷장 속에 든 옷들을 꺼내 놓고 있었다. 요즘 들어 할머니는 부쩍 옷이나 물건들을 꺼내 놓고 정리하는 일이 잦았다.

"할머니, 또 옷 정리하세요?"

할머니가 옷을 만지다 말고 나를 물끄러미 바라보았다.

"봄옷 꺼내시려구요? 정말 봄 다 됐어. 막 빨리 걸어오니까 땀이 나려고 그러는 거 있죠."

나는 손으로 활활 부채질하는 시늉을 했다. 할머니는 착 가라앉은 목소리로 나를 불렀다.

"은지야."

부채질을 멈추고 할머니 얼굴을 들여다보았다.

"이 할미 없더라도 공부 잘하고 잘 있어야 혀."

"할머니, 어디 가세요?"

"너 두고 가는 게 젤로 마음에 걸려야."

할머니 얼굴이 슬퍼 보였다. 마음이 다급해졌다.

"할머니, 어디 가시는데요? 빨리 말해 봐요."

"이 할미, 고향으로 내려가야 쓰것다." (중략)

나는 할머니 팔을 붙들고 애원했다. 눈물이 나올 것 같았다.

23. 밑줄 친 부분에 나타난 '할머니'의 심정으로 알맞은 것을 고르십시오.

① 외롭다   ② 안쓰럽다   ③ 후회스럽다   ④ 불만스럽다

24. 이 글의 내용과 같은 것을 고르십시오.

① 나는 자주 옷장에서 옷을 꺼내 정리한다.

② 무거운 외투를 입고 있는 것이 날씨 탓이다.

③ 할머니는 나와 헤어지는 것을 좋아하지 않으신다.

④ 나는 더워서 할머니께 손으로 부채질을 해 드렸다.

집에 돌아오자마자 뜨거운 물로 샤워를 하고 실내복으로 갈아입었다. 목요일, 심신 장애자 시설에서 자원봉사자로 일하는 날은 몸이 젖은 솜처럼 피곤하고 무거웠다. 그래도 뇌성 마비나 선천적 기능 장애로 사지가 뒤틀리고 정신마저 온전치 못한 아이들을 씻기고 함께 놀이를 하고 휠체어를 밀어 산책을 시키는 등 시중을 들다 보면 나를 요구하는 곳에서 시간과 힘을 내어 일한다는 뿌듯함이 느껴졌다. (중략)

거실 탁자의 갓등을 켜고 커피를 진하게 끓여 마시며 슈베르트의 아르페지오네 소나타를 틀었다. 첼로의 감미로운 선율이 흐리고 나는 어슴푸레하고 아득한 공간, 먼 옛날로 돌아가는 듯한 기분에 잠겨 들었다. (중략)

눈을 감고 하염없이 소나타의 음률에 따라 흐르던 나는 그 감미롭고 슬픔에 찬 흐름을 압도하며 끼어든 불청객에 사납게 눈을 치떴다. 드륵드륵드르륵, 무거운 수레를 끄는 듯 둔탁한 그 소리는 중년 여자의 부질없는 회한과 감상을 비웃듯 천장 위에서 쉼 없이 들려왔다. 십 분, 이십 분, 초침까지 헤아리며 천장을 노려보다가 나는 신경질적으로 전축을 껐다. 그 사실적이고 무지한 소리에 피아노와 첼로의 멜로디는 이미 소음에 지나지 않았다. 하루 이틀의 일이 아니었다. 위층 주인이 바뀐 이래 한 달 전부터 나는 그 정체 모를 소리에 밤낮없이 시달려 왔다.

25. 밑줄 친 부분에 나타난 '나'의 심정으로 알맞은 것을 고르십시오.

① 흥분되다　　　　② 짜증스럽다　　　　③ 뿌듯하다　　　　④ 부담스럽다

26. 이 글의 내용과 같은 것을 고르십시오.

① 자원봉사하는 날은 피로감을 덜 느낀다.

② 아이들끼리 휠체어를 타고 산책도 하며 함께 논다.

③ 위층에 사는 사람으로 인하여 스트레스를 많이 받는다.

④ 어제부터 피아노와 첼로 소리는 소음으로 들리기 시작했다.

지난 5월, 어김없이 오빠의 생일이 다가왔다. 그동안 오빠 생일에 축하한다는 말밖에 하지 않았는데 올해는 오빠에게 뭔가를 해 주고 싶었다. 그런데 문제가 있었다. 용돈을 받으면 바로 다 써 버리는 나쁜 습관 때문에 돈이 만 원밖에 없었던 것이다. 적은 돈은 아니었지만 생일 선물을 사기에는 턱없이 부족했다. 뭘 살까 고민하며 나가 봤지만 역시 그 돈으로 큰 선물을 사는 건 무리였다. 평소에 돈을 잘 모아 둘걸, 하는 생각만이 계속 내 머릿속을 스쳐 지나갔다.

결국 오빠의 생일 선물로 고른 것은 비타민 편지와 볼펜 두 자루였다. 비타민 편지는 알약처럼 생긴 캡슐을 열면 작은 쪽지가 있는데 거기에 글을 쓰는 것이다. 오빠도 즐거워하며 볼 거라 생각하고 그것을 샀다. 집에 돌아와 비타민 편지통에 담긴 20개쯤 되는 캡슐을 열고 평소에 하지 못했던 간지러운 응원의 말들을 적었다. (중략) 약통에 "힘들 때마다 한 알씩"이라는 말을 적어 펜과 함께 오빠한테 주었더니 뜻밖의 선물을 받은 오빠는 오묘한 표정을 지어 보이며 고맙다고 했다.

얼마 지난 뒤 오빠 방에서 내가 보았던 것은 하나도 빠짐없이 꽉 차 있는 비타민 편지통이었다. 하나도 안 보았다는 것은 선물이 마음에 들지 않았음을 말해 주는 것 같지만 언젠가는 볼 거라 생각을 하며 금방 잊어버렸다.

27. 밑줄 친 부분에 나타난 '나'의 심정으로 알맞은 것을 고르십시오.
① 난처하다　　　② 불쌍하다　　　③ 자랑스럽다　　　④ 실망스럽다

28. 이 글의 내용과 같은 것을 고르십시오.
① 나는 용돈으로 만 원을 받으면 다 써 버린다.
② 나는 평소 용돈을 받으면 절약하는 습관이 있다.
③ 오빠 생일에 알약으로 된 비타민과 볼펜을 주었다.
④ 나는 오빠에게 응원 메시지를 적은 쪽지를 선물했다.

✔유형 16 정답	1.③	2.②	3.②	4.①	5.①	6.③	7.②	8.④	9.①
	10.④	11.①	12.②	13.③	14.②	15.④	16.②	17.④	18.③
	19.③	20.④	21.①	22.①	23.②	24.③	25.②	26.③	27.④
	28.④								

문제 푸는 꿀팁~!

이 유형의 첫 번째 문제는 앞 유형 14와 같은 형식으로 주제를 찾는 문제이다. 먼저 반복되는 어휘가 글의 중심어일 가능성이 높으므로 글쓴이의 주장이 나타난 앞부분과 결론이 정리되어 있는 끝부분에 주의를 하며 읽어야 한다. 그리고 글의 중간에 있는 접속사(그래서, 그리고, 즉, 그러므로, 따라서) 등의 연결어는 주의 깊게 읽고 풀어야 한다. 두 번째 문제는 빈칸에 들어갈 내용 찾기로 유형 12와 같은 방법으로 풀면 된다. 전체적인 문장을 이해하는 것이 중요하며, 앞뒤 문장이 연결되는 핵심어휘를 찾거나 접속사를 활용해 빈칸에 들어갈 문장을 찾는다. 맞는 문장을 찾은 후에는 빈칸에 넣어서 읽고 자연스러운지 확인한다. 유형 17은 난이도가 높은 어휘가 많으므로 어휘를 잘 숙지할 필요가 있다.

1~32 다음을 읽고 물음에 답하십시오.

스트레스를 받으면 달콤한 음식을 강박적으로 찾는다. 이러한 습관이 우리의 몸을 망친다는 것을 알면서도 우리는 나쁜 습관을 가지고 있으며 쉽게 고치지 못한다. 우리가 달콤한 음식을 먹으면 뇌는 그 상황과 음식을 기억한다. 음식을 먹고 기분이 좋아지는 과정을 반복해서 겪으면서 달콤한 음식을 먹으면 기분이 좋아진다는 것을 발견한다. 그리고 곧이어 뇌는 생각을 발전시킨다. 배고픔의 신호 대신 감정적 신호가 먹고 싶은 욕구를 불러일으킨다. 이러한 과정을 반복하며 (   ). 그래서 스트레스를 받으면 달콤한 음식을 찾는 습관으로 굳어진다. 이러한 습관들이 우리 스스로를 망가뜨린다는 것을 알고 있지만 이미 중독되어 버린 습관을 억지로 단번에 떨쳐내기란 쉽지 않기 때문이다. 그래서 뇌는 나쁜 습관임을 인지하지만 우리가 스트레스를 받으면 이러한 인지적 통제는 가장 먼저 능력을 잃어버린다.

01. 이 글의 주제로 알맞은 것을 고르십시오.

① 뇌는 스트레스를 통해 감정적으로 변한다.

② 반복된 과정은 나쁜 습관을 잃어버리게 한다.

③ 굳어진 습관은 뇌의 인지적 능력으로 해결한다.

④ 뇌는 스트레스를 받으면 인지적 통제가 불가능하다.

02. (   )에 들어갈 내용으로 가장 알맞은 것을 고르십시오.

① 행동은 서서히 습관화된다.

② 먹고 싶은 욕구를 자제한다.

③ 쌓인 스트레스가 풀리게 된다.

④ 달콤한 음식이 눈앞에 오게 된다.

한국전자통신연구원(ETRI)이 발표한 결과를 보면 휴대폰을 많이 사용하는 어린이일수록 주의력결핍 과잉 행동장애(ADHD)를 많이 일으키는 것으로 나타났다. 주의력이 부족하고 산만하며, 과다활동과 충동성을 보이는 상태를 ADHD라고 말한다. 앞서 발표한 연구 결과에서는 일단 휴대폰 사용이 인체와 어린이 행동발달에 미치는 물리적 영향에 국한된 것이다. 하지만 온라인게임 중독 등 어린이와 청소년들의 스마트폰 사용 급증에 따른 (   )는 점에서 보다 포괄적 대책 마련이 시급하다. 특히 ETRI 발표에서 주목할 점은 휴대폰 사용과 ADHD 촉발 간의 상관관계이다. 연구 결과 휴대폰을 30~70시간 사용하는 어린이가 전혀 사용하지 않은 어린이에 비해 ADHD 촉발이 최대 4.34배 높아졌다. 이번 결과가 전자파의 직접적 영향인지는 확언할 수 없지만 유의미한 상관관계라고 분석했다.

---

03. 이 글의 주제로 알맞은 것을 고르십시오.

① 휴대폰 사용의 급증

② 휴대폰 사용과 전자파의 관계

③ 휴대폰 사용에 따른 물리적 영향

④ 휴대폰 사용과 ADHD의 상관관계

04. (   )에 들어갈 내용으로 가장 알맞은 것을 고르십시오.

① 영향력이 현저히 낮다

② 부작용은 훨씬 심각하다

③ 보급률은 별로 문제가 없다

④ 전자파의 부작용은 미비하다

오늘날 우리 사회에는 많은 어려움이 있음에도 불구하고 보다 나은 삶을 위해 노력하는 모습을 많이 발견하게 된다. 혼자 사는 노인을 찾아 음식과 주거 환경을 돌봐 드리는 손길이 있는가 하면 숨어서 자신의 (   ) 기부천사들도 있다. 이런 모습들은 사회의 따뜻한 빛과 불이 되어 우리의 마음을 밝히고 훈훈한 온정의 따듯함을 알게 한다. 기부문화는 인간 사회의 최고의 미덕이라고 한다. 남이 알아주지 않아도 자신이 가진 재능이나 재산을 기꺼이 내놓고 나누는 모습을 통하여 인간은 동물과 다른 만물의 중심이라는 점을 드러내게 되는 것이다. 기부는 반드시 크고 거창한 것을 앞세우지 않는다. 내가 지닌 것을 나눌 때 진정성 있는 마음을 담는다면 그 크기와 무게는 저절로 생기게 되는 것이다.

05. 이 글의 주제로 알맞은 것을 고르십시오.

① 인간만이 기부 활동은 한다.

② 기부는 사회를 따뜻하게 한다.

③ 어려운 생활에서도 기부는 해야 한다.

④ 기부는 진정성 있는 마음이 필요하다.

06. (   )에 들어갈 내용으로 가장 알맞은 것을 고르십시오.

① 모습을 확실히 드러내는

② 모습을 곳곳에 표현해야만 하는

③ 이름은 감추고 꾸준히 기부를 하는

④ 이름을 밝혀 칭찬을 받고 싶어 하는

사회의 모습이 다양해지면서 가족 간의 모습도 급변하고 있다. 변화가 나쁜 것은 아니지만 지켜야 할 것을 지키지 못하고 자신만의 생활 속에 빠져드는 모습은 한 번쯤은 되돌아보아야 할 문제인 것이다. 학교에서 돌아오면 식사 시간에 잠깐 가족의 얼굴을 보고 다시 혼자의 시간 속으로 들어가는 학생들, 텔레비전 앞에서 화면만을 바라보다가 제각기 잠자리로 들어가는 어른들은 소통 부족과 사랑 나눔이 안 되는 가정의 모습을 드러내기도 한다. 문제 가정에서 (   )는 말이 있다. 가족 간의 대화 속에서 하루를 반성하거나 격려의 말은 성장기 청소년에게 큰 힘이 되고 어른들 또한 대화를 통해 치유의 시간이 되기도 한다. 얼마 전 모 방송국의 '대화가 필요해'는 가정 상황을 풍자한 개그프로그램이다. 각박해진 현대 사회 속에서 가족이 서로 소통하고 이해와 배려를 위한 노력을 할 때 사회의 가장 기본 단위가 되는 가정은 건전한 가정으로써 그 힘을 발휘할 수 있을 것이다.

07. 이 글의 주제로 알맞은 것을 고르십시오.

① 가족 간의 변화

② 사회 모습의 다양성

③ 가족 간 대화의 중요성

④ 사회의 기본 단위인 가정

08. (   )에 들어갈 내용으로 가장 알맞은 것을 고르십시오.

① 서로 소통을 많이 한다

② 착한 가정의 모습을 보인다

③ TV 시청하는 청소년이 많다

④ 문제 청소년과 문제 어른이 나온다

항공 산업의 지속적인 발전 덕분에 장거리 여행은 그 어느 때보다도 더 용이하다. 그런데 (   ) 우리는 탄소 발자국을 더 많이 남기게 된다. 다시 말해, 우리를 이동시켜 주는 비행기는 막대한 양의 이산화탄소를 배출하는데 이것은 지구 온난화의 원인이 된다. 이 사실을 인식하고 몇몇 항공사들은 이산화탄소를 배출하는 항공 여행을 좀 더 친환경적으로 만들려고 노력하는 조치를 취하기 시작했다. 이러한 노력으로 항공기 연료의 효율성이 증가되고 있으며, 비행기들이 이륙하기 위해 대기하면서 활주로에 서 있는 시간을 더 짧게 보내고 있다. 게다가, 몇몇 항공사들은 탄소 상쇄 정책을 채택하고 있는데, 이것은 승객들이 자발적으로 비행에 대한 탄소 비용을 지불하도록 요청받는 정책이다. 여기서 나온 수입은 지구 온난화에 맞서 싸우는 환경 보호 캠페인에 사용된다.

---

09. 이 글의 주제로 알맞은 것을 고르십시오.

① 항공 연료 줄이기 위한 방법 모색

② 탄소 발자국을 남기는 항공기의 실태

③ 지구 온난화가 항공 여행에 미치는 영향

④ 친환경적인 항공 여행을 제공하려는 항공사 노력

10. (   )에 들어갈 내용으로 가장 알맞은 것을 고르십시오.

① 탄소 비용을 적게 낼수록

② 우리가 여행을 많이 할수록

③ 항공기 대기 시간이 짧을수록

④ 항공사의 서비스가 개선될수록

모든 사람의 DNA는 유일무이하기 때문에 그것은 경찰이 범죄자를 찾는 데 사용될 수 있다. 그것은 또한 고고학자가 발굴하는 인간의 유해를 더 잘 이해하는 데 도움이 된다. 하지만 DNA는 세월이 흐르면서 분해되어서, 유용성이 떨어질 수 있다. 그래서 일부 과학자들은 현재 사람의 머리카락 단백질을 가능성 있는 대안으로 보고 있다. 사람의 머리카락에서 발견되는 단백질은 DNA보다 안정적이며, 그 구조가 사람마다 다르다. 그래서 그들은 이 단백질이 아마도 (   ) 또 하나의 방법으로 사용될 수 있지 않을까 하고 생각했다. 과학자들은 다양한 민족적 배경을 가진 사람들 76명의 샘플과 250년 전에 살았던 사람들의 머리카락 샘플 6가지를 연구했다. 그리고 거기서 여러 다른 구조를 발견했는데, 이것은 그들로 하여금 각 개인의 신원을 알 수 있게 했다. 이러한 연구는 미래에 경찰과 고고학자들이 일을 수행하는 것을 더 쉽게 만들어 줄 것이다.

11. **이 글의 주제로 알맞은 것을 고르십시오.**
① 머리카락 단백질은 다양한 곳에 사용되고 있다.
② 현대인들에게서 고대의 DNA 구조가 발견되었다.
③ 경찰은 범죄자를 찾기 위해 DNA를 이용해야 한다.
④ 머리카락은 사람의 DNA을 알아내는 데 좋은 방법이다.

12. **(   )에 들어갈 내용으로 가장 알맞은 것을 고르십시오.**
① DNA를 보존하는
② 질병을 예방하는
③ 개인을 식별하는
④ 정보를 공유하는

약자를 괴롭히는 것은 더 이상 단순히 운동장에서 일어나는 현상만은 아닌 것처럼 보인다. 전체 청소년 중 절반 이상이 인터넷상에서 또래들에 의해 괴롭힘을 당한 적이 있다고 한다. 일부 사람들은 아이들이 원래 서로를 괴롭힌다는 사실을 지적하면서, 이것이 별일이 아니라고 생각한다. 하지만 최근에 청소년들이 사이버 폭력 때문에 자살하는 경우가 많이 있다. 청소년 사이버 폭력이란 청소년이 학교 내외에서 정보통신망을 통해 타인에게 정신적 및 심리적인 고통을 주기 위해 욕설, 허위사실, 비난, 협박 등의 내용을 음향이나 문자, 부호, 동영상, 사진 등을 이용하여 게시, 배포, 링크, 전송, 전달 등을 하는 행위라고 할 수 있다. 이런 (   ) 셀 수 없이 많은 아이가 심리적인 문제와 소외감을 겪는다. 따라서 사이버 폭력은 결코 완전히 사라지지는 않겠지만 청소년에게 온라인 예절을 가르침으로써 그것을 예방하려고 노력할 필요가 있다.

13. 이 글의 주제로 알맞은 것을 고르십시오.

① 청소년들은 인터넷에서 또래들을 괴롭힌다.

② 온라인상의 채팅은 심리적 문제를 일으킨다.

③ 온라인은 청소년의 정신건강을 피폐하게 만든다.

④ 청소년들의 사이버 폭력 예방과 교육이 필요하다.

14. (   )에 들어갈 내용으로 가장 알맞은 것을 고르십시오.

① 단체생활을 통하여

② 온라인상의 학대로 인하여

③ 온라인 예절을 배움으로써

④ 인터넷에서 또래와 채팅으로 인하여

일반적으로 사람들이 뭔가를 재미있다고 생각할 때 소리 내어 웃는다. 하지만 최근 한 연구는 웃음이 유머 대신에 사회적 상호 작용과 더 관련이 있다는 것을 시사한다. 예를 들어, 한 무리의 사람들 사이에서 주고받는 웃긴 이야기는 우리가 (   ) 같이 들었을 때 더 큰 웃음을 유발할 가능성이 높다. TV 시트콤도 마찬가지이다. 시트콤을 혼자서 시청하는 사람들은 웃기보다는 미소를 짓거나 심지어는 혼잣말을 할 가능성이 높다. 하지만 다른 누군가와 함께 시청하는 것은 그게 누구든지 간에 분명히 낄낄거리는 웃음소리를 유발한다. 우리가 어떤 것이 아무리 재미있다고 생각할지라도, 우리의 웃음은 우리가 다른 사람들과 함께 있는 것을 즐기고 있음을 보여 주기 위해서 그들에게 보내는 하나의 신호이다.

---

15. 이 글의 주제로 알맞은 것을 고르십시오.

① 웃음의 역기능

② 웃음에 대한 실험

③ 웃음의 또 다른 기능

④ 웃음과 TV 프로그램

16. (   )에 들어갈 내용으로 가장 알맞은 것을 고르십시오.

① 재미있다고 생각할 때보다

② TV 시트콤을 시청할 때보다

③ 다른 사람과 함께 있을 때보다

④ 혼자서 그 이야기를 들을 때보다

눈을 깜박이는 것은 우리가 통제하는 것이 아니다. 그것은 우리의 눈을 촉촉하고 청결하게 함으로써 건강한 상태를 유지하게 해 주는 저절로 일어나는 동작이다. 그런데 새로운 연구에 따르면 눈을 깜박이는 것이 뇌의 기능과도 관련이 있다고 한다. 한 연구에서 실험 대상자들이 영화 장면을 보는 동안 그들의 뇌 활동과 눈을 깜박이는 패턴을 모두 관찰하였다. 그 결과는 눈을 깜박인 직후에 뇌에서 집중하는 것과 관련된 부분이 잠시 멈춘다는 것을 보여 주었다. 이것은 눈을 깜박이는 것이 뇌를 일에서 해방시켜 한가롭게 함으로써, (   )는 것을 의미한다: 이것은 뇌가 가끔 '낮잠'을 자야 한다는 것을 보여 주며, 그러는 동안 뇌는 정보의 유입을 일시적으로 차단하고 그것의 기능을 약간 조정하는 것이라고 과학자들은 생각한다.

17. 이 글의 주제로 알맞은 것을 고르십시오.

① 눈이 깜박이는 것은 뇌 휴식에 필요하다.
② 뇌에 정보 유입을 위해 낮잠을 자야 한다.
③ 뇌가 집중하기 위해서는 눈을 깜박이어야 한다.
④ 뇌가 활발히 움직이는 것은 눈이 깜박이는 것과 관련이 있다.

18. (   )에 들어갈 내용으로 가장 알맞은 것을 고르십시오.

① 뇌를 통제한다
② 뇌에 짧은 휴식을 준다
③ 뇌를 집중적으로 관찰한다
④ 뇌의 기능을 일시적으로 차단한다

어떤 과학자들은 우리가 매일 변기에 내려보내는 소변이 새로운 뇌세포들을 만들어 내는 데 사용될 수 있다고 말한다. 새로운 한 연구에 따르면, 이 노폐물은 과학자들이 신경 세포의 손실과 관련된 질병들을 연구하는 데 어쩌면 도움이 될 수 있는 세포들을 만들어 낼 수 있다고 한다. 이 재활용된 소변 세포들은 알츠하이머병과 같은 특정 뇌 질환을 치료하는 데 도움이 될 수도 있다. 또한, 종양을 발생시킬 위험이 높은 배아줄기세포와 달리 소변에서 추출된 세포는 종양을 발생시킬 가능성이 낮다. 따라서 이것은 (   ) 소변을 사용하는 것을 더 안전하게 만든다. 더욱이 소변은 혈액이나 피부 샘플과 같은 다른 요소들보다 더 이용하기 쉽고 구하기가 쉽다.

19. **이 글의 주제로 알맞은 것을 고르십시오.**

① 세포 추출법

② 소변의 재발견

③ 뇌 질환 치료법

④ 줄기 세포의 연구

20. **(   )에 들어갈 내용으로 가장 알맞은 것을 고르십시오.**

① 세포를 개발하기 위하여

② 질병을 예방하기 위하여

③ 종양을 발생시키기 위하여

④ 혈액이나 피부를 연구하기 위하여

인류가 가장 보편적으로 사용하는 에너지원은 석유·석탄 등의 화석연료이다. 특히 석유는 에너지뿐만 아니라 플라스틱이나 비닐 같은 각종 소재 생산에도 사용된다. 물론 이 같은 소재 생산의 토대는 화학이다. 문제는 이와 같은 화석연료의 사용이 필연적으로 오염물질을 남기고, 각종 화학소재 역시 폐기물 형태로 남게 된다는 점이다. 지금도 폐기물 형태의 화학소재에 따른 지구오염이 심각한 상황이지만 인류는 끊임없이 (   ) 악순환을 거듭하고 있다. 그러나 오염물질로부터 지구를 지키는 것 역시 화학이다. 각종 부유물질이나 미생물로부터 수돗물이나 먹는 물을 정수하는 것도 화학이며 토양오염을 막는 것도 화학이 바탕이 된다. 인간이 생존하면서 필연적으로 발생시키는 분뇨의 처리 역시 화학에 의존하고 있다.

---

21. **이 글의 주제로 알맞은 것을 고르십시오.**

① 에너지원의 역할

② 화석연료 문제점

③ 지구 환경오염 문제

④ 화학의 여러 가지 역할

22. **(   )에 들어갈 내용으로 가장 알맞은 것을 고르십시오.**

① 새로운 화학소재를 만들어 내는

② 인류에게 이로운 화학소재를 개발하는

③ 잘 개발된 화학소재를 이용하지 못하는

④ 오염물질을 없애는 화학소재를 개발하려는

숯은 소나무나 참나무를 숯가마에 넣어서 구워 낸 검은 덩어리이다. 주성분이 탄소인 숯은 공기 중에서 불을 붙이면 많은 열을 내고 불이 쉽게 꺼지지 않으며 연기가 나지 않아서 예로부터 연료로 많이 쓰였다. 또한 숯은 전통적으로 여러 용도로 사용되어 왔다. 예를 들어 장독에 간장을 담글 때 간장에 숯 덩어리를 둥둥 띄워 놓았고, 우물물을 깨끗하게 거를 때 숯을 사용하였다. 이렇게 하면 숯은 (   ) 간장이 썩지 않고 우물물도 깨끗해진다. 최근 숯에 대한 연구가 이루어지면서 그 과학적인 효능이 밝혀졌다. 즉 숯의 표면에 있는 많은 구멍이 냄새나 불순물, 습기를 효과적으로 걸러 낸다는 점이 드러났다. 이러한 숯의 효용성이 널리 알려지면서 숯은 요즘 한국인의 일상생활에 깊이 자리 잡았다. 숯이 탈취 작용과 습기 제거 작용을 한다는 점이 알려지면서 냉장고에 숯을 넣어 두고, 숯이 숙면을 돕는다는 사실이 알려지면서 숯을 넣은 베개도 인기를 끌고 있다. 전자파를 차단하는 숯의 효능 때문에 전자 제품 주변이나 집안 곳곳에 숯을 두기도 하고 심지어는 숯가루를 넣은 벽지까지 등장하였다.

23. 이 글의 주제로 알맞은 것을 고르십시오.
① 숯의 효능
② 숯의 정의
③ 숯의 인기 비결
④ 숯으로 만든 제품

24. (   )에 들어갈 내용으로 가장 알맞은 것을 고르십시오.
① 좋은 것들을 더 좋게 만들어
② 방부제와 방향제를 걸러 내어
③ 나쁜 물질과 냄새를 걸러 내어
④ 이물질과 좋지 않은 냄새를 만들어

첫째, 옹기는 높은 온도로 가열됨에 따라 옹기의 기벽에 함유되었던 결정수가 빠져나가면서 기공이 생성되어 옹기의 외부와 내부 사이로 공기가 통하게 된다. 그렇기 때문에 옹기는 예부터 숨 쉬는 그릇으로 인식되었다. 둘째, 옹기 기벽의 기공이 내면에 형성된 불순물을 밀어내는 작용을 하게 되어 내용물이 부패하지 않고 장기간 저장할 수 있는 뛰어난 저장능력을 갖고 있다. 우리나라 식품의 가장 큰 특징은 발효식품이라는 점인데, 발효식품은 대부분 옹기 안에서 발효 숙성하게 된다. 셋째, 옹기제작에 사용되는 옹기토나 땔감, 유약 등은 우리 주변에서 쉽게 구할 수 있는 것이어서, 옹기는 일반 서민들도 크게 부담되지 않는 싼 가격에 거래되었다. 이러한 (   ) 옹기는 오래도록 우리의 생활용기로서의 주인 자리를 차지할 수가 있었다.

25. 이 글의 주제로 알맞은 것을 고르십시오.

① 옹기의 정의

② 옹기의 단점

③ 옹기의 특성

④ 옹기의 효과

26. (   )에 들어갈 내용으로 가장 알맞은 것을 고르십시오.

① 싼 게 비지떡인

② 경제성으로 인해

③ 숨 쉬는 통기성으로

④ 안전성으로 말미암아

최근 들어 20~30대의 젊은 나이에도 불구하고 눈의 노화가 빠르게 진행되어 '중년안'으로 불리는 노안 현상을 겪는 직장인들이 급증하고 있다. 이 같은 중년안 증세를 호소하는 직장인들이 급증하는 추세는 첨단 디지털 사무기기들이 점령한 '스마트 오피스'가 일반화되면서 컴퓨터와 같은 디지털 기기를 장시간 사용하면서 생기는 '컴퓨터 시력 증후군(CVS: Computer Vision Syndrome)'이 중년안의 직접적인 원인으로 지목되고 있다. 눈이 침침하고 각종 안구 통증이 나타나는 컴퓨터 시력 증후군은 시력 저하, 안구건조증 등 다양한 안구질환을 유발시키고 눈의 노화를 앞당기게 된다. 중년안의 예방은 결국 (   ) 것인데 컴퓨터 모니터를 바라볼 때 40cm 정도 거리를 두거나, 모니터를 장시간 응시해야 할 때 의식적으로 눈을 깜빡여서 안구가 건조해지는 것을 막아 주는 것, 수시로 먼 곳을 응시해 눈 근육의 긴장을 풀어주는 등의 습관을 키우는 것 등이다. 이와 함께 눈 건강에 도움을 주는 눈 영양식품을 꾸준히 섭취하는 것도 중년안을 예방할 수 있는 가장 손쉬운 방법 가운데 하나라고 전문가들은 조언한다.

27. 이 글의 주제로 알맞은 것을 고르십시오.

① 중년안의 원인과 예방법

② 노화현상의 진행과 원인

③ 스마트 오피스 시대의 눈

④ 컴퓨터 시력 증후군의 특징

28. (   )에 들어갈 내용으로 가장 알맞은 것을 고르십시오.

① 가끔 안과를 찾아 진료를 받는

② 매일 눈에 필요한 영양분을 섭취하는

③ 평소 눈의 피로를 풀어주는 습관을 기르는

④ 수시로 눈을 감고 명상하는 습관을 키우는

감자에 많이 들어 있는 영양소는 비타민C와 칼륨이다. 그중 비타민C의 양은 사과의 세 배에 이른다. 감자 두 개만 먹으면 성인의 하루 비타민C 섭취량(100㎎) 대부분을 채울 수 있다. 단 오래 보관해 녹색으로 변했거나 싹이 난 감자는 천연 독소인 솔라닌이 포함되어 있기 때문에 주의해야 한다. 또한 감자의 비타민C는 전분에 둘러싸여 있어 가열을 해도 쉽게 손실되지 않는다. 감자는 섭씨 8도 이상의 서늘하고 그늘진 곳에 보관하는 게 좋다. 보관 박스에 사과를 한두 개 정도 넣어 두면 사과에서 나오는 에틸렌 가스가 감자에 싹이 나는 걸 억제한다. 하지만 양파와 감자를 함께 보관할 경우 둘 다 쉽게 상해 버리므로 유의해야 한다. 그리고 (   ). 치즈에는 감자에 부족한 비타민A, 칼슘 등이 들어 있기 때문이다. 식약청이 추천하는 감자 조리법은 120도 이하의 온도에서 삶는 것이다. 왜냐하면 감자에는 탄수화물 성분이 많이 포함되어 있어 높은 온도에서 조리하면 아크릴아마이드라는 유해성분이 나오기 때문이다.

29. **이 글의 주제로 알맞은 것을 고르십시오.**

① 감자의 영양소와 주의사항

② 감자를 보관하는 장소와 방법

③ 감자의 영양성분과 조리 방법

④ 감자의 올바른 요리와 섭취방법

30. **(   )에 들어갈 내용으로 가장 알맞은 것을 고르십시오.**

① 감자와 치즈는 함께 조리하면 안 된다.

② 감자와 치즈는 높은 온도에서 요리한다.

③ 치즈는 감자를 보관할 때 필요한 것이다.

④ 감자와 궁합이 잘 맞는 음식은 치즈이다.

개들은 다양한 몸짓으로 자신의 뜻을 나타낸다. 주인과 장난을 칠 때는 눈 맞춤을 하면서 귀를 세운다. 꼬리를 두 다리 사이에 집어넣고 시선을 피하면서 몸을 낮출 때는 항복했다는 신호이다. 요컨대 개들도 사람처럼 감정을 느끼는 능력을 가지고 있는 것 같다. 그렇다면 동물들도 과연 사람과 같은 감정을 지니고 있을까? 사람이 정서를 느끼는 유일한 동물이라고 생각하는 생물학자들은 (   ) 주저했다. 그러나 최근에 와서 그들의 입장에 변화가 일어나고 있다. 동물도 사람처럼 감정을 느낄 수 있다는 증거가 속출하고 있기 때문이다. 예컨대 어느 수컷 침팬지는 어미가 죽은 뒤에 식음을 전폐하다가 굶어 죽었다. 코끼리들은 새끼나 가족이 죽으면 며칠 동안 밤샘을 하면서 시체 곁을 떠나지 않는다. 돌고래는 죽은 새끼를 살려내기 위해 백방으로 노력한다. 동물들이 감정을 느낀다는 증거가 속속 확보됨에 따라 동물들은 공포나 혐오감은 물론이고 인간이 느끼는 대부분의 감정을 느낄 수 있다고 주장하는 생물학자들이 늘어나는 추세이다.

31. 이 글의 주제로 알맞은 것을 고르십시오.

① 개들의 감정 표현은 단순하다.

② 동물도 사람처럼 감정을 느낀다.

③ 정서를 느끼는 유일한 동물은 인간이다.

④ 동물의 감정에 대한 생물학자들의 견해가 다양하다.

32. (   )에 들어갈 내용으로 가장 알맞은 것을 고르십시오.

① 이 문제에 대한 견해차가 없다는 것을

② 감정을 지니는 것은 인간뿐이라는 주장을

③ 동물들이 감정을 느낀다는 증거를 발표하기를

④ 동물이 감정을 가지고 있다는 주장에 동의하기를

✔유형 17	1.④	2.①	3.④	4.②	5.④	6.③	7.③	8.④	9.④
정답	10.②	11.④	12.③	13.④	14.②	15.③	16.④	17.①	18.②
	19.②	20.①	21.④	22.①	23.①	24.③	25.③	26.②	27.①
	28.③	29.①	30.④	31.②	32.④				

<보기> 글 들어가기, 내용과 같은 것 찾기

문제 푸는 꿀팁~!

첫 번째 문제는 유형 15와 같은 형식으로 보기의 문장을 어디에 넣을 것인지를 찾는 문제이다. 먼저 문장 간의 관계를 파악하여 보기에 있는 정보를 바탕으로 생략된 어휘, 문장 등을 살펴야 한다. 따라서 글을 읽을 때에는 문장 자체에 대한 의미만을 생각하는 것이 아니라 앞뒤 문장의 논리적인 전개를 고려하여 자연스럽게 연결될 수 있는 것을 찾아내는 것이 중요하다. 두 번째 문제는 글의 내용과 같은 것을 찾는 문제로 유형 13과 같은 형식이나 난이도가 있으므로 난이도 높은 어휘를 숙지할 필요가 있다. 먼저 지문 전체를 읽고 이해한 후 예문 4개를 하나씩 대조해 가며 맞는 것과 맞지 않는 것을 표시해 가면서 문제를 푸는 것이 좋다.

1~32 다음을 읽고 물음에 답하십시오.

인간은 감각 기관으로 외부의 자극을 받아들인다. 감각 기관으로는 시각, 청각, 미각, 후각, 촉각을 들 수 있으며, 이를 오감(다섯 감각)이라고 한다. 감각 기관 중에서 시각과 청각, 그리고 촉각은 외부의 에너지를 신경신호로 변환시키고, 후각과 미각은 화학물질을 신경신호로 변환시킨다. (㉠) 시각은 빛을, 청각은 공기 중의 파장을, 촉각은 물체의 직접적 접촉을 받아들인다. (㉡) 반면에 후각과 미각은 해당 물질에서 떨어져 나온 화학물질을 받아들인다. (㉢) 우리는 때로 감각 기관으로 받아들인 정보 이외의 것을 직관적으로 느끼는데 이를 육감(六感)이라고 한다. (㉣) 그래서 미래의 사건을 예언할 수 있는 꿈, 영상, 또는 설명할 수 없는 어떤 느낌을 경험한 적이 있는 사람도 있으며, 때로는 영혼이나 어떤 존재를 느끼기도 한다. 과학자들이 이러한 것들을 쉽게 설명하지 못하지만 이것이 많은 사람에게 발생한다. 이것이 우리가 이 감각을 무시할 수 없는 이유 중의 하나이다.

01. 위 글에서 <보기>의 글이 들어가기에 가장 알맞은 것을 고르십시오.

> **보기**
>
> 이 감각을 지닌 사람들은 미래를 예언할 수 있고 영혼을 느낄 수 있으며, 심지어는 다른 사람들의 마음을 읽을 수 있다.

① ㉠   ② ㉡   ③ ㉢   ④ ㉣

02. 위 글의 내용과 같은 것을 고르십시오.

① 외부의 자극은 감각 기관을 통해 느낀다.
② 공기 중의 파장을 느끼면 시각을 통해 느낀다.
③ 청각은 물질에서 떨어져 나온 화학물질로 느낀다.
④ 외부의 에너지가 신경신호로 바뀌면 후각을 느낀다.

　　자신의 상상 속 허구를 사실이라고 믿는 심리적 장애. '리플리 증후군'이란 용어는 미국의 한 소설가가 발표한 소설 속 인물에서 유래되었다. (㉠) 의학용어로는 '공상허언증'이라고 하며, 자신이 상상하는 거짓 세계를 스스로 사실이라고 믿는 증상이다. (㉡) 그래서 자신의 부족한 부분을 거짓으로 포장한 채 다른 사람의 신분을 사칭하고 그 거짓말에서 위안을 느끼며, 자신의 거짓말과 사실의 차이를 인식하지 못한다. (㉢) 리플리 증후군은 대개 자신의 현실을 부정하면서 욕망을 실현할 수 있는 가상의 세계, 혹은 타인의 삶에 대한 동경이나 과도한 집착의 결과라고 알려져 있다. 또한 충동적인 행동을 할 때가 많고, 때로는 난독증이나 감정조절장애와 같은 뇌 기능 장애가 수반되기도 한다.
　　(㉣) 또 성취욕구가 강한 무능력한 사람이 강렬하게 원하는 것을 현실에서 이룰 수 없을 때 주로 발생한다.

---

03. 위 글에서 <보기>의 글이 들어가기에 가장 알맞은 것을 고르십시오.

> **보기**
>
> 이 증상을 가진 사람들은 흔히 자신에게 결여된 것에 대한 콤플렉스에서 출발한다.

① ㉠   ② ㉡   ③ ㉢   ④ ㉣

04. 위 글의 내용과 같은 것을 고르십시오.

① 리플리 증후군은 소설 속에서 처음 등장했다.
② 리플리 증후군은 충동적인 행동을 자제할 때가 많다.
③ 리플리 증후군은 사실을 가짜라고 단정 짓는 증상이다.
④ 리플리 증후군은 사실과 자신의 거짓말의 차이를 알아차린다.

어떤 동물들은 자신을 눈에 잘 띄도록 하여 다른 동물로 하여금 겁을 먹도록 스스로를 보호하는 경계색을 만든다. (㉠) 예를 들어 나방의 애벌레는 대부분 녹색이므로 푸른 잎에 있어도 눈에 띄지 않는다. (㉡) 들꿩의 깃털 색이 여름에는 다갈색이었다가 겨울에는 흰색으로 바뀌는 것도 보호색의 예이다. (㉢) 게다가 어떤 동물들은 몸 색깔을 바꿀 수 있다. (㉣) 바다에 사는 문어는 주로 주변 환경의 색깔을 띤다. 화가 난 문어는 전체가 창백해지거나 갈색, 심지어 자주색으로 변한다. 문어는 진정될 때까지 이 색에서 저 색으로 계속 색깔을 바꾸는 동물이다. 또 주변 환경의 변화에 따라 재빨리 여러 가지 색깔로 바꾸어 스스로를 보호하는 파충류의 대표적인 동물로는 카멜레온이 있다.

05. 위 글에서 <보기>의 글이 들어가기에 가장 알맞은 것을 고르십시오.

> **보기**
>
> 한편 자신의 몸 색깔을 다른 동물의 눈에 잘 띄지 않도록 하는 보호색을 이용하는 동물도 있다.

① ㉠   ② ㉡   ③ ㉢   ④ ㉣

06. 위 글의 내용과 같은 것을 고르십시오.

① 들꿩은 여름에 흰색으로 바뀐다.
② 나방 애벌레의 보호색은 단풍잎 색이다.
③ 카멜레온은 온도 변화에 따라 몸의 색을 바꾼다.
④ 문어가 화가 났다는 것은 몸의 색을 보고 알 수 있다.

불매 운동은 소비자층이 특정 목적을 관철하기 위해 특정 상품의 구매를 거부하거나 서비스를 이용하지 말자고 하는 소비자 운동이다. (㉠) 이 운동은 물건을 만들거나 파는 기업의 영향력이 커지면서 기업들이 소비자들을 무시하려는 태도를 보이자 생겨나기 시작했다. (㉡) 이것은 사회적 책임을 다하는 기업 관행을 만들기 위해서 소비자들에게 힘을 실어 주고자 하는 적극적인 실천주의적 방편이다. (㉢) 불매운동이 부정적 행동을 보여준 기업에 대한 처벌인 반면, 구매운동은 좋은 행동을 보여준 기업에 대한 칭찬이며 변화를 촉진하기 위한 유인책이다. (㉣) 구매운동은 기업이 이익을 최고 우선순위로 한다는 사실에 대한 소비자의 이해를 바탕으로 진행된다. 또한 기업은 사회에 대해 책임을 이행하며 가장 이익이 되는 선택을 함으로써 구매운동의 힘을 깨닫게 된다. 그래서 최근에는 소비자들을 위한 시민 단체들이 많아지면서 불매 운동과 구매운동으로 소비자들의 의견을 반영한 운동 형태도 다양해졌다.

07. 위 글에서 <보기>의 글이 들어가기에 가장 알맞은 것을 고르십시오.

> **보기**
>
> 불매운동의 반대 표현은 구매운동이다.

① ㉠   ② ㉡   ③ ㉢   ④ ㉣

08. 위 글의 내용과 같은 것을 고르십시오.

① 불매운동은 기업이 변화를 하게 하는 동기이다.

② 불매운동은 이익을 최고로 하는 기업들에 대한 칭찬이다.

③ 적극적인 구매운동은 소비자들의 힘을 보여주는 본보기이다.

④ 구매운동은 부정적 행동을 보여준 기업들에게 주는 처벌이다.

수학적 사고는 인간의 뇌 구석구석이 적절히 잘 작용할 수 있게 하는 역할을 한다. 즉 수학이 두뇌의 기능을 원활하게 해 사고 전반을 확장시켜 준다. 이렇게 중요한 수학을 어떻게 가르칠 것인가? 우리가 아이에게 무언가를 가르치려 할 때 약방의 감초처럼 빠지지 않는 조건이 있다. (㉠) 특히 수학은 언어 교육과 병행되어야 한다. (㉡) 왜냐하면 아이가 '일, 이, 삼'이 무엇을 의미하는지 제대로 알지는 못해도 엄마를 따라서 '일, 이, 삼'이라고 말할 수 있기 때문이다. (㉢) 처음에는 참새처럼 엄마가 하는 말을 그냥 따라 하다가 자신이 하는 말의 뜻을 헤아릴 줄 알게 되면서 지능이 발달하게 되는 것이다. (㉣) 또한 엄마가 다양한 형용사를 구사하는 것은 아이의 분류 능력과 길이, 넓이, 부피, 깊이, 빠르기, 시간, 무게 등을 나타내는 감각을 한층 높여준다. "이 과자가 저 과자보다 크구나", "장난감 상자가 비었네" 등과 같이 늘 형용사를 이용해 사물을 비교하면서 말해주는 것이 좋다.

---

09. 위 글에서 <보기>의 글이 들어가기에 가장 알맞은 것을 고르십시오.

> **보기**
>
> 그것은 다름 아닌 엄마와의 즐거운 대화이다.

① ㉠   ② ㉡   ③ ㉢   ④ ㉣

10. 위 글의 내용과 같은 것을 고르십시오.

① 수학을 가르칠 때는 수학만 가르쳐야 효과가 좋다.

② 엄마가 형용사를 사용해 말하는 것은 수학 교육과 무관하다.

③ 수학 교육은 아이의 지능 발달에 별다른 도움을 주지 못한다.

④ 아이의 모든 교육은 엄마와의 즐거운 대화가 중요한 역할을 한다.

민족의 심성을 반영하는 휴식 공간이며, 문화 공간인 한국의 정자는 인위적으로 만들어진다. 그러나 정자의 조경은 숲이나 주변 환경 요소인 냇물이나 강 등을 자연 상태 그대로 받아들여 이용하는 경우가 많다. 서양의 조경이 인위적이고 기하학적인 것과는 달리 일반적으로 한국의 조경은 본래의 자연 형태를 그대로 주변의 조경 요소로 이용하였다. 간혹, 인위적인 방법으로 집 안에 조경하는 경우도 있었다. (㉠) 이는 자연 숭배사상 등에 바탕을 두고 있다고 봐야겠다. (㉡) 한국의 전원은 사람을 압도시키는 풍경은 아니다. (㉢) 자연 조건도 그렇거니와 농경 조건도 광활한 대지가 아닌 개인 능력의 한도 내에서 경작이 이루어지는, 주거와 농경이 밀착된 생활이다. (㉣) 그래서 한국 사람들은 자연에 동화되어 자연의 아름다움을 즐기며 살아간다. 이는 곧 자연이 주는 혜택에 만족할 줄 알고, 자연에 순응하는 다소곳함을 의미하는 것이다.

11. 위 글에서 <보기>의 글이 들어가기에 가장 알맞은 것을 고르십시오.

> **보기**
>
> 그러나 예로부터 정자는 주위의 자연경관 그대로를 이용하는 것이 보통이다.

① ㉠   ② ㉡   ③ ㉢   ④ ㉣

12. 위 글의 내용과 같은 것을 고르십시오.
① 한국인은 자연을 이용하여 편리하고 쉽게 정자를 만든다.
② 한국의 전원 풍경은 사람을 압도하는 보이지 않는 힘이 있다.
③ 정자는 자연과의 조화를 이루도록 기하학적인 조경을 사용한다.
④ 정자는 인위적인 건축물이지만 조경은 자연경관 그대로를 이용한다.

사막화란 토지의 황폐화로 땅이 생산성을 잃고 사막 환경으로 변화하는 현상을 말한다. 토지 황폐화의 주된 원인은 기후변화와 인간 활동에 있다. 자연적으로 사막화를 초래하는 요인으로는 장기간에 걸쳐 지속되는 가뭄이나 건조화 현상 등이 있다. (㉠) 또한 과도한 토지경작 및 관개활동, 산림의 벌채, 환경오염을 통해 초래된 기후변화 등은 인위적 요인이라 할 수 있다. (㉡) 이러한 요인들로 인해 숲이 서서히 사라지게 되면 지표면이 태양에너지를 흡수할 수 있는 능력이 떨어져 더 많은 에너지가 반사되므로 지표면의 온도가 감소하게 된다. (㉢) 지표면이 차가워지면 건조한 하강기류가 형성되고, 이로 인해서 지역의 강수량이 점차 감소하게 되고 토양수분이 적어져 사막화 현상은 가속되게 된다. (㉣) 최근에 사막화 현상은 주로 건조, 반건조 지대에서 일어나며 아프리카 사하라 사막 남부의 사헬 지역이 좋은 예이다.

13. 위 글에서 <보기>의 글이 들어가기에 가장 알맞은 것을 고르십시오.

> **보기**
>
> 사막화가 일어나는 대부분 지역은 자연적 요인과 인위적 요인이 복합적으로 작용하고 있다.

① ㉠   ② ㉡   ③ ㉢   ④ ㉣

14. 위 글의 내용과 같은 것을 고르십시오.

① 환경오염으로 인해 사막화 현상이 지연되고 있다.

② 지표면의 온도가 증가하면서 비가 많이 오게 되었다.

③ 사막화는 토지가 황폐화되어 사막처럼 변하는 것이다.

④ 숲이 생기고 토양에 수분이 줄어들어 사막화가 빨라졌다.

일부 과학자들은 꿈을 꾸는 건 뇌가 선택적으로 작동한 결과라고 믿는다. 깨어 있는 시간대에 자신을 향해 퍼부어지는 세세한 목록들의 덩어리를 철저히 검사하여 저장하고 쓸모없는 정보는 폐기·처분한다는 것이다. 이런 과정은 사실 대부분 낮에 그때그때 원치 않는 정보를 버리는 식으로 이루어진다. (㉠) 그래도 남아 있는 정보를 잠자는 시간대에 통합 정리한다고 여긴다. (㉡) 예컨대 컴퓨터 작업을 할 때 새로 입력된 데이터를 고려해 여타 파일과 프로그램을 수정 갱신해 쓸데없는 항목을 삭제하거나 다른 드라이버에 저장하는 식이다.

꿈은 내다 버린 내용물들의 조각들이 잠자는 의식에 침투해 의식을 엉망으로 만드는 과정이라는 것이다. (㉢) 그렇다면 정말로 꿈의 내용은 아무런 의미가 없는 것일까. (㉣) 꿈꾸기의 신경·생리적인 측면만 생각한다면 꿈에 대한 찌꺼기 이론은 타당성이 있어 보인다. 하지만 꿈의 내용에 관심을 기울인다면 꿈이 자아에 관한 비밀스러운 역사에 놀랄 만큼의 일관성을 가지고 있다는 사실을 확인할 수 있다.

15. 위 글에서 <보기>의 글이 들어가기에 가장 알맞은 것을 고르십시오.

> **보기**
>
> 당연히 꿈은 혼란스럽고 쓸모없는 이미지로 남아 있을 수밖에 없다.

① ㉠   ② ㉡   ③ ㉢   ④ ㉣

16. 위 글의 내용과 같은 것을 고르십시오.

① 꿈은 정신과 육체 건강에 관련이 있다.

② 꿈은 원치 않는 정보를 정리하는 역할을 한다.

③ 컴퓨터 작업과 인간의 꿈은 똑같은 원리로 작동된다.

④ 모든 과학자가 꿈의 내용에 관심을 가지고 연구한다.

흙은 고대로부터 신성시되었다. 흙이 생명과 깊이 관련되어 있다고 믿었기 때문에 흙을 경외하는 마음이 깊었다. 선조들은 악귀를 물리치는 영험한 효능이 흙에 있다고 믿어왔다. 집안에 금줄을 치고 치성을 드릴 때 황토를 함께 뿌렸고 사람이 죽으면 흙으로 옹관을 만들어 사용하기도 했다. 특히 우리 역사와 문화는 황토와 함께 발전했다고 해도 과언이 아니다. (㉠) 황토로 만든 그릇은 미세한 공기구멍이 있기 때문에 스스로 숨을 쉰다는 것이다. (㉡) 숨 쉬는 항아리에서 적당히 발효 숙성되기 때문에 맛과 향이 다른 어느 나라 것과도 비교할 수 없는 고유한 음식문화를 갖게 된 것이다. (㉢) 황토 한 스푼에는 약 2억 마리의 미생물이 생명력을 유지하고 있다고 한다. (㉣) 황토가 가진 분해력, 자정력, 흡수력 그리고 그 속에 녹아 있는 엄청난 약성은 우리의 상상을 초월하는 수준이다. 최근 생화학분야에서 그 존재가 알려진 효소의 종류는 모두 1,300여 종에 달하고, 흙 속에서 활성이 이뤄지는 효소는 50여 종이 된다고 한다.

---

17. 위 글에서 <보기>의 글이 들어가기에 가장 알맞은 것을 고르십시오.

> **보기**
>
> 이런 토기로 인해 우리 음식문화는 특히 발효식품이 잘 발달했다.

① ㉠   ② ㉡   ③ ㉢   ④ ㉣

---

18. 위 글의 내용과 같은 것을 고르십시오.

① 황토에는 많은 수의 미생물이 존재한다.

② 황토 그릇은 우리나라의 음식문화와 관계가 없다.

③ 흙은 생명과 깊은 관련이 있어서 모든 나라에서 신성시했다.

④ 황토에는 인체의 면역력을 낮추고 자정력을 높이는 효소가 있다.

환자에게 설탕, 소금, 주사 등 가짜 약을 주었을 때, 진짜 약 이상의 효과를 나타낸다거나 의사가 방으로 들어올 때 더 나은 느낌이 드는 경험을 흔히 겪어 보았을 것이다. 단순한 믿음이나 긍정적인 생각만으로도 치료 효과를 거두는 이런 현상을 위약 혹은 '플라시보 효과'라고 일컫는다. 그 예로, '엄마 손이 약손이다'라는 말이 있다. (㉠) 지금은 아이가 아플 때면 바로 병원에 가서 치료를 받지만 옛날에 아이가 배앓이를 할 때는 엄마 손이 배앓이를 낫게 하는 약손이었다. (㉡) 배앓이에 칭얼거리며 짜증을 내는 아이들이라도 엄마가 배를 주물러 주기만 하면 어느새 새근새근 잠이 들게 된다. (㉢) 결국 엄마의 약손은 플라시보 효과와 함께 엄마와 아이의 믿음이 만들어 낸 약인 것이다. (㉣) 현대의학에서도 의학에 의존하는 것보다 긍정적인 생각으로 병을 낫게 하는 경우가 비일비재하다. 그렇기 때문에 병이 생겼을 때 의학에 의존하는 것도 좋지만 긍정적인 생각을 가지게 되면 더 좋은 결과를 얻을 수도 있다.

19. 위 글에서 <보기>의 글이 들어가기에 가장 알맞은 곳을 고르십시오.

> **보기**
>
> 이처럼 엄마가 배를 만져 주면 배가 나을 거라는 아이의 믿음이 위통을 줄여 주게 되는 것이다.

① ㉠   ② ㉡   ③ ㉢   ④ ㉣

20. 위 글의 내용과 같은 것을 고르십시오.
① 환자는 의사를 보면 병이 낫는다.
② 긍정적인 생각은 병의 치료 효과를 높인다.
③ 플라시보 효과는 약을 먹을 때만 나타난다.
④ 엄마의 손은 병을 낫게 하는 특별한 치료 방법이다.

모든 사람이 금이 값비싸다는 것을 알지만, 그 가격이 어떻게 정해지는지를 아는 사람은 거의 없다. 만약 투자하려고 한다면 금값이 상승할 때 상승요인이 어떤 것인지 이해하는 것이 매우 중요하다. 대부분의 투자에서 그렇듯이 금값은 수요와 공급에 달려 있다. (㉠) 금시장은 금의 수요와 공급이 집중되어 금 시세가 형성된다. 그래서 독특하게 현물 거래로 이루어지며 지금까지 채굴된 거의 모든 금이 여전히 존재한다. (㉡) 따라서 불경기에는 사람들이 화폐에 대한 신뢰를 잃고 금을 필수품으로 구매한다. (㉢) 그래서 금값은 오를 수밖에 없다. (㉣) 나라 안팎에서 금값에 영향을 미치는 또 다른 일반적인 요인은 부동산 시장이다. 부동산 가치가 하락하면 금에 대한 수요는 보통 증가한다.

21. 위 글에서 <보기>의 글이 들어가기에 가장 알맞은 곳을 고르십시오.

> **보기**
>
> 사람들이 금을 언제든지 사용할 수 있는 안정적인 자산으로 여기기 때문이다.

① ㉠ 　　　　② ㉡ 　　　　③ ㉢ 　　　　④ ㉣

22. 위 글의 내용과 같은 것을 고르십시오.
① 금값은 수요와 공급의 원리로 정해진다.
② 투자자는 금값이 오르는 이유를 잘 안다.
③ 금값이 오르면 부동산의 가치도 함께 오른다.
④ 경기가 좋으면 사람들은 금에 투자를 하기도 한다.

　　일식과 월식에 대해 옛날 사람들은 초자연적인 현상으로 여겨 두려움을 느껴왔다. 그래서 전 세계 문화권에서 일식과 월식에 대한 근거 없는 믿음들이 만들어졌다. (㉠) 그로 인해 일식이나 월식의 해로운 영향에 맞서 방어하는 믿음들도 생겨났다. (㉡) 예를 들어, 인도에서는 사람들이 때때로 물이 목까지 차오르도록 물속으로 들어갔으며 그들은 이것이 일식이나 월식 동안에 자신들을 보호해 줄 것이라고 믿었다. 물론, 모든 문화권에서 일식과 월식을 두려운 현상으로 여기는 것은 아니다. (㉢) 오늘날 북미 대륙이나 북극 지방의 일부 문화권에서는 일식과 월식을 태양과 달이 지구에 있는 사람들을 굽어살피고 있다는 신호이자 축복으로 여기기도 한다. (㉣) 하지만 우리의 믿음이 어떻든 간에 일식과 월식은 태양계에 의해 정해진 일정을 따르면서 항상 일어날 것이다.

23. 위 글에서 <보기>의 글이 들어가기에 가장 알맞은 곳을 고르십시오.

> **보기**
>
> 어떤 문화권에서는 일식과 월식이 재앙의 도래를 예견하는 것으로 여겨왔다.

① ㉠ 　　　　② ㉡ 　　　　③ ㉢ 　　　　④ ㉣

24. 위 글의 내용과 같은 것을 고르십시오.
① 모든 문화권에서는 일식과 월식을 축복으로 여긴다.
② 일식과 월식은 좋지 않은 영향에 대응하는 방법이다.
③ 모든 문화권에서 일식과 월식에 대한 인식은 좋지 않다.
④ 일식과 월식은 태양과 달의 움직임에 따라 일어나는 현상이다.

허니넷 프로젝트는 해커들의 행동을 연구함으로써 인터넷 보안을 강화시킬 목적으로 하는 국제적인 프로젝트이다. (㉠) 허니넷은 해커들을 유인하는 파일의 가짜 버전들을 생성하고 해커들이 어떻게 그 파일에 침투해서 그것을 사용하는지를 관찰하는 것이다. (㉡) 그리고 나서 허니넷은 기관들에게 컴퓨터 네트워크를 보호하기 위한 방안에 대해 교육한다. (㉢) 그 반면에 허니넷 프로젝트는 언제, 왜, 해커들이 행동을 취하는지, 그리고 그들이 어떻게 의사소통하는지와 같은, 해킹에 대한 좀 더 상세한 정보를 제공한다. (㉣) 게다가, 해킹 행동에 대한 관심이 있는 기관들에게 허니넷 프로젝트는 이미 자신들이 개발한 도구와 기술을 무료로 제공한다.

25. 위 글에서 <보기>의 글이 들어가기에 가장 알맞은 곳을 고르십시오.

> **보기**
>
> 이전의 보안 시스템들에 의해 제공되었던 정보는 전통적으로 해커들이 사용하는 도구에만 국한되었다는 한계가 있다.

① ㉠   ② ㉡   ③ ㉢   ④ ㉣

26. 위 글의 내용과 같은 것을 고르십시오.
① 허니넷은 인터넷 해커들에 대응하기 위한 프로젝트이다.
② 허니넷은 기관들의 컴퓨터 네트워크를 보호하는 교육 프로이다.
③ 기관들은 자신이 개발한 기술을 허니넷에 무료로 사용하게 한다.
④ 허니넷은 해킹에 대한 자세한 정보를 기관들로부터 제공을 받는다.

대중문화는 대중 매체와 밀접한 관련이 있다. 새로운 유행어가 텔레비전 방송을 통해 만들어지고 전파되는 것처럼 대중문화는 대중 매체를 통해 생산되고 유통된다. 따라서 새로운 대중 매체가 등장하면 그에 따라 대중문화의 양상도 바뀌게 된다. 인터넷이 보급되면서 온라인 게임 문화가 활성화된 것이 그 예이다. (㉠) 최근에는 대중이 인터넷에 글이나 동영상을 올리며 미디어의 제작자가 되는 등 대중문화의 생산과 유통에 적극적으로 참여하는 경향이 나타나고 있다. 그중에서 음식, 미용, 게임 등 다양한 분야의 1인 방송이 참신한 기획으로 인기를 얻고 있다. (㉡) 이런 변화와 맞물려 연예인과 만화 주인공의 화장법을 따라 하는 1인 영상도 큰 인기를 누리고 있다. (㉢) 이 외에도 시간을 재면서 공부하는 모습이나 음식을 먹는 모습처럼 일상적인 생활 모습을 영상으로 제작하는 등 다양한 콘텐츠가 생산되고 있다. (㉣)

27. 위 글에서 <보기>의 글이 들어가기에 가장 알맞은 곳을 고르십시오.

> **보기**
>
> 이것은 컴퓨터, 스마트폰 카메라, 인터넷을 이용하여 누구나 동영상을 촬영하고 공유할 수 있게 되면서 생긴 변화이다.

① ㉠   ② ㉡   ③ ㉢   ④ ㉣

28. 위 글의 내용과 같은 것을 고르십시오.

① 대중문화는 대중 매체에 의해 변화되기 쉽지 않다.
② 대중문화의 생산과 유통은 온라인상으로만 가능하다.
③ 인터넷상의 글이나 영상은 미디어 제작자에 의해 만들어졌다.
④ 온라인상 게임 문화가 성행하는 이유는 대중매체와 관련이 있다.

　　야구 선수들은 경기를 하는 동안 때때로 특이한 행동을 한다. 일례로 선수들이 보통 베이스를 달릴 때 타격용 장갑을 주머니에 넣기보다는 자신들의 손에 꼭 쥐고 달린다. 이것은 단순한 미신처럼 들릴지 모르지만 경기를 하는 선수들에게는 확실히 도움이 된다. (㉠) 실제로, 그런 이유 때문에 타격용 장갑을 손에 쥐고 경기를 하는 선수들은 정신적으로 긴장이 풀리게 되고 경기를 더 잘할 수 있다. (㉡) 게다가 장갑을 쥐는 행위는 선수가 슬라이딩하는 상황에서 상대편 선수와 부딪혔을 때 손가락을 보호한다. (㉢) 또한 장갑을 꽉 쥐는 것은 자신의 의지와 힘을 보여주는 의미이기도 하다. (㉣) 마지막으로 손가락이 쉽게 부러지는 것을 방지하는 효과도 있다.

29. 위 글에서 <보기>의 글이 들어가기에 가장 알맞은 곳을 고르십시오.

> **보기**
>
> 왜냐하면 손에 뭔가를 꽉 쥐고 있는 행위는 선수들에게 좀 더 편안함을 느끼게 해 주기 때문이다.

① ㉠   ② ㉡   ③ ㉢   ④ ㉣

30. 위 글의 내용과 같은 것을 고르십시오.

① 야구 선수들은 경기할 때 이상한 행동을 자주 한다.
② 야구 선수들이 장갑을 항상 손에 쥐는 것은 미신 때문이다.
③ 야구 선수가 장갑을 손에 쥐는 것은 긴장을 해소하기 위한 것이다.
④ 야구 선수가 달릴 때 그들의 손가락을 보호하기 위해 장갑을 낀다.

'공유 경제'는 인터넷을 통해 다수의 개인이 협업을 통해 서로 무언가를 빌려주고 나눠 쓰는 개념을 바탕으로 하는 시스템이다. 현재 이러한 방식으로 대여되는 것들은 집, 자동차, 배, 전동 공구 등이 있다. (㉠) 이러한 물건들은 많은 사람이 구입하기에는 너무 비싸다. (㉡) 이러한 자원의 공동 사용은 여러 긍정적인 효과가 있다. (㉢) 빌려주는 사람들은 돈을 벌고, 그것을 빌리는 사람들은 직접 사거나 기업체로부터 대여했을 때보다 돈을 적게 낸다. (㉣) 따라서 이것은 어떤 상품을 혼자 구입하는 것보다 다른 사람들과 그 상품을 공유하는 것이 상품을 제작하는 데 있어서 더 적은 자원을 소비한다는 것을 의미하므로, 환경에도 이득이 된다. 앞으로 더 많은 사람이 공유 서비스를 이용할수록 이득은 증가할 것이다.

31. 위 글에서 <보기>의 글이 들어가기에 가장 알맞은 곳을 고르십시오.

> **보기**
>
> 그래서 이것을 소유한 사람들은 그 대가를 받고 기꺼이 그것을 이용하려는 사람들에게 빌려주거나 공유한다.

① ㉠   ② ㉡   ③ ㉢   ④ ㉣

32. 위 글의 내용과 같은 것을 고르십시오.
① 공유경제는 환경보호에도 도움이 된다.
② 인터넷에서 사고파는 행위가 공유 경제이다.
③ 모든 사람은 가지고 있는 물건들을 서로 공유한다.
④ 빌리는 사람과 빌려주는 사람들은 상품을 제작하는 데 힘쓴다.

✅ 유형 18 정답								
1.④	2.①	3.②	4.①	5.①	6.④	7.②	8.③	9.①
10.④	11.①	12.④	13.②	14.③	15.③	16.①	17.②	18.①
19.③	20.②	21.③	22.①	23.①	24.④	25.③	26.①	27.②
28.④	29.①	30.③	31.②	32.①				

문제 푸는 꿀팁~!

이 유형은 3개의 문제로 구성되어 있다. 첫 번째 문제는 글쓴이의 의도를 파악해서 어떤 목적으로 글을 썼는지를 파악하는 것이 중요하다. 두 번째 문제는 유형 12와 같은 문제로 전체적인 문장을 이해하는 것이 중요하며, 앞뒤 문장이 연결되는 핵심 어휘를 찾거나 접속사를 활용해 빈칸에 들어갈 문장을 찾는다. 그 후에 맞는 문장을 빈칸에 넣어서 읽고 자연스러운지 확인한다. 세 번째는 필자의 태도 찾는 문제이다. 필자의 태도란 글쓴이가 글에 대해 갖는 느낌이나 의견을 말하므로 비판, 동조, 경계 등 관련 어휘를 중점적으로 공부해야 한다.

1~45 다음을 읽고 물음에 답하십시오.

지금 세계는 플라스틱과 전쟁을 선포했다. 각국에서는 플라스틱에 규제안을 강화하기로 했으며, 모 커피 회사도 2020년까지 플라스틱 빨대를 없애기로 했다. 플라스틱이 등장한 지 100년이 되지 않았는데, 이토록 플라스틱이 번성하게 된 비결은 우선 변신 가능성에 있다. 필요에 따라 유연성과 탄력성, 강도와 내구성을 조절할 수 있으니 <u>그야말로 만능소재로 작은 포장재부터 가구와 의복까지 플라스틱이 쓰이지 않는 곳이 없다.</u> 하지만 (   ) 플라스틱은 지구 어딘가에 계속 존재한다. 사라지지 않는 플라스틱은 지구 환경 오염의 주범으로 이미 오래전부터 골칫거리이다. 우리 생활용품에 미세하게 포함된 플라스틱은 최근 해양 오염의 적으로 경계대상이 되고 있다. 햇빛과 파도에 의해 잘게 쪼개진 플라스틱이 바다로 스며들고 있다. 이미 해양 동물들은 플라스틱을 주식처럼 먹고 있으며, 플라스틱 때문에 동물뿐만 아니라 인간의 식생활까지 위협해서 심각한 상태에 있음을 주지해야 한다.

01. 이 글을 쓴 목적으로 알맞은 것을 고르십시오.
① 플라스틱의 용도를 제시하려고
② 플라스틱의 위험성을 지적하려고
③ 세계의 플라스틱에 대해 홍보하려고
④ 해양 오염이 심각한 상태임을 역설하려고

02. (   )에 들어갈 내용으로 가장 알맞은 것을 고르십시오.

① 탄력성이 강한

② 분해되거나 녹슬지 않는

③ 주식으로 사용될 수 있는

④ 생활 가까이에서 만질 수 있는

03. 밑줄 친 부분에 나타난 필자의 태도로 알맞은 것을 고르십시오.

① 플라스틱의 긍정적인 측면을 강력히 요구하고 있다.

② 플라스틱에 대해 잘 파악하려는 자세를 보이고 있다.

③ 생활에 도입되는 플라스틱의 문제점을 경계하고 있다.

④ 생활 속에서의 플라스틱 활용도에 대해 감탄하고 있다.

도시는 인구가 점점 증가하는 상황에서 도시 곳곳의 요소들을 효율적으로 관리해야 하며, 지속 가능한 서비스와 프로그램을 확대해야 한다. 스마트시티 구현을 통해 이와 같은 도시의 이슈들을 해결할 수 있고, 도시를 효율적으로 운영 관리할 수 있다. 인터넷을 매개로 사람과 사물, 사물과 사물 간의 (   ) 사물인터넷(IoT)은 수집된 데이터를 통해 스마트시티 구현을 앞당길 것으로 기대를 모으고 있다. 이를 통해 스마트시티는 도시의 교통과 주차, 가로등, 날씨, 전력, 에너지뿐만 아니라 폐기물과 폐수 등을 효과적으로 관리하는 한편 정보 공유를 통해 서비스와 생활의 편의를 높일 수 있다. 또한 환경 모니터링을 통해 환경재난이 발생하기 전에 미리 감지하고, 예방하는 데 도움이 된다. 이런 사물인터넷(IoT)를 통해 필요한 데이터를 수집, 관리 및 분석하여 도시 관리를 최적화시킬 수 있다.

---

04. 이 글을 쓴 목적으로 알맞은 것을 고르십시오.

① 폐기물 처리의 단점을 제기하려고

② 사물인터넷(IoT)의 장점을 설명하려고

③ 스마트시티 구현을 통한 도시화를 분석하려고

④ 인구 증가에 따른 도시 관리의 경고를 지적하려고

05. (   )에 들어갈 내용으로 가장 알맞은 것을 고르십시오.

① 운영관리가 어려운

② 얼굴을 마주할 수 있는

③ 끊김 없이 이어갈 수 있는

④ 정보를 서로 소통할 수 있는

06. 밑줄 친 부분에 나타난 필자의 태도로 알맞은 것을 고르십시오.

① 스마트 도시 구현을 위한 의견을 제시하고 있다.

② 도시에 사물인터넷이 도입되는 현상을 경계하고 있다.

③ 스마트 도시를 파악하려는 자세에 대해 비판하고 있다.

④ 사물인터넷이 도시 구조를 변화시킬 것으로 인정하고 있다.

4차 산업혁명이 우리가 사는 방식에 대해 근본적인 변화를 몰고 올 것으로 예상하고 있다. 4차 산업혁명은 물건을 생산하고, 사용 후 폐기하는 기존의 선형경제 대신에 순환경제를 추구한다. 순환경제는 (   ) 지구의 자원소비와 환경오염을 줄일 수 있다. 4차 산업혁명으로 인해 향후 폐기물 관리 및 재활용 산업이 어떤 양상을 띠게 될지 정확하게 예측할 수 없지만 새로운 변화가 예고되고 있다. 지구 한쪽의 가난한 나라 어린이들은 쓰레기 처리장에서 놀거나 일하면서 성장하고 있다. 하지만 <u>4차 산업혁명의 변화로 인해 폐기물 없는 사회가 구체화될 것으로 기망한다.</u> 4차 산업혁명 및 폐기물산업과 관련된 첨단과 센서로 무장한 로봇이 개발된다면 여러 종류가 혼합된 폐기물을 사람들보다 더 효과적으로 분류하며, 조만간 특정 종류의 폐기물까지 능숙하게 처리할 것으로 예측된다.

---

07. 이 글을 쓴 목적으로 알맞은 것을 고르십시오.

① 선형경제와 순환경제를 비교하기 위해서

② 4차 산업혁명의 향후 발전성을 역설하기 위해서

③ 혼합된 폐기물을 더 효과적으로 분류하기 위해서

④ 폐기물을 재활용하는 방법에 대해 소개하기 위해서

08. (   )에 들어갈 내용으로 가장 알맞은 것을 고르십시오.

① 폐기물을 재활용하여

② 물건 생산을 반복하여

③ 물건을 관리하고 축적하여

④ 모든 물건을 폐기 처분하여

09. 밑줄 친 부분에 나타난 필자의 태도로 알맞은 것을 고르십시오.

① 4차 산업혁명에 부정적 영향을 비판한다.

② 폐기물 처리에 노력하는 사회에 감탄하고 있다.

③ 4차 산업혁명의 변화로 환경오염 해결을 기대한다.

④ 폐기물 처리에 열을 올리는 4차 산업에 동조하고 있다.

3D 프린터는 이미 특정 산업분야에서 폐기물을 95~99% 절감시켜서 앞으로 플라스틱 재활용에 있어서 탁월한 효과를 발휘할 것으로 기대된다. 필라멘트의 품질이 뛰어나고, 신뢰성이 높을수록 3D 프린터는 최상의 인쇄 결과를 얻을 수 있을 뿐 아니라 제작공정이 매끄럽게 진행된다. <u>3D 프린터가 기존 플라스틱 폐기물을 재활용해 새로운 플라스틱 제조를 줄일 수 있다면, 제조의 혁신뿐만 아니라 플라스틱 폐기물을 획기적으로 감소시킬 수 있다.</u> 이와 관련해 모 신발업체는 지난해 바다에 버려진 플라스틱 폐기물과 3D 프린터를 활용한 신발을 선보였다. 이로써 (   ) 차원에서 발전되어 대량생산에도 사용될 수 있다는 가능성을 제시했다. 앞으로 3D 프린터를 이용한 재활용은 시제품 개발에서 시작하여 대량생산으로 순조롭게 연결될 수 있을 것이다.

10. 이 글을 쓴 목적으로 알맞은 것을 고르십시오.
　① 플라스틱을 활용한 3D 프린터의 용도를 분석하려고
　② 대량생산에 사용되는 3D 프린터의 활용을 지적하려고
　③ 3D 프린터의 재활용에 있어서 탁월한 효과를 설명하려고
　④ 폐기물을 이용한 3D 프린터의 발전 가능성을 제시하려고

11. (   )에 들어갈 내용으로 가장 알맞은 것을 고르십시오.
　① 3D 프린터가 시제품을 만드는
　② 품질이 뛰어나고, 신뢰성이 높은
　③ 버려진 폐기물을 새롭게 탄생시킨
　④ 탁월한 효과를 발휘할 것으로 기대한

12. 밑줄 친 부분에 나타난 필자의 태도로 알맞은 것을 고르십시오.
　① 3D 프린터가 사회에 미칠 영향을 인정하고 있다.
　② 시제품개발에 대한 긍정적 측면을 인정하고 있다.
　③ 플라스틱 폐기물 처리에 대해 높이 평가하고 있다.
　④ 3D 프린터로 대량생산하려는 노력에 대해 감탄하고 있다.

전 세계에서 쓰레기가 가장 많이 버려지는 장소는 육지가 아니라, 태평양 한가운데이다. 태평양 쓰레기 섬(the Great Pacific Garbage Patch)으로 알려져 있는 북태평양 환류의 상층부를 725만 톤의 플라스틱이 덮고 있다. 태평양 쓰레기 섬과 같이 플라스틱 폐기물은 소용돌이 형태로 회전하는 환류에 주로 집합한다. 네덜란드의 비영리 단체인 모 회사 경영자는 10대의 나이에도 불구하고 바다에 (   ) 어레이를 개발한 발명가이다. 그는 최근 새로운 기금을 확보하고 북해에서 플라스틱을 수거하는 기술을 시도할 채비를 갖추고 있다. 이 회사에서 개발한 어레이는 해류를 이용하여 플라스틱 폐기물을 수거하는 것이며, <u>이론적으로 태평양 쓰레기 섬의 플라스틱을 청소하는 시간을 수십 년 내로 줄일 수 있는 기술이다.</u> 이처럼 기업뿐만 아니라 자원봉사자들 그리고 환경단체들은 아름다운 바다 경관을 손상시키고 해양생물에 영향을 미칠 수 있는 바다 쓰레기 수거 활동에 참여하는 한편 문제를 근원적으로 해결할 수 있는 방안을 적극 모색하고 있다.

13. **이 글을 쓴 목적으로 알맞은 것을 고르십시오.**
① 폐기물 처리의 심각성을 지적하기 위해서
② 쌓여 가는 태평양 쓰레기 섬에 대해 설명하기 위해서
③ 환류에 집합하는 많은 바다 쓰레기의 양을 강조하기 위해서
④ 해양 쓰레기 문제와 그에 대한 사람들의 노력을 알리기 위해서

14. **(   )에 들어갈 내용으로 가장 알맞은 것을 고르십시오.**
① 소용돌이 형태에 맞는
② 있는 배에 장착이 가능한
③ 버려진 쓰레기를 수거할 수 있는
④ 집합된 물건에 넓게 펼칠 수 있는

15. **밑줄 친 부분에 나타난 필자의 태도로 알맞은 것을 고르십시오.**
① 쓰레기처리에 기술이 도입되는 것을 경계하고 있다.
② 10대 발명가의 남발된 기술에 대해 심각하게 우려하고 있다.
③ 새로운 플라스틱 수거 기술에 대해 긍정적으로 평가하고 있다.
④ 기술 개발 노력에 대해 감탄하고 자금 확보를 강력히 요구하고 있다.

2017년 2월 5일부터 아파트를 제외한 모든 주택에는 단독경보형 감지기(주택용 화재경보기)와 소화기를 의무적으로 설치해야 한다. 최근 3년간 전체 화재의 24.3%가 단독주택 등에서 발생한 것으로 조사되었다. 단독경보형 감지기는 화재 발생과 동시에 경보가 울려 집 안에 있는 사람들이 (   ) 시설이며, 설치도 쉽게 할 수 있고 한번 설치하면 10년 정도 사용이 가능하다. 그리고 주방, 침실, 거실 등 설치해야 하고, 에어컨의 송풍구나 환기구와의 거리는 1.5m 이상 떨어져 설치해야 오류 경보를 막을 수 있다. <u>소화기는 주택의 초기 화재 대응 시 소방차 한 대와 맞먹는 효과를 발휘할 수 있다.</u> 화재가 발생하면 열과 연기 때문에 소화기에 접근하기 어렵고, 유해가스와 연기로 인한 질식의 위험이 있으므로 화재 발생 빈도가 높은 주방보다는 현관 쪽에 소화기를 보관해야 한다. 이렇듯 소방시설의 설치는 가족과 재산을 안전하게 지킬 수 있으므로 모든 가정 내 꼭 설치해야 한다.

16. 이 글을 쓴 목적으로 알맞은 것을 고르십시오.
① 소방시설 의무적 설치를 강조하기 위해서
② 화재 시 소방시설의 역할을 소개하기 위해서
③ 감지기와 소화기의 사용법에 대해 알리기 위해서
④ 주택 내 소방시설의 설치 위치를 홍보하기 위해서

17. (   )에 들어갈 내용으로 가장 알맞은 것을 고르십시오.
① 즉시 대피할 수 있게 하는
② 물건을 챙길 수 있도록 돕는
③ 다른 방으로 이동할 수 있게 하는
④ 화재 신고를 바로 할 수 있게 하는

18. 밑줄 친 부분에 나타난 필자의 태도로 알맞은 것을 고르십시오.
① 소방시설 기술에 대해 감탄하고 있다.
② 소화기 사용 효과에 대해 높이 평가하고 있다.
③ 단독경보형 감지기의 효과 측면을 인정하고 있다.
④ 화재 진압에 필요한 소방차 확보를 강력히 요구하고 있다.

하의실종 패션은 여성들의 열 순환을 방해하며, 탈모도 체온과 밀접한 관련이 있다. 하의실종 패션은 상의를 두껍게 입고 하의를 얇게 입어 열 순환이 안 된다. 그래서 머리 위쪽으로는 열이 몰려 뜨거워지고, 손발이나 신체 아래쪽으로는 차가워지는 상열하한 현상을 가속화시키게 된다. 따라서 짧은 치마를 겨울에 즐겨 입으면 (   )이라는 것이다. 그리고 상열하한 현상이 지속되면 차가워진 난소로 인해 여성호르몬 분비가 저하되고, 두피에서는 열이 차올라 남성형 탈모양상을 보인다. 그래서 새로운 모발이 만들어지지 못하거나 모발이 가늘어지고 힘이 없어지게 된다. 또한 짧은 치마를 겨울에 습관적으로 입을 경우 상열하한에 의한 분리증을 겪게 되어 탈모뿐 아니라 많은 합병증으로까지 확산될 수 있다. 그러므로 <u>겨울철에도 짧은 치마를 입고 다니는 여성들은 몸 전체의 열 조절이 잘 이뤄지고 좋은 컨디션을 유지하는 생활이 중요하다.</u>

19. 이 글을 쓴 목적으로 알맞은 것을 고르십시오.
① 겨울철 짧은 치마 입기를 홍보하기 위하여
② 상열하한에 의한 병과 증세를 설명하기 위하여
③ 하의실종 패션이 여성 건강에 안 좋음을 경고하려고
④ 현대인들의 아름다움과 건강에 좋은 패션을 추천하려고

20. (   )에 들어갈 내용으로 알맞은 것을 고르십시오.
① 하체 건강에 획기적
② 몸속 열 순환에 치명적
③ 혈액 순환에 매우 긍정적
④ 몸에 열을 보존하는 데 부정적

21. 밑줄 친 부분에 나타난 필자의 태도로 알맞은 것을 고르십시오.
① 하의실종 패션을 긍정적으로 평가하고 있다.
② 짧은 치마를 입고 다니는 여자들을 업신여기고 있다.
③ 여성들의 하의실종에 대해 비판적으로 바라보고 있다.
④ 짧은 치마를 입는 여성들에게 건강 챙기기를 강조하고 있다.

독일의 문호 괴테의 어머니는 책 읽어 주는 엄마로 유명하다. 그녀는 어린 괴테에게 밤마다 책을 읽어 주었는데, 가장 재미있는 부분에서 읽기를 멈추고 "아가야, 그다음은 네가 완성해 봐"라고 말했다고 한다. 어린 괴테는 듣다 만 이야기의 스토리를 완성해 보느라고 늘 생각에 잠겨 있었다고 한다. 아이의 재능과 능력을 깨우치는 데 독서가 중요한 자리를 차지함은 물론이거니와 이처럼 부모가 직접 들려주는 이야기는 아이에게 (   )을 갖게 하는 동기가 된다. 뿐만 아니라 책을 가지고 엄마와 아이가 대화를 나누는 습관을 갖다 보면, 성장한 후에도 긴밀한 관계를 유지하는 데 도움이 된다. 그러므로 아이가 혼자 책을 읽을 수 있다고 해도 부모와 함께 책을 읽는 시간은 꼭 필요하다. 그렇기 때문에 유아의 책은 '읽는 책'이 아니고 '읽어 주는 책'이라고 한다.

22. 이 글을 쓴 목적으로 알맞은 것을 고르십시오.
① 아이에게 책의 소중함을 일깨워 주려고
② 책을 읽을 때의 동화 구연의 필요성을 알리려고
③ 자녀의 독서 습관과 부모 역할의 필요성을 소개하려고
④ 아이의 취향과 방식보다는 교훈적 의미에 중요성을 알리려고

23. (   )에 들어갈 내용으로 알맞은 것을 고르십시오.
① 풍부한 상상력
② 독서의 필요성
③ 제한적 상상력
④ 지혜의 필요성

24. 밑줄 친 부분에 나타난 필자의 태도로 알맞은 것을 고르십시오.
① 아이가 홀로 책 읽기를 하는 것에 동조하고 있다.
② 아이가 스스로 책을 읽지 않는 것에 분노하고 있다.
③ 괴테 엄마의 교육법에 대해서 원인을 촉구하고 있다.
④ 부모가 아이와 함께 책을 읽어야 함을 강조하고 있다.

블록체인(Block Chain)은 가상화폐 거래 내역을 기록하는 장부이다. 거래 내역을 중앙 서버에 저장하는 일반적인 금융기관과 달리, 시스템 참가자들이 공동으로 거래정보를 기록, 검증, 보관함으로써 거래정보의 신뢰성을 확보하도록 설계된 분산장부기술이다. 즉, 누구나 거래 내역을 확인할 수 있어 '공공 거래 장부(Public Ledger)'라고도 불린다. 거래 장부가 공개되어 있고 모든 사용자가 사본을 가지고 있으므로 해킹을 통한 위조도 불가능하다. 그래서 만약 누군가 거래기록을 조작하려면 참여자 간 연결된 모든 블록을 새 블록 생성 이전에 조작해야 한다. 즉, (   ) 하는데, 이는 사실상 불가능하므로 보안성이 높은 것이다. 블록체인은 새로운 단위가치의 거래가 오직 한 번만 이루어짐으로써, 사기행위와 같은 이중 지급 문제도 해결할 수 있다. 또한 중개기관을 거치지 않는 탈중개화가 이루어지기 때문에 거래비용도 획기적으로 낮아진다. 따라서 블록체인은 가상통화 운용의 기반이 될 뿐만 아니라 사용자 인증, 스마트계약, 증권 발행 및 거래, 해외송금 및 자금이체, 부동산 등기, 디지털 ID 관리, 전자투표, 개인건강기록 관리 등 여러 분야에서 무한한 잠재력을 지니고 있다.

25. 이 글을 쓴 목적으로 알맞은 것을 고르십시오.
　① 블록체인의 발전 가능성을 알리려고
　② 블록체인의 사용자 범위를 넓히려고
　③ 블록체인이 해킹에 취약하다는 것을 설명하려고
　④ 블록체인과 일반금융기관의 유사점을 강조하려고

26. (　　　　　　)에 들어갈 내용으로 알맞은 것을 고르십시오.
　① 일정 시간 안에 수많은 블록을 모두 조작해야
　② 중앙 서버의 거래내역을 찾아서 모두 조작해야
　③ 참여자가 없는 블록을 모두 찾아서 없애 버려야
　④ 공공 거래 장부의 중요한 거래내역만을 찾아내야

27. 밑줄 친 부분에 나타난 필자의 태도로 알맞은 것을 고르십시오.
　① 거래 장부 공개에 대해 경계하고 있다.
　② 아직까지는 블록체인 대중화에 비관적이다.
　③ 블록체인은 보안성이 탁월하다는 것에 확신하고 있다.
　④ 블록체인이 위조와 해킹에 취약하다는 것에 공감하고 있다

당신이 만일 비관주의자라면, 당신은 많은 사람과는 다른 인생관을 가지고 있을 것이다. 어떤 일이 어려워질 것 같으면 좋지 않은 결과를 예상하기 때문에 열심히 노력하지 않을 수도 있다. 비관주의자로 살면 유리한 점도 있을 것이다. 예를 들면 어차피 운이 없으니까 로또도 사지 않을 것이고 도박도 하지 않을 것이다. 그리고 삶에 재미도 느끼지 못할 것이다. 하지만 어떻게 사느냐는 모두 그들 스스로의 손에 달려 있다. 낙천주의, 비관주의도 그들 스스로가 결정할 선택사항인 것이다. 그렇다면 만일 당신이 지금까지 비관적으로 살아왔는데 (   ) 전혀 다른 방식으로 살아 보는 것은 어떨까? 그렇게 하지 않으면서 뭔가가 잘 안 풀린다고 투정만 부린다면 불행의 굴레를 벗어날 수가 없는 것이다. 낙천주의자로 살겠다고 결심하면 마음은 항상 편안하다. <u>이것 하나만큼은 확실히 좋을 것이다.</u> 마음이 편한 곳이 곧 천국이다. 나는 당신이 이곳에서 살기를 감히 바란다.

28. 이 글을 쓴 목적으로 알맞은 것을 고르십시오.

① 비관주의로 사는 것도 괜찮다는 것을 알리려고
② 인생관의 정의를 내리고 종류를 분석하기 위하여
③ 낙천주의의 삶과 비관주의의 삶을 비교 설명하려고
④ 긍정적인 사고로 살기 바라는 마음을 전하기 위해서

29. (   )에 들어갈 내용으로 알맞은 것을 고르십시오.

① 큰 도움이 되었다면
② 별다른 재미가 없었다면
③ 당신의 삶에 만족하고 있다면
④ 불행한 적이 없다고 생각한다면

30. 밑줄 친 부분에 나타난 필자의 태도로 알맞은 것을 고르십시오.

① 자기 의견에 확신을 가지고 있다.
② 낙천주의의 단점을 정리하고 있다.
③ 다른 사람의 의견을 비판하고 있다.
④ 비관주의의 좋은 점을 강조하고 있다.

지금 우리 사회는 인터넷, 통신 기술 등의 발달에 따라 네트워크로 사람은 물론 사물까지 서로 연결되고 지능화되는 초연결 사회로 진입하고 있다. 이러한 초연결 사회를 구축하려면 주파수로 표현되는 전파 자원을 적절히 활용해야 한다. <u>전파 자원은 앞으로 경제, 사회 모든 분야에서 새로운 가치를 창출하게 될 것이며 그에 따라 정보 전송에 있어 그 중요성은 더 강조될 것이다.</u> 전파는 인공적인 유도 없이 공간으로 퍼져나가는 3,000기가헤르츠(GHz) 미만 주파수를 갖는 전자기파이다. 눈에 보이지 않는 주파수는 정보가 다니는 길로 (   ) 넓은 주파수가 필요하다. 그동안 주파수로 전달되는 정보는 단순한 형태였고, 연결 범위가 대부분 사람 위주로 제한되었다. 초연결 사회에서 전파의 쓰임새는 사물 위주의 정보가 모아지는 의료, 환경, 에너지 등 국가, 사회 전반의 다양한 분야로 확대될 것이다. 따라서 초연결 사회를 위한 전파 자원 관리, 주파수 자원 발굴은 시급한 과제로 미래를 예측하고 그에 상응하는 정책을 마련해야 한다.

31. 이 글을 쓴 목적으로 알맞은 것을 고르십시오.

① 초연결 사회에서 전파 자원의 한계를 설명하려고

② 전파 자원 관리에 따른 국가 정책 과제를 언급하려고

③ 초연결 사회를 위한 주파수 개발의 필요성을 알리려고

④ 4차 산업혁명에 따른 초연결 사회 도래 시기를 강조하려고

32. (   )에 들어갈 내용으로 가장 알맞은 것을 고르십시오.

① 많은 정보를 전달하려면

② 다양한 정보를 축소하려면

③ 정보의 매개체 역할을 하려면

④ 이동하는 정보의 유통을 막으려면

33. 밑줄 친 부분에 나타난 필자의 태도로 알맞은 것을 고르십시오.

① 초연결 사회에서 사람 위주 정보에 대해 회의적이다.

② 사물 위주 정보에 대한 데이터 한계를 인정하고 있다.

③ 정보를 보내는 전파 시스템의 변화에 대해 경계하고 있다.

④ 전파 자원은 미래 가치 창출의 한 부분으로 공감하고 있다.

앞으로 도로상에서 인터넷이 연결되어 있는 자율주행차들이 많아질 것이다. 자율주행차는 운전자의 조작 없이 스스로 목적지까지 찾아가는 자동차를 말한다. 미래 자동차 기술의 핵심으로 (   )이 무엇보다도 중요하다. 자율주행차에는 각종 센서와 중앙 통제 장치가 갖추어져 있다. 교통 신호를 직접 확인할 뿐 아니라 차선 환경, 주변 교통 흐름까지 파악하며 운전자의 도움 없이 '스스로' 운전하게 된다. 하지만 이와 같은 기술의 발달에도 불구하고 안전 문제가 늘 지적되어 왔다. 단 한 번의 실수, 오작동만으로도 대형 인명 피해가 발생할 수 있는 만큼 과연 신뢰할 만한 수준의 장치인지 논란이 끊이지 않고 있는 것이다. 현재 유명 자동차업체뿐 아니라 IT업계 또한 개발을 위해 열띤 경쟁을 하고 있으며 몇 년 후에는 자율주행차가 상용화될 가능성이 높은 것으로 전망하고 있다. 기술이 빠르게 발전하면서 동시에 그 안전성이 검증되고 있는 가운데, 앞으로 자율주행차가 인간의 삶에 어떤 변화를 가져올지 관심이 모아지고 있으며 더불어 안전과 관련된 시스템 문제가 선결되어야 한다.

34. 이 글을 쓴 목적으로 알맞은 것을 고르십시오.
① 미래 자동차 산업의 전망을 소개하기 위해
② 자율주행차 안전 문제의 중요성을 알리기 위해
③ 기술의 발전과 안전 시스템 개발을 소개하려고
④ 인터넷과 자동차 운전자의 오작동 문제를 제기하려고

35. (   )에 들어갈 내용으로 가장 알맞은 것을 고르십시오.
① 기술 경쟁력을 높이는 것
② 안전장치가 제대로 작동하는 것
③ 운전자의 부주의로 피해가 없게 하는 것
④ 믿을 수 있는 수준의 신호체계를 개발하는 것

36. 밑줄 친 부분에 나타난 필자의 태도로 알맞은 것을 고르십시오.
① 자율주행차의 밝은 미래에 대해 전적으로 공감하고 있다.
② 자율주행차의 안전성 검증에 대해 심각한 우려를 하고 있다.
③ 자동차 업계의 자율주행차 개발에 대해 강력히 요구하고 있다.
④ 자율주행차가 인간의 삶에 주는 변화에 대해 높이 평가하고 있다.

인공지능 기술을 사용해서 의료 사고를 막을 방법은 없는 것인가? 의사도 사람인 만큼 실수를 전적으로 피할 수 없는 것은 당연하다. 의사 한 명이 너무 많은 환자를 맡게 되면 환자마다 충분한 주의를 기울이기 어렵다. 이러한 문제들로 인해 의사들이 주의의무를 다하지 못하게 되는 상황은 언제든지 일어날 수 있다. 더 큰 문제는 의사들은 근무시간이 있지만 환자들의 병세는 주말이나 밤을 가리지 않고 언제든지 나빠질 수 있다는 점이다. 의료 인공지능은 이 점에 주목한다. 인공지능은 24시간 환자 상태를 살필 수 있다. 인간 의사와 인공지능 의사의 협진으로 인공지능 의사는 환자를 모니터링하고, 환자와의 커뮤니케이션을 보조하며, 의료 영상을 판독하고, 진단이나 수술을 돕는 등 폭넓게 활용될 수 있다. 이러한 인공지능은 (   )이 아니라 의사가 실수 없이 환자들을 더 잘 치료할 수 있도록 돕는 중요한 역할을 하는 것이다. 앞으로 의료 인공지능을 잘 활용하면 의료 서비스의 수준도 한층 더 끌어올릴 수 있을 것이다.

37. 이 글을 쓴 목적으로 알맞은 것을 고르십시오.

① 의료 인공지능 기술의 역효과를 알리려고

② 의료 사고가 가져다주는 심각성을 알리기 위해

③ 인공지능 의사와 환자의 상관관계를 설명하기 위해

④ 인공지능을 활용한 의료기술 역할의 중요성을 알리려고

38. (   )에 들어갈 내용으로 가장 알맞은 것을 고르십시오.

① 의사와 협진하는 것

② 의사를 대체하는 것

③ 환자를 보조하는 것

④ 환자를 치료하는 것

39. 밑줄 친 부분에 나타난 필자의 태도로 알맞은 것을 고르십시오.

① 의사의 세심한 진료 부족에 대해 경고하고 있다.

② 의사와 환자 간의 주의의무에 대해 설명하고 있다.

③ 과다한 환자 수에 대한 의사 진료를 우려하고 있다.

④ 많은 환자로 인한 주의 진료의 필요성을 독촉하고 있다.

때와 장소를 가리지 않고 사진을 찍어 SNS에 올리는 사람들과 그렇지 않은 사람들 간에 (   ) 있다. 대표적인 갈등은 사진 찍는 과정에서 발생하는 '찰칵' 소리에서 불거진다. 여러 번 사진을 찍다 보면 소음으로 들리게 되고 결국 신경에 거슬릴 수밖에 없다. 특히 사진 촬영이 금지된 서점에서 막무가내로 사진을 찍어 문제가 되는 사람들도 있다. 책 표지나 페이지 일부분을 사진으로 찍어 SNS에 올리는 등 일종의 '자기 만족화'를 위해 사진을 찍는 경우가 있다. 사진을 찍는 과정에서 책을 이리저리 만지다 보면 사실상 책이 훼손될 수밖에 없어 새 책으로써의 가치도 떨어진다. 이 때문에 이런 행위는 모든 서점에서 금지하고 있다. 저작권법에 따르면 책과 같은 저작물은 그에 따른 정당한 대가를 지불하고 이용해야 한다. 하지만 책 일부분을 찍는 이른바 '셔터족' 행위는 해당 저작물의 정보를 취한 것이기 때문에 저작권법에 어긋난다. 따라서 서점, 카페, 거리 등 공공장소에서는 남을 배려하는 성숙한 시민의식이 절실히 필요하다.

40. 이 글을 쓴 목적으로 알맞은 것을 고르십시오.
① SNS 민폐족들의 심각성을 알리려고
② 공공장소에서 사진 찍는 사람들의 심리를 분석하려고
③ SNS에 사진을 올리는 사람들의 다양성을 소개하려고
④ 사진을 찍는 행위와 저작권법의 관련성을 주장하기 위해

41. (   )에 들어갈 내용으로 가장 알맞은 것을 고르십시오.
① 소통이 잘 되고
② 갈등이 빚어지고
③ 신경전이 수그러들고
④ 화합과 갈등의 조화를 이루고

42. 밑줄 친 부분에 나타난 필자의 태도로 알맞은 것을 고르십시오.
① 사진이 주는 스트레스의 부정적인 측면을 인정하고 있다.
② 사진을 찍을 때 들리는 소음에 대한 경각심을 일깨우고 있다.
③ 카메라 작동에 따라 발생하는 소리의 원인을 밝히려 하고 있다.
④ 사진을 찍는 행위가 저작권법에 어긋난다는 것을 시사하고 있다.

문화재 복원작업은 환자를 수술하고 치료하는 과정과 비슷하다. 그래서 문화재 복원작업에는 CT, 엑스선 기기, 내시경, 3D 프린터 등 의료기기를 문화재 보존연구에 맞게 개량해 만든 기자재들이 쓰인다. 어디까지가 정당한 복원인가. 문화재의 가치가 고유성에 있다면 복원을 위한 첨삭행위도 일종의 훼손으로 비칠 수 있다. 가장 대표적인 보존·복원 실패 사례가 불국사 석굴암 보존 작업이다. 당시 천장의 3분의 1이 무너져 흩어진 부재를 모아 조립하는 과정에서 시멘트를 썼다. 이로 인해 외부 경관이 훼손되고, 내부에 물이 차는 등 돌이킬 수 없는 오류를 남겼다. 최근에는 문화재를 복원할 때 고증이 잘못됐을 경우를 대비해 후대학자들이 쉽게 고칠 수 있도록 배려차원에서 작업을 한다. 또 관람객이 원래 문화재와 새로 넣은 부분을 (   ) 색깔 등을 다르게 해 복원한다. 문화재 복원에는 의견 충돌이 일어나는 부분이므로 다수가 만족하고 납득할 수 있는 기준이 마련되어야 할 것이다. 또한 문화재란 연구자나 어느 기관의 소유가 아니라 국가와 민족의 유산, 더 나아가 인류의 재산이므로 복원작업을 할 때는 매우 조심해야 한다.

43. **이 글을 쓴 목적으로 알맞은 것을 고르십시오.**
① 문화재와 복원 기술의 상관성을 분석하려고
② 문화재에 대한 보존 연구 방안을 제시하려고
③ 문화재 복원 실패에 대한 원인 규명을 촉구하려고
④ 문화재 복원 작업 시 신중한 자세가 필요함을 주장하려고

44. **(   )에 들어갈 내용으로 가장 알맞은 것을 고르십시오.**
① 구별할 수 있도록
② 인식이 불가능하게
③ 잘 알아보지 못하게
④ 쉽게 인정할 수 있도록

45. **밑줄 친 부분에 나타난 필자의 태도로 알맞은 것을 고르십시오.**
① 문화재를 다시 복원시키는 것에 대해 회의적이다.
② 문화재 복원에 대한 정확한 기준을 촉구하고 있다.
③ 문화재를 복원할 때 의견 충돌에 대해 우려하고 있다.
④ 문화재 재건에 대한 다수의 의견이 필요함을 강조하고 있다.

✅ 유형 19 정답	1.②	2.②	3.④	4.②	5.④	6.①	7.②	8.①	9.③
	10.④	11.①	12.③	13.④	14.③	15.③	16.①	17.①	18.②
	19.③	20.②	21.④	22.③	23.①	24.④	25.①	26.①	27.③
	28.④	29.②	30.①	31.③	32.①	33.④	34.②	35.②	36.①
	37.④	38.②	39.③	40.①	41.④	42.②	43.④	44.①	45.②

기출문제

2회분

52회, 60회

1~2 ( )에 들어갈 가장 알맞은 것을 고르십시오. (각 2점)

01. 해가 뜨는 것을 ( ) 아침 일찍 일어났다.
① 보아야 　　② 보려고 　　③ 보거나 　　④ 보는데

02. 무슨 일을 ( ) 열심히 하는 것이 중요하다.
① 하든지 　　② 하도록 　　③ 하다가 　　④ 하더니

3~4 다음 밑줄 친 부분과 의미가 비슷한 것을 고르십시오. (각 2점)

03. 계속 웃고 다니는 걸 보니 좋은 일이 <u>있나 보다</u>.
① 있는 척한다 　　② 있을 뿐이다 　　③ 있을 지경이다 　　④ 있는 모양이다

04. 다음 주가 개강이니 방학도 다 <u>끝난 거나 마찬가지이다</u>.
① 끝난 셈이다 　　② 끝난 탓이다 　　③ 끝나기 마련이다 　　④ 끝나기 나름이다

5~8 다음은 무엇에 대한 글인지 고르십시오. (각 2점)

05.

> ### 눕는 순간 잠이 솔솔~
> 아침까지 편안하게

① 수건 　　② 침대 　　③ 시계 　　④ 신발

06.

> ### 신선한 재료! 부담 없는 가격!
> 가족 모임, 단체 환영

① 은행 　　② 식당 　　③ 세탁소 　　④ 편의점

07.

푸른 숲, 맑은 강
다 함께 지켜 가요!

① 자연 보호　　　② 시간 절약　　　③ 자리 양보　　　④ 안전 관리

08.

❖ 오후 1시까지 구매하면 그날 가져다 드립니다.
❖ 주문이 많을 때는 늦어질 수 있습니다.

- 행복마트 -

① 사용 설명　　　② 배달 안내　　　③ 이용 순서　　　④ 교환 방법

9~12 다음 글 또는 그래프의 내용과 같은 것을 고르십시오. (각 2점)

09.

2017 도서 신청 안내

필요한 도서를 신청하십시오.

▶신청 기간: 4월 17일(월) ~ 4월 30일(일)
▶신청 방법: 도서관 홈페이지
▶1인 10권 이내 신청 가능(잡지, 어학 교재 제외)

※ 책이 도착하면 이메일로 알려 드립니다.

① 신청할 수 없는 책 종류가 있다.
② 책이 도착하면 전화로 연락해 준다.
③ 사월 한 달 동안 도서 신청을 받는다.
④ 필요한 책은 이메일로 신청을 해야 한다.

10.

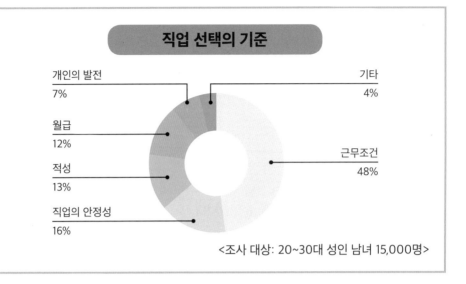

직업 선택의 기준

개인의 발전
7%

기타
4%

월급
12%

적성
13%

직업의 안정성
16%

근무조건
48%

<조사 대상: 20~30대 성인 남녀 15,000명>

① 직업의 안정성을 중요하게 생각하는 사람이 가장 적다.
② 월급과 적성을 중요하게 생각하는 사람의 비율이 같다.
③ 개인의 발전보다 월급을 중요하게 생각하는 사람이 더 많다.
④ 근무 조건을 중요하게 생각하는 사람이 전체의 반을 넘는다.

11.

　지난 13일 인주경찰서에 편지 한 통이 배달되었다. 편지를 보낸 사람은 지난달 인주시를 방문했다가 지갑을 잃어버린 외국인 관광객 장 모 씨였다. 장 씨는 말이 통하지 않아 지갑을 찾는 데 어려움을 겪었다. 그때 한 경찰이 사전과 몸짓을 이용해 장 씨와 이야기하며 잃어버린 지갑을 찾는 데 도움을 주었다. 이에 장 씨가 고마움을 담은 감사 편지를 보낸 것이다.

① 관광객이 경찰에게 감사하는 마음을 표현했다.
② 관광객이 잃어버린 지갑을 찾지 못하고 돌아갔다.
③ 경찰이 지갑을 잃어버린 관광객에게 편지를 썼다.
④ 경찰이 관광객의 말을 이해하지 못해 도와줄 수 없었다.

12.

　최근 공연을 혼자 보는 사람들이 많아졌다. 친구나 연인이 함께 보는 장르로 생각했던 뮤지컬, 연극 등도 혼자 보는 사람들이 늘어난 것이다. 한 조사 결과에 따르면 열 명 중 네 명이 혼자 공연을 관람하는 것으로 나타났다. 혼자 공연을 보는 사람들은 함께 간 사람에게 신경을 쓰지 않고 공연에만 집중할 수 있어서 좋다고 말한다.

① 사람들은 연극과 뮤지컬을 혼자 보는 장르로 생각한다.
② 혼자 공연을 보면 공연에 집중할 수 있다는 장점이 있다.
③ 사람들은 공연을 볼 때 다른 사람에게 신경을 쓰지 않는다.
④ 조사 결과에 따르면 공연을 혼자 보는 사람들이 줄고 있다.

13~15 다음을 순서대로 맞게 배열한 것을 고르십시오. (각 2점)

13.

> (가) 개와 고양이는 사이가 나쁜 것으로 유명하다.
> (나) 개가 앞발을 드는 행동은 함께 놀고 싶다는 의미이다.
> (다) 그런데 고양이는 이런 행동을 공격하는 것으로 오해하는 것이다.
> (라) 둘 사이가 안 좋은 이유는 표현을 서로 다르게 받아들이기 때문이다.

① (가)-(라)-(나)-(다)　　　　② (가)-(나)-(라)-(다)
③ (나)-(다)-(가)-(라)　　　　④ (나)-(가)-(다)-(라)

14.

> (가) 시대가 변하면서 회식 문화가 바뀌고 있는 것이다.
> (나) 직장에서는 좋은 업무 분위기를 위해서 회식을 한다.
> (다) 예전에는 직장에서 회식을 할 때 주로 술을 많이 마셨다.
> (라) 그러나 요즘에는 회식 대신에 공연을 관람하거나 맛집을 탐방하는 경우가 늘고
> 　　　있다.

① (나)-(다)-(가)-(라)　　　　② (나)-(다)-(라)-(가)
③ (다)-(가)-(나)-(라)　　　　④ (다)-(나)-(라)-(가)

15.

> (가) 아들은 보물을 찾기 위해 밭을 파 봤지만 아무것도 나오지 않았다.
> (나) 아들은 실망했지만 힘들게 밭을 판 것이 아까워서 밭에 씨를 뿌렸다.
> (다) 한 농부가 게으른 아들에게 밭에 보물을 숨겼다는 말을 남기고 죽었다.
> (라) 시간이 흘러 많은 열매가 맺혔고 아들은 그때서야 아버지의 뜻을 알게 되었다.

① (가)-(라)-(나)-(다)　　　　② (가)-(나)-(라)-(다)
③ (다)-(가)-(나)-(라)　　　　④ (다)-(나)-(가)-(라)

16.

사람들은 일반적으로 쓴맛을 꺼린다. 이것은 (   ) 본능과 관계가 있다. 식물 중에는 독성이 있어 몸에 해로운 것들이 있다. 그런데 이런 독이 있는 식물은 보통 쓴맛이 난다. 따라서 사람들은 무의식적으로 쓴맛이 나는 것을 위험하다고 여기고 이를 거부하게 되는 것이다.

① 지나친 과식을 피하려는　　　　　② 자신의 몸을 보호하려는
③ 맛없는 음식을 멀리하려는　　　　④ 입맛이 변하는 것을 막으려는

17.

대화를 원활하게 하기 위해서는 상대방에게 내가 그의 말을 잘 듣고 있다는 느낌을 주어야 한다. 이때 (   ) 행동을 하면 좋다. 대부분의 나라에서 이런 행동은 긍정을 나타낸다. 따라서 머리를 위아래로 움직이는 행동을 하면 상대방을 존중하고 이야기에 공감하고 있다는 인상을 줄 수 있다.

① 손뼉을 치는　　　　　　　　　② 고개를 끄덕이는
③ 질문하면서 듣는　　　　　　　④ 들으면서 기록하는

18.

사용 여부에 관계없이 물건을 못 버리고 저장해 두는 사람들이 있다. 습관이나 취미로 수집하는 정도를 넘어 생활에 방해가 될 정도로 심할 경우 이는 치료가 필요한 행동 장애로 본다. 연구에 따르면 주변 사람들에게 사랑을 충분히 받지 못한 사람이 물건에 지나치게 집착한다고 한다. 따라서 인간관계에서 안정을 찾으면 (   ) 행동은 사라질 수 있다.

① 사람들을 피하려고 하는　　　　② 불필요한 물건들을 사는
③ 물건들을 집에 쌓아 두는　　　　④ 쓰레기를 함부로 버리는

인터넷으로 회원 가입을 할 때 설정하는 비밀번호는 초기에는 숫자 네 개면 충분했다. 하지만 최근에는 보안 강화를 위해 특수 문자까지 넣어 만들어야 한다. (   ) 비밀번호 변경도 주기적으로 해야 한다. 이 때문에 가입자는 번거로운 것은 물론이고 자주 바뀌는 비밀번호를 기억하지 못해 스트레스를 받는다. 개인 정보 보호를 가입자에게만 요구하지 말고 기업도 보안 기술 개발에 적극 투자해야 한다.

19. (   )에 들어갈 알맞은 것을 고르십시오.

① 그러면   ② 게다가   ③ 반면에   ④ 이처럼

20. 위 글의 내용과 같은 것을 고르십시오.

① 가입자는 비밀번호 변경으로 스트레스를 받는다.
② 초기의 비밀번호는 숫자 네 개로는 만들 수 없었다.
③ 가입자는 기업에 비밀번호 설정을 까다롭게 요구한다.
④ 비밀번호 설정 시에 숫자와 문자 하나를 선택해야 한다.

21~22 다음을 읽고 물음에 답하십시오. (각 2점)

어떤 사람들은 연예인을 열광적으로 좋아하는 청소년들을 부정적으로 본다. 학교생활에는 소홀하면서 (   ) 무조건 연예인만 쫓아다닌다고 생각하기 때문이다. 하지만 청소년들이 연예인을 좋아하는 것을 그렇게 부정적으로만 볼 일은 아니다. 취향이 비슷한 친구들을 사귈 수도 있고 또 공부나 입시로 인한 부담감에서 벗어날 수도 있기 때문이다. 그들을 너무 부정적으로만 보지 말고 이해하려는 노력이 필요하다.

21. (   )에 들어갈 알맞은 것을 고르십시오.

① 앞뒤를 재고   ② 발을 빼지 않고   ③ 발걸음을 맞추고   ④ 앞뒤를 가리지 않고

22. 위 글의 중심 생각을 고르십시오.

① 청소년 시기에 인간관계를 넓히는 것이 좋다.
② 연예인을 좋아해도 성적에 영향을 주면 안 된다.
③ 청소년들에게 입시의 부담감을 지나치게 주지 않아야 한다.
④ 연예인을 좋아하는 청소년에 대해 이해하는 마음을 가져야 한다.

친정아버지가 손자들이 보고 싶다며 오랜만에 우리 집에 오셨다. 내가 집안일을 하는 사이에 아버지는 큰애를 데리고 놀이터에 다녀온다며 나가셨다. 한 시간쯤 지났는데 아버지가 다급한 목소리로 전화를 하셨다. 아이가 다쳐서 병원 응급실로 데리고 가신다는 것이었다. 나는 너무 놀라 허둥지둥 응급실로 달려갔다. 아이는 이마가 찢어져 치료를 받고 있었다. 나도 모르게 "아버지, 애 좀 잘 보고 계시지 그러셨어요?"라며 퉁명스럽게 말했다. 아버지는 아무 말씀 없이 치료받는 아이의 손만 꼭 잡고 계셨다. 집에 와서 아이를 재우고 나서야 아버지 손등의 상처가 눈에 들어왔다. 아이의 상처에는 그렇게 가슴 아파하면서 아버지의 상처는 미처 살피지 못했다. <u>나는 아버지에게 홧김에 내뱉은 말을 생각하며 약을 발라 드렸다.</u>

23. 밑줄 친 부분에 나타난 '나'의 심정으로 알맞은 것을 고르십시오.
① 억울하다   ② 허전하다   ③ 후회스럽다   ④ 부담스럽다

24. 위 글의 내용과 같은 것을 고르십시오.
① 나는 친정아버지를 모시고 살고 있다.
② 아버지는 다친 큰애를 데리고 응급실에 가셨다.
③ 나는 병원에서 아이가 다쳤다는 전화를 받았다.
④ 아버지는 매일 큰애와 놀이터에서 놀아 주셨다.

25.

소비 심리 '봄바람', 백화점 매출 기지개

① 소비자들의 구매 욕구가 살아나 백화점 매출이 늘어나고 있다.
② 날씨의 영향으로 백화점에서 물건을 구입하는 사람들이 많아졌다.
③ 백화점에서 매출을 늘리기 위해 행사를 하자 사람들이 모여들었다.
④ 소비자들의 심리를 반영한 백화점의 매출 전략이 호응을 얻고 있다.

26.

연휴 마지막 날 교통 체증, 고속도로 몸살 앓아

① 연휴의 마지막 날에 고속도로에서 심각한 교통사고가 발생했다.

② 연휴에 실시한 고속도로 공사 때문에 사람들이 큰 불편을 겪었다.

③ 연휴가 끝나는 날 고속도로에 몰린 차들로 인해 길이 많이 막혔다.

④ 연휴 때마다 발생하는 교통 혼잡을 해결하기 위해 고속도로를 확장했다.

27.

> ### 시청자 사로잡는 드라마 음악, 시청률 상승 효과 '톡톡'

① 시청자에게 익숙한 음악을 활용해 드라마의 시청률을 높이려고 했다.

② 시청자들은 시청률이 높은 드라마에 더 많은 음악이 나오기를 원했다.

③ 드라마 음악을 시청자와 함께 만들어 시청률에 긍정적인 영향을 주었다.

④ 드라마 음악이 시청자에게 사랑을 받으며 시청률을 높이는 역할을 했다.

[28~31] 다음을 읽고 (   )에 들어갈 내용으로 가장 알맞은 것을 고르십시오.
(각 2점)

28.

한 연구에 따르면 과거에 비해 요즘 사람들의 손톱이 더 빨리 자란다고 한다. 80년 전 사람들은 손톱이 한 달에 3㎜ 정도 자랐지만 최근에는 그보다 길게 3.5㎜ 정도 자란다는 것이다. 손톱 주변을 (   ) 세포 활동이 활발해져 손톱이 더 빨리 자란다. 연구팀은 최근 컴퓨터나 휴대전화의 자판을 누르는 등 손가락 끝을 사용하는 일이 많아지면서 손톱이 자라는 것에 영향을 준 것으로 보았다.

① 깨끗하게 관리하면

② 감싸서 보호해 주면

③ 자극하는 활동을 하면

④ 건조하지 않게 해 주면

29.

한국에서는 보통 명절에 여러 가지 나물을 만들어 먹는다. 집집마다 조금씩 다르지만 뿌리채소, 줄기채소, 잎채소를 재료로 해서 세 가지 종류의 나물을 만드는 것이 기본이다. 이 세 가지 나물은 (   ) 상징적 의미를 담고 있다. 뿌리는 조상, 줄기는 부모, 잎은 자손을 뜻하기 때문이다. 뿌리, 줄기, 잎이 어우러져 하나의 나무가 되듯 한 집안도 이러한 결합을 통해 이루어짐을 나타내는 것이다.

① 식물의 성장과 번식이라는

② 조상과 후손의 연결이라는

③ 자연과 인간의 화합이라는

④ 음식의 장만과 나눔이라는

30.

전자레인지는 보통 음식을 따뜻하게 데울 때 사용된다. 그런데 전자레인지는 직접 열을 가하는 것이 아니라 음식에 포함된 물 분자의 움직임을 이용하여 음식을 데운다. 음식물에 전자레인지의 전자파가 닿으면 음식물 안에 있는 물 분자들이 진동하면서 열이 발생하는 것이다. 한편 얼음은 전자레인지의 전파가 닿아도 녹지 않는다. 얼음 속의 물 분자가 얼어 있어서 (   ) 때문이다.

① 부피가 커지기　　　　　　　　② 결합이 안 되기
③ 움직이지 못하기　　　　　　　④ 열을 모두 반사하기

31.

최근 일부 대기업을 중심으로 '기업 쪼개기'가 이루어지고 있다. 이는 (   ) 의도에서 비롯된 것이다. 그동안 대기업들은 큰 몸집 탓에 복잡한 결재 절차를 거쳐야 했다. 그런데 시장 환경이 급변하면서 의사 결정 속도가 곧 기업의 경쟁력인 시대가 되었다. 이에 기업들은 계열사를 독립적인 회사로 분리하고 각 회사에 최종 결정 권한을 넘김으로써 시장 변화에 신속히 대처하고 있다.

① 회사의 이미지를 바꾸려는　　　② 시장의 흐름을 변화시키려는
③ 기업 간에 정보를 공유하려는　④ 의사 결정 단계를 단순화하려는

32~34 다음을 읽고 내용이 같은 것을 고르십시오. (각 2점)

32.

물감은 섞거나 덧칠할수록 색이 탁해진다. 그래서 19세기 화가들은 점을 찍어 색을 표현하는 점묘법을 생각해 냈다. 이 기법은 예를 들어 빨간색과 파란색의 작은 점을 촘촘히 찍어서, 조금 떨어진 곳에서 볼 때 점들이 섞여 보라색으로 보이도록 한 것이다. 이렇게 표현한 색은 물감을 섞어서 만든 색보다 훨씬 더 맑고 부드러운 느낌을 준다. 이 때문에 점묘법은 회화의 대표적인 표현 기법으로 자리 잡게 되었고 현대 화가들도 즐겨 사용하고 있다.

① 이 기법으로 그림을 그리면 그림이 부드럽게 느껴진다.
② 이 기법은 19세기 이후에는 화가들의 외면을 받게 되었다.
③ 이 기법은 가까운 곳에서 봐야 색이 섞여 보이는 효과가 있다.
④ 이 기법으로 그림을 그릴 때는 넓은 간격으로 점을 찍어야 한다.

33.

생물들은 환경 변화에 민감하게 반응하기 때문에 환경오염을 나타내는 지표 역할을 한다. 한 예로 나팔꽃은 대기 오염의 지표가 된다. 나팔꽃에 흰색 반점이 생기면 공기가 오염되었다는 것을 알 수 있다. 또 물고기는 수질 오염 정도를 보여 준다. 은어가 살면 깨끗한 1급수의 물이라는 것을, 미꾸라지가 살면 깨끗하지 않은 3급수의 물이라는 것을 뜻한다. 이처럼 복잡한 측정 장비 없이도 지표 생물로 그 지역 환경의 오염 정도를 알 수 있다.

① 대기 오염의 여부는 지표 생물로 판별하기 어렵다.
② 자연환경이 깨끗한 곳에서는 미꾸라지를 발견할 수 있다.
③ 물속에 사는 물고기의 종류로 물이 오염되었는지 파악할 수 있다.
④ 나팔꽃은 크기의 변화를 통해 환경 변화를 알려 주는 지표 생물이다.

34.

정부는 환자의 의약품 처방 이력을 제공하는 '의약품 안전 사용 서비스'를 실시하고 있다. 이 제도는 의료 기관에서 의약품을 처방하기 전에 환자가 다른 기관에서 어떤 약을 처방받았는지 온라인으로 점검하도록 하는 것이다. 함께 먹으면 안 되는 약이나 같은 약이 여러 번 처방될 경우 생기는 부작용을 방지하려는 목적이다. 이 제도를 통한 적절한 의약품 처방이 국민의 건강 증진에 도움이 될 것으로 기대된다.

① 이 제도를 온라인에서 이용할 수 있도록 할 예정이다.
② 환자들은 의약품을 처방받기 전에 이 제도를 이용해야 한다.
③ 환자들은 의료 기관에 방문하지 않고 의약품을 처방받을 수 있다.
④ 의약품의 부적절한 처방을 예방하기 위해 이 제도가 시행되고 있다.

다음 글의 주제로 가장 알맞은 것을 고르십시오. (각 2점)

35.

현대인들은 통계를 이용해 실상을 파악하는 경우가 많다. 하지만 통계가 절대적인 사실을 반영하는 것만은 아니다. 예컨대 오이의 가격이 1월에 1,000원이고 2월에 3,000원이며 현재 2,000원이라고 가정해 보자. 현재의 오이 값을 통계에 근거해서 평가할 때 1월을 기준으로 하면 물가가 큰 폭으로 오른 것이 되고 2월을 기준으로 삼으면 대폭 하락한 것으로 이해될 수 있는 것이다.

① 통계 수치에 근거하면 실상을 파악할 수 있다.
② 현실이 반영되지 않는 통계 수치는 무의미하다.
③ 통계를 통해 물가 상승률과 하락률을 알 수 있다.
④ 통계는 기준 설정에 따라 다양하게 해석될 수 있다.

36.

철새는 종에 따라 수만에서 수십만 개체가 무리를 지어 일정한 대형으로 이동한다. 이때 대형의 선두에서 나는 새가 무리의 리더인데, 이 새는 무리를 안전하게 이끄는 역할을 맡는다. 이를 위해서 이 새는 거친 바람을 맨 앞에서 맞서 비행하며 최적의 항로와 고도를 찾아낼 수 있는 경험을 두루 갖추고 있어야 한다. 또한 어떤 위기 상황이 발생하더라도 신속하게 대처할 수 있는 판단 능력도 있어야 된다.

① 철새는 최적의 항로로 신속하게 이동해야 한다.
② 철새의 리더는 경험과 판단 능력을 갖춰야 한다.
③ 철새는 위험에 대처하기 위해 무리를 지어야 한다.
④ 철새의 리더가 되려면 대형의 선두에서 비행해야 한다.

37.

어떤 사람들은 경제적 여유를 얻게 되면서 삶의 무료함을 느끼기도 한다. 그런데 사람들은 이런 무료함을 별것 아닌 사소한 것으로 여기는 경향이 있다. 하지만 무료함은 개인의 행복한 삶을 저해하는 하나의 요소가 될 수도 있다. 돈이나 명예로는 남 부럽지 않을 것 같은 사람들이 무료함 때문에 사회적 일탈 행동을 하기도 하고 무료함이 심해져 우울증으로까지 발전하는 경우도 있기 때문이다. 무료함은 간과해도 되는 사소한 것이 아니다.

① 경제적 여유가 있는 사람들이 무료함에 빠지기 쉽다.
② 사회적 일탈 행동은 돈과 명예가 없는 데에서 기인한다.
③ 무료함을 가볍게 여기지 말고 그 심각성을 인식해야 한다.
④ 행복한 삶을 위해서는 우울증을 예방하려고 노력해야 한다.

38.

> 사과를 할 때 진심 없이 건성으로 하는 사람들이 있다. 또한 어떤 사람들은 사과를 할 때 선한 의도로 행한 것이었음을 강조하면서 행위에 대한 책임을 회피하려고 한다. 하지만 사과는 어떤 일의 결과에 책임을 지는 행위가 되어야 한다. 의도가 선한 것이었든 악한 것이었든 자신의 행위가 상대방에게 고통을 주었다면 그에 대한 책임을 져야 진정한 사과가 되는 것이다. 사과를 하는 사람들이 먼저 알아야 하는 것이 바로 이것이다.

① 일의 결과를 책임지는 것이 진정한 사과이다.
② 잘못을 해도 의도가 선하다면 용서를 해야 한다.
③ 사과는 잘못을 반복하지 않기 위해 하는 것이다.
④ 악의적인 의도로 상대방에게 고통을 주면 안 된다.

39~41 다음 글에서 <보기>의 글이 들어가기에 가장 알맞은 곳을 고르십시오.

(각 2점)

39.

> 한 연구팀이 냄새가 나지 않는 무취 상태의 조건을 알아냈다. (㉠) 사람의 코는 다양한 냄새 중에 농도가 짙은 것 위주로 냄새를 맡는다. (㉡) 그런데 서로 다른 냄새 입자를 동일한 양으로 섞으면 사람의 코는 냄새가 거의 나지 않는 것처럼 느낀다는 것이다. (㉢) 여기에서 착안해 악취를 없애는 기술을 연구하고 있다. (㉣) 이 기술이 개발되면 심한 악취 환경에서 작업하는 사람들의 어려움을 줄여 줄 수 있을 것이다.

보기

악취에 동일한 양의 다른 냄새들을 더해 악취를 느끼지 못하게 하는 것이 목표이다.

① ㉠　　　　　② ㉡　　　　　③ ㉢　　　　　④ ㉣

40.

요리사 박찬일 씨가 에세이집 『미식가의 허기』를 펴냈다. (㉠) 이 책에는 서민들이 일상적으로 먹던 음식들이 계절별로 소개되어 있다. (㉡) 그러나 음식에 대한 내용만 담겨 있는 것이 아니다. (㉢) 산지에서 음식 재료를 생산하기 위해 애쓰는 사람들, 그 재료로 뜨거운 불 앞에서 음식을 준비하는 사람들에 대한 이야기도 있다. (㉣) 이 책은 미각을 자극하기보다는 한 끼 식사가 마련되는 과정의 어려움을 일깨운다.

보기

작가는 따뜻한 한 끼의 음식과 그것을 만들기까지 수고한 사람들에 대한 이야기를 담고 싶었던 것이다.

① ㉠   ② ㉡   ③ ㉢   ④ ㉣

41.

지금 우리는 기계가 인간의 인지적인 영역까지 대신하는 제2의 기계 시대로 접어들고 있다. (㉠) 이러한 비약적인 기계 발전의 시대가 인간의 삶을 더 윤택하게 할지 더 소외시킬지 단정 지을 수는 없다. (㉡) 하지만 급속한 기술의 발달로 현재의 산업 구조가 크게 바뀐다는 것만은 분명하다. (㉢) 그래서 지금 초등학교에 진학하는 아이들의 65%는 현재에는 없는 직업을 갖게 될 것으로 전망된다. (㉣)

보기

산업 구조의 변화에 따라 당연히 일자리의 변동성도 커질 것이다.

① ㉠   ② ㉡   ③ ㉢   ④ ㉣

예쁘고 멋쟁이인 박영은 선생님을 새 담임으로 맞이한 것은 우리 모두에게 가슴 떨리는 일이었다. 먼젓번 담임 선생님의 말은 죽어라고 안 듣던 말썽꾸러기들이 박 선생님 앞에서는 고개도 제대로 못 들고 수줍어했다. 우리 반은 당장 전교에서 제일 말 잘 듣고 가장 깨끗한 반이 되었다. 나도 박 선생님에게 잘 보이고 싶은 마음이 태산 같았지만 늘 그렇듯이 머리가 따라 주지를 않았다. 아마 이번 시험에서도 모든 과목이 50점을 넘지 못했을 것이다. 아이들에게 시선을 주고 있었다. (중략) 선생님이 마침내 입을 연 것은 20분이나 시간이 지나서였다. (중략)

"동구를 가만히 보면, 아는데 말을 못하는 적도 많은 것 같아. 그러다 보니 자신감도 없어지고."

나의 간지럽고 아픈 부분을 이렇게나 간결하게 짚어 준 사람이 내 인생에 또 있으랴. 공부 못하는 죄를 추궁당하는 것이 아니라 공부 못하는 서러움을 이해받는 것은 생애 처음 있는 일이었다. 안 그래도 물러 터진 내 마음은 완전히 물에 만 휴지처럼 흐물흐물해져서, 예쁘고 멋진 데다 현명하기까지 한 박 선생님 앞에서 때아닌 눈물까지 한 방울 선을 보일 뻔했다.

---

42. 밑줄 친 부분에 나타난 '나'의 심정으로 알맞은 것을 고르십시오.

① 난처하다   ② 담담하다   ③ 감격스럽다   ④ 의심스럽다

43. 위 글의 내용과 같은 것을 고르십시오.

① 나는 담임 선생님께 인정을 받고 싶다.
② 반 아이들은 요즘 교실 청소를 잘 하지 않는다.
③ 반 아이들은 예전 담임 선생님 말을 잘 들었다.
④ 담임 선생님은 내가 공부를 못해서 화를 내셨다.

보편적 디자인이란 성별, 연령, 장애의 유무 등에 관계없이 누구나 편리하게 이용할 수 있도록 제품이나 사용 환경을 만드는 것을 말한다. 산업 혁명 시대에는 대량 생산을 목적으로 생산의 효율성을 추구하였다. 따라서 디자인을 할 때 (   ). 그러다 보니 여기에 속하지 못한 대상들은 불편을 겪을 수밖에 없었다. 이에 대한 비판과 반성에서 출발한 것이 보편적 디자인이다. 대표적인 예가 계단이 없는 저상 버스인데 이 버스는 타고 내리기 쉬워 어린이와 노인, 임산부와 장애인 등 모두가 편리하게 이용할 수 있다. 다양한 대상의 특성을 고려한 보편적 디자인은 최대한 많은 사람이 차별 없이 생활할 수 있는 환경을 조성하는 데 큰 몫을 하고 있다.

44. 위 글의 주제로 알맞은 것을 고르십시오.

① 과거와는 다른 새로운 디자인의 개발이 요구된다.

② 보편적 디자인을 사용해야 제품의 대량 생산이 가능하다.

③ 보편적 디자인은 사회의 여러 계층을 고려한 디자인이다.

④ 제품을 디자인할 때 가장 중요한 것은 생산의 효율성이다.

45. (   )에 들어갈 내용으로 가장 알맞은 것을 고르십시오.

① 생산할 제품의 특성을 최대한 반영하였다.

② 편리한 사용 환경을 마련해 주고자 하였다.

③ 당시 널리 퍼져 있던 유행의 흐름을 따랐다.

④ 표준이라 여기는 다수만을 기준으로 하였다.

보수와 진보의 개념은 정치뿐만 아니라 경제 분야에서도 사용된다. (㉠) 자유를 중시하는 보수주의자들은 자유가 최대한 보장될 때 경제 성장이 가능하다고 본다. 그래서 경제를 시장의 자율에 맡기고 정부는 최소한의 역할만을 담당해야 한다고 주장한다. (㉡) 반면 평등을 우선시하는 진보주의자들은 시장을 자율에 맡기기보다 국가가 개입해야 한다고 생각한다. (㉢) 그래야 시장 경제 체제의 문제점인 불평등을 해소할 수 있다고 주장한다. 보수와 진보 중 어느 하나의 입장만이 옳다고 단정하기는 어렵다. 경제 발전을 위해서는 진보의 정책들이 요구된다. 보수와 진보가 서로 보완하여 상호 균형을 이룰 때 경제는 더 발전적인 방향으로 나아갈 수 있을 것이다. (㉣)

46. 위 글에서 <보기>의 글이 들어가기에 가장 알맞은 곳을 고르십시오.

> **보기**
>
> 경제적 관점에서 보수와 진보는 시장 경제를 조절하는 두 축인 시장과 국가의 역할에 대한 견해에 따라 구분된다.

① ㉠   ② ㉡   ③ ㉢   ④ ㉣

47. 위 글의 내용과 같은 것을 고르십시오.
① 경제 성장을 위해서는 국가가 시장을 주도해야 한다.
② 시장 경제를 제어할 수 있는 주체는 시장이 유일하다.
③ 진보주의자가 보수주의자에 비해 자유에 더 가치를 둔다.
④ 경제 성장으로 인한 문제 해결에는 진보적 관점이 필요하다.

특허법은 독창적인 기술을 최초로 발명한 사람에게 기술에 대한 독점적 사용권을 부여하는 대신 그 기술을 사회에 공개할 의무를 부과한다. 공개된 기술 공유를 통해 사회 전체의 기술력을 높이는 것이 특허의 취지이다. 이런 취지에 부합하여 실제로 특허 제도는 기술 혁신과 산업 발전에 크게 이바지해 왔다. 그런데 최근 들어 특허의 본래 취지가 변질되어 기술 개발보다 독점권 확보를 우선하는 현상이 두드러지게 나타나고 있다. (   ) 상태에서 마구잡이 특허 출원으로 권리부터 선점해 놓고 기술을 개발하려는 경우가 비일비재한 것이다. 이 때문에 정작 신기술 개발에 힘들게 성공한 사람들이 권리를 확보하지 못하는 경우가 자주 발생하곤 한다. 특허는 발명의 대가로 당연히 보호받을 가치가 있다. 하지만 그것은 기술 개발에 성공해 사회 발전에 공헌하는 경우에 한해서이다. 무분별한 특허 출원으로 기술 발전을 저해한다면 이는 특허가 가진 본래의 취지를 훼손하는 것이다.

48. 위 글을 쓴 목적으로 알맞은 것을 고르십시오.
① 특허 심사 절차를 설명하기 위해서
② 특허권의 필요성을 역설하기 위해서
③ 특허의 실질적 가치를 분석하기 위해서
④ 특허 출원 남용의 문제를 제기하기 위해서

49. (   )에 들어갈 내용으로 가장 알맞은 것을 고르십시오.
① 특허가 만료되지 않은　　　　　② 신기술을 특허로 인정받은
③ 기술이 완벽하게 개발되지 않은　　④ 기존의 기술과 차별성을 확인한

50. 밑줄 친 부분에 나타난 필자의 태도로 알맞은 것을 고르십시오.
① 특허 출원 감소를 심각하게 우려하고 있다.
② 특허권자의 독점권을 강하게 옹호하고 있다.
③ 특허 제도의 정책적 보완을 강력히 요구하고 있다.
④ 특허 제도가 사회에 기여한 바를 높이 평가하고 있다.

제52회 한국어능력시험 정답 및 배점표

문항번호	정답	배점	문항번호	정답	배점
1	②	2	26	③	2
2	①	2	27	④	2
3	④	2	28	③	2
4	①	2	29	②	2
5	②	2	30	③	2
6	②	2	31	④	2
7	①	2	32	①	2
8	②	2	33	③	2
9	①	2	34	④	2
10	③	2	35	④	2
11	①	2	36	②	2
12	②	2	37	③	2
13	①	2	38	①	2
14	②	2	39	④	2
15	③	2	40	④	2
16	②	2	41	③	2
17	②	2	42	③	2
18	③	2	43	①	2
19	②	2	44	③	2
20	①	2	45	④	2
21	④	2	46	①	2
22	④	2	47	④	2
23	③	2	48	④	2
24	②	2	49	③	2
25	①	2	50	④	2

1~2 ( )에 들어갈 가장 알맞은 것을 고르십시오. (각 2점)

01. 휴대전화를 ( ) 내려야 할 역을 지나쳤다.
① 보든지 ② 보다가 ③ 보려면 ④ 보고서

02. 한국 친구 덕분에 한국 문화를 많이 ( ).
① 알게 되었다 ② 알도록 했다 ③ 알아도 된다 ④ 알아야 한다

3~4 다음 밑줄 친 부분과 의미가 비슷한 것을 고르십시오. (각 2점)

03. 동생은 차를 타기만 하면 멀미를 한다.
① 탈 만해서 ② 타는 탓에 ③ 탈 때마다 ④ 타는 동안

04. 이 컴퓨터는 낡아서 수리해 봐야 오래 쓰기 어렵다.
① 수리해 보니까 ② 수리하는 대로 ③ 수리하는 바람에 ④ 수리한다고 해도

5~8 다음은 무엇에 대한 글인지 고르십시오. (각 2점)

05.

> 몸에 좋은 영양소가 가득~
> 매일 아침 신선함을 마셔요!

① 과자 ② 안경 ③ 우유 ④ 신발

06.

> 큰 이불도 깨끗하게
> **세탁부터 건조까지 한 번에 해결!**

① 우체국 ② 여행사 ③ 편의점 ④ 빨래방

07.

등산할 때 담배와 라이터는 두고 가세요.
작은 실천이 아름다운 산을 지킵니다.

① 건강관리 　　　 ② 전기절약 　　　 ③ 화재예방 　　　 ④ 교통안전

08.

- 검사 전날 밤 9시 이후에는 아무것도 드시면 안 됩니다.
- 정확한 검사를 위해 음주를 피하십시오.

① 상품안내 　　　 ② 주의사항 　　　 ③ 사용순서 　　　 ④ 장소문의

9~12 다음 글 또는 그래프의 내용과 같은 것을 고르십시오. (각 2점)

09.

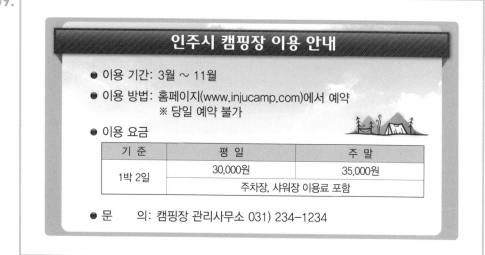

① 주말에는 이용요금을 더 받는다.
② 캠핑장은 1년 내내 이용할 수 있다.
③ 예약은 이용 당일 홈페이지에서 하면 된다.
④ 주차장을 이용하려면 돈을 따로 내야 한다.

10.

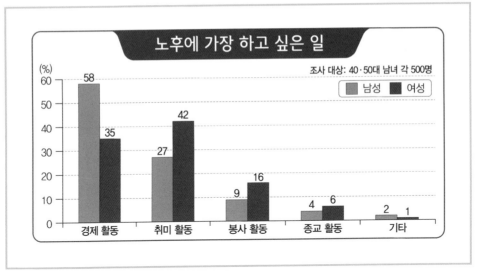

① 여성은 봉사 활동보다 취미 활동을 더 하고 싶어 한다.

② 종교 활동을 하고 싶어 하는 비율은 남성이 여성보다 높다.

③ 남녀 모두 경제 활동을 하고 싶다는 응답이 절반을 넘는다.

④ 경제 활동보다 봉사 활동을 하고 싶어 하는 남성들이 많다.

11.

　　인주 시의 한 고등학교는 올해부터 여름 교복으로 티셔츠와 반바지를 입고 있다. 기존 정장형 교복은 활동할 때 불편하다는 학생들의 의견이 많았기 때문이다. 몸이 편해지니 학생들은 다양한 활동에 적극적으로 참여하기 시작했고 공부에도 더 집중할 수 있어서 학습 효율이 올라갔다. 새 교복은 기존 교복보다 가격이 저렴해서 학부모에게도 인기다.

① 학부모들은 정장형 교복을 더 좋아한다.

② 새 교복은 정장형 교복보다 가격이 비싸다.

③ 기존 교복에 비해 새 교복은 활동할 때 불편하다.

④ 학교는 학생들의 의견을 받아들여서 교복을 바꿨다.

12.

최근 한 아파트에서는 힘들 게 일하는 택배 기사, 청소원 등을 위한 무료 카페를 열어서 화제가 되고 있다. 이 카페는 언제든 부담 없이 음료를 마시면서 쉴 수 있는 곳이어서 이용자들이 만족해하고 있다. 주민들은 처음에는 관심을 안 보였지만 지금은 카페에 음료와 간식을 제공하는 등 많은 도움을 주고 있다.

① 이 카페에 간식을 가져다주는 주민들이 생겼다.
② 카페를 열 때 아파트 주민들이 적극적으로 도왔다.
③ 이 카페는 아파트 주민들이 돈을 벌기 위해서 열었다.
④ 택배 기사들이 카페의 운영에 참여해 화제가 되고 있다.

13~15 다음을 순서대로 맞게 배열한 것을 고르십시오. (각 2점)

13.

(가) 환경 보호를 위해 포장 없이 내용물만 판매하는 가게가 있다.
(나) 사람들이 용기에 든 물품을 사려면 빈 통을 준비해 가야 한다.
(다) 빈 통이 없는 사람들에게는 가게에서 통을 대여해 주기도 한다.
(라) 이 가게에서는 밀가루나 샴푸 등을 커다란 용기에 담아 놓고 판매한다.

① (가) - (나) - (라) - (다) 　　② (가) - (라) - (나) - (다)
③ (나) - (가) - (라) - (다) 　　④ (나) - (다) - (가) - (라)

14.

(가) 요금을 내려고 보니 가방 어디에서도 지갑을 찾을 수 없었다.
(나) 감사의 인사를 전하는 나에게 아주머니는 환하게 웃어 주셨다.
(다) 회사에 지각할 것 같아서 막 출발하려는 버스를 뛰어가서 탔다.
(라) 그냥 내리려는데 뒤에 서 있던 아주머니가 대신 요금을 내주셨다.

① (가) - (다) - (나) - (라) 　　② (가) - (라) - (다) - (나)
③ (다) - (가) - (라) - (나) 　　④ (다) - (나) - (라) - (가)

15.

(가) 쉬어도 떨림이 계속된다면 마그네슘이 부족해서일 수도 있다.
(나) 눈 밑 떨림의 주된 원인은 피로이므로 푹 쉬면 증상은 완화된다.
(다) 이런 사람들은 마그네슘이 풍부한 견과류나 바나나를 먹으면 좋다.
(라) 누구나 한번쯤은 눈 밑이 떨리는 경험을 해본 적이 있을 것이다.

① (나) - (다) - (라) - (가)　　　② (나) - (라) - (다) - (가)
③ (라) - (가) - (다) - (나)　　　④ (라) - (나) - (가) - (다)

16~18 다음을 읽고 (　　　　　　)에 들어갈 내용으로 가장 알맞은 것을 고르십시오.
(각 2점)

16.

　　원래 악수는 상대를 안심시키기 위한 행동이었다. 중세 시대의 기사들은 칼과 같은 무기를 가지고 다니다가 적과 싸울 때 꺼내 들었다. 하지만 (　　　　　　　　) 때에는 악수를 하면서 손에 무기가 없음을 보여 주었다. 이렇게 안전을 확인시켜주기 위한 행동이 오늘날에는 반가움과 존중을 표시하는 인사법이 되었다.

① 싸울 생각이 없을　　　　　② 상대의 도움을 받았을
③ 자신의 잘못을 사과할　　　④ 무기를 새로 구해야 할

17.

　　특별한 사건 없이 주인공의 단순하고 반복적인 일상을 다룬 한 영화가 인기를 끌고 있다. 주인공이 하루하루를 평범하게 보낼 뿐 별다른 일을 하지 않는데도 관객들은 영화에 빠져든다. 관객들은 그동안 잊고 지냈던 일상의 기쁨을 새삼 깨닫는 것이다. 그리고 행복은 크고 거창한 꿈에만 있는 것이 아니라 (　　　　　　　　) 일에서도 찾을 수 있음을 발견한다.

① 스스로 인정하지 않는　　　② 현실 속의 작고 소소한
③ 평소 자주 하지 못하는　　　④ 일상에서 하기 쉽지 않은

18.

　　'씨앗 저장고'는 미래의 식량 문제를 대비하기 위해 식물 자원을 영구적으로 보호하는 시설이다. 이곳의 연구원들은 보관 중인 씨앗을 연구하는 일뿐만 아니라 (　　　　　　) 활동도 한다. 이들은 씨앗 하나를 구하기 위해 전국 곳곳을 찾아다닌다. 연구원들이 직접 가서 보지 않으면 보관할 가치가 있는 씨앗인지 알 수 없기 때문이다.

① 자원을 홍보하는　　② 사람을 교육하는　　③ 씨앗을 수집하는　　④ 저장고를 관리하는

19~20 다음 글을 읽고 물음에 답하십시오. (각 2점)

　　시각 장애인의 안내견은 주인과 있을 때 행인에게 관심을 두지 않는다. (　　　　) 안내견이 주인을 남겨 두고 행인에게 다가간다면 이는 주인이 위험에 처해 있다는 뜻이다. 안내견은 주인에게 문제가 발생하면 곧장 주변 사람에게 달려가 도움을 요청하도록 훈련을 받기 때문이다. 안내견이 행인의 주위를 맴돌면 안내견을 따라가 주인의 상태를 확인하고 구조 센터에 연락해야 한다.

19. (　　　　)에 들어갈 알맞은 것을 고르십시오.
① 비록　　　　　　② 물론　　　　　　③ 만약　　　　　　④ 과연

20. 이 글의 내용과 같은 것을 고르십시오.
① 안내견이 주인 곁을 떠나는 경우는 없다.
② 안내견은 문제가 생기면 구조 센터로 달려간다.
③ 안내견이 다가오는 것은 위급한 상황이 생겼다는 뜻이다.
④ 안내견은 항상 주변의 사람들에게 관심을 갖도록 훈련을 받는다.

> 문자 교육은 빠를수록 좋다고 믿는 부모들이 있다. 이들은 자신의 아이가 또래보다 글자를 더 빨리 깨치기를 바라며 문자 교육에 (   ). 그런데 나이가 어린 아이들은 아직 다양한 능력들이 완전히 발달하지 못해 온몸의 감각을 동원하여 정보를 얻는다. 이 시기에 글자를 읽는 것에 집중하다 보면 다른 감각을 사용할 기회가 줄어 능력이 고르게 발달하는 데 어려움이 있을 수 있다.

21. (   )에 들어갈 알맞은 것을 고르십시오.
    ① 손을 뗀다   ② 이를 간다   ③ 담을 쌓는다   ④ 열을 올린다

22. 이 글의 중심 생각을 고르십시오.
    ① 문자 교육을 하는 방법이 다양해져야 한다.
    ② 아이의 감각을 기르는 데 문자 교육이 필요하다.
    ③ 이른 문자 교육이 아이의 발달을 방해할 수 있다.
    ④ 아이들은 서로 비슷한 시기에 글자를 배우는 것이 좋다.

> 고향에 사는 아버지가 오랜만에 우리 집에 오셨다. 나는 남편과 함께 아버지와 이런저런 이야기를 나누며 거실에 앉아 있었다. 그때 갑자기 남편이 아버지를 모시고 영화관에 가자고 했다. 그 말에 나는 "영화관은 무슨 아버지는 어둡고 갑갑해서 영화관 가는 거 안 좋아하셔" 하고 내뱉었다.
> 그래도 아버지에게 슬쩍 "영화 보러 가실래요?" 하고 물었는데 손사래를 치실 것 같던 아버지는 그저 가만히 계셨다. 그 순간 나는 아버지의 마음을 읽을 수 있었다. <u>나는 왜 아버지가 영화관에 가는 것을 안 좋아하실 거라고 생각했을까.</u> 지금껏 내 기준에서 판단 한 일들이 얼마나 많을까 생각하니 마음이 무거워졌다. 영화관에 갈 준비를 하며 옷도 살피고 모자도 쓰고 벗기를 반복하시는 아버지의 얼굴에는 미소가 가득했다. 그런 아버지를 보며 나는 앞으로 아버지가 무엇을 좋아하시는지 관심을 가지기로 했다.

23. 밑줄 친 부분에 나타난 나의 심정으로 알맞은 것을 고르십시오.
    ① 부담스럽다   ② 불만스럽다   ③ 짜증스럽다   ④ 죄송스럽다

24. 이 글의 내용과 같은 것을 고르십시오.

① 나는 아버지와 자주 영화를 보러 다녔다

② 아버지는 내 질문에 아무 말도 하지 않았다.

③ 아버지는 영화를 보러 가기 위해 우리 집에 왔다.

④ 나는 아버지가 외출 준비하는 모습이 마음에 들지 않았다.

25~27 다음 신문 기사의 제목을 가장 잘 설명한 것을 고르십시오. (각 2점)

25.

> **출산율 또 하락, 정부 대책 효과 없어**

① 정부가 대책을 세워 노력했으나 출산율은 다시 떨어졌다.

② 정부는 출산율이 낮아지지 않도록 효과적인 정책을 마련하였다.

③ 정부의 정책 중 시급히 개선되어야 할 부분이 출산 관련 정책이다.

④ 출산과 관련한 정부의 지원이 축소되자 출산율이 급격히 낮아졌다.

26.

> **놀이공원, 수익에만 치중 이용객 안전은 뒷전**

① 놀이공원의 이용객들은 놀이공원에 안전시설 점검을 요구했다.

② 놀이공원이 이용객의 안전을 중시하기 시작한 후 수익이 증가했다.

③ 놀이공원이 수익은 중요시하고 이용객의 안전은 중요시하지 않고 있다.

④ 놀이공원은 수익이 감소해 이용객의 안전에 더 이상 투자하기 어려워졌다.

27.

> **제2공장 정상 가동, 반도체 공급 안정은 미지수**

① 제2공장이 정상적으로 가동됨에 따라 반도체 공급이 안정되었다.

② 제2공장이 반도체 생산을 시작했지만 공급이 안정될지는 불확실하다.

③ 반도체가 안정적으로 공급되기 위해서는 제2공장의 가동이 필수적이다.

④ 반도체 공급이 안정적으로 이루어지면서 제2공장도 정상 가동될 수 있었다.

28.

수업에 게임 방식을 도입하면 열의를 갖고 참여하는 학생들이 많아진다. 학생들은 흥미진진한 퀴즈를 풀며 용어와 개념을 익힌다. 퀴즈의 정답을 맞힌 학생에게는 즉각적으로 점수가 부여되는데 어려운 문제를 빨리 맞힐수록 획득하는 점수가 크다. 이러한 방법을 활용하면 학생들이 (   ) 수 있다.

① 교실 환경을 살필　　　　　② 수업에 보다 집중할
③ 게임에 흥미를 느낄　　　　④ 친구들과 더 소통할

29.

"지구가 아파요!"라는 문구가 새겨진 티셔츠나 잘려나간 나무가 그려진 가방 등을 구매하는 사람들이 증가하고 있다. 사람들은 그 상품이 (   ) 때문에 구매를 한다. 그들은 구매한 물건을 일상에서 사용함으로써 사회 문제에 대한 입장을 표현한다. 그리고 주변 사람들이 그 상품을 보고 거기에 담긴 메시지에 대해 관심을 갖도록 한다.

① 세련되게 디자인되었기　　　② 천연 소재로 만들어졌기
③ 본인의 체형을 보완해 주기　　④ 자신의 가치관을 드러낼 수 있기

30.

깨어져도 파편이 튀지 않는 안전유리는 한 과학자가 실험실 선반에서 떨어진 유리병에 주목하면서 발명되었다. 산산 조각난 다른 유리병과 달리 금이 간 채 형태를 유지하고 있는 유리병이 있었다. 이 병은 안에 담긴 용액이 마르면서 유리 표면에 생긴 막이 유리 조각을 붙잡고 있었다. 이 점에 착안하여 (   ) 안전유리를 제작하게 되었다.

① 파편 조각을 붙인　　　　② 유리에 막을 입힌
③ 유리를 여러 장 겹친　　　④ 깨지지 않는 재료를 사용한

31.

보통 수학에서는 개념이 먼저 정립되고 기호가 등장한다. 그러나 수가 끝없이 커지는 상태를 가리키는 무한대의 경우에는 정반대이다. 무한대는 (　　　　　　　　) 후에도 한동안 개념이 정립되지 못했다. 왜냐하면 당시의 학자들은 무한대를 인간의 능력으로는 파악할 수 없다고 여겼기 때문이다. 그래서 수학계에서 무한대를 정의하는 것은 오랫동안 시도되지 않았다.

① 기호가 만들어진 　　　　　　　② 의미가 여러 번 바뀐

③ 학계에서 활발히 연구된 　　　　④ 반대되는 이론이 등장한

32~34 다음을 읽고 내용이 같은 것을 고르십시오. (각 2점)

32.

하루살이는 하루밖에 못 살 정도로 수명이 짧다고 해서 붙은 이름이다. 그러나 하루살이 애벌레는 성충이 되기 위해 약 1년을 물속에 살고 성충이 되어서는 1~2주 정도 산다. 하루살이 애벌레는 물속에 가라앉은 나뭇잎 등을 먹고 살지만 성충이 되면 입이 퇴화한다. 이런 까닭에 성충은 애벌레 때 몸속에 저장해 둔 영양분을 소모할 뿐 따로 먹이를 섭취하지 못한다.

① 하루살이의 수명은 하루를 넘지 않는다.
② 하루살이는 성충이 되는 데에 1~2주 정도 걸린다.
③ 하루살이 성충은 애벌레 때 저장한 영양분으로 산다.
④ 하루살이의 입은 성충이 되면서 기능이 더욱 발달한다.

33.

눈물은 약 98%가 물로 이루어져 있다. 나머지 성분은 눈물을 흘리는 상황에 따라 달라진다. 먼지 같은 외부의 물리적 자극 때문에 흘리는 눈물에는 세균에 저항할 수 있는 단백질이 포함되어 있다. 슬플 때 흘리는 눈물에는 항균 물질뿐만 아니라 스트레스로 인해 체내에 쌓인 물질도 들어 있다. 그래서 슬플 때 울고 나면 신체에 해로운 물질이 몸 밖으로 나가 기분이 나아진 것 같은 느낌을 받는다.

① 눈물 속에 있는 단백질은 기분을 좋게 만든다.
② 슬퍼서 흘리는 눈물에는 항균 물질이 빠져 있다.
③ 슬플 때 흘리는 눈물 속에는 몸에 나쁜 물질이 포함되어 있다.
④ 물리적 자극으로 흘리는 눈물이 슬플 때의 눈물보다 성분이 더 다양하다.

34.

> 19세기 중반까지는 태양의 위치를 기준으로 시간을 정해서 지역마다 시간이 달랐다. 이는 철도 이용이 활발해지면서 문제가 되었다. 철도회사는 본사가 있는 지역의 시간을 기준으로 열차를 운행했다. 그래서 승객은 다른 지역에서 온 열차를 탈 때마다 자기 지역의 시간과 열차 시간이 달라 불편을 겪었다. 이를 해결하고자 캐나다의 한 철도 기사가 지구의 경도를 기준으로 하는 표준시를 제안하였고 이것이 현재의 표준시가 되었다.

① 표준시 도입의 필요성은 철도 분야에서 제기되었다.
② 예전에는 철도 회사가 지역의 기준 시간을 결정하였다.
③ 캐나다에서는 19세기 이전부터 표준시를 사용해 왔다.
④ 철도 승객들은 표준시의 적용으로 불편을 겪게 되었다.

35~38 다음 글의 주제로 가장 알맞은 것을 고르십시오. (각 2점)

35.

> 초소형 카메라는 의료용 및 산업용으로 만들어져 각 현장에서 유용하게 사용되고 있다. 그러나 원래의 목적에 맞지 않게 타인의 신체를 몰래 촬영하는 용도로 악용되는 사례가 늘고 있다. 이러한 악용을 원천적으로 방지하기 위해서는 신상 정보를 등록해야만 카메라의 판매 및 유통이 가능하도록 법적 규제를 강화할 필요가 있다.

① 의료용 및 산업용 초소형 카메라의 사용처를 확대해야 한다.
② 초소형 카메라가 더 유용하게 사용될 수 있도록 개발해야 한다.
③ 초소형 카메라가 악용되는 것을 막기 위한 대책이 마련되어야 한다.
④ 원활한 판매 및 유통을 위해 초소형 카메라의 등록 과정을 간소화해야 한다.

36.

정보의 양이 폭발적으로 증가하면서 핵심만 집어낸 요약형 정보를 찾는 사람들이 늘고 있다. 필요한 지식을 쉽고 빠르게 얻을 수 있기 때문이다. 그러나 짧게 정돈된 지식만을 취하다 보면 사물을 오랫동안 관찰하고 분석하는 능력이 떨어지거나 정보를 비판적으로 처리할 수 있는 능력이 무뎌질 수 있다.

① 요약형 정보는 가장 효율적인 정보 습득 방식이다.
② 요약형 정보는 사람들의 사고력 저하를 초래할 수 있다.
③ 사람들이 습득해야 할 지식의 양이 크게 증가하고 있다.
④ 짧게 정돈된 지식 덕분에 정보 처리 시간을 줄일 수 있다.

37.

유명 드라마가 소설책으로 출간되는 일이 많아졌다. 소설이 인기를 끌면 그 후에 영상물로 제작되던 것과는 반대되는 현상이 생긴 것이다. 이러한 현상의 영향 탓인지 처음부터 영상물을 염두에 두고 글을 쓰는 소설가들이 늘고 있다. 그러나 이와 같이 영상물 중심으로 창작과 출판이 이루어진다면 순수 문학이 가진 고유한 특성들이 하나둘씩 사라질지도 모른다.

① 작가들의 창작열을 높이기 위한 보상 체계 마련이 시급하다.
② 출판물의 판매를 늘리기 위해 영상물을 활용한 홍보가 필요하다.
③ 영상물이 책으로 많이 출간되어야 출판 시장이 활성화될 수 있다.
④ 영상물이 갖는 영향력이 커지면 순수 문학이 위기를 맞을 수 있다.

38.

분자 요리는 과학을 응용해 기존 식재료가 갖는 물리적인 제약에서 벗어나 새로운 형태와 식감의 음식을 만드는 요리법이다. 노란 망고 주스와 하얀 우유로 계란 모양의 요리를 만드는 것이 한 예다. 분자 요리는 식재료 고유의 맛과 향은 유지한 채 기존에는 볼 수 없었던 요리를 선보일 수 있다는 점에서 새로운 요리 문화를 이끌 것으로 기대하고 있다. 독특한 음식에 대한 설렘과 즐거움을 제공한다는 점도 이러한 기대감을 키운다.

① 분자 요리가 과학의 연구 영역을 더 넓히고 있다.
② 독특한 음식에 대한 소비자들의 요구가 늘고 있다.
③ 식재료가 갖는 제약 탓에 요리법 개발이 정체되고 있다.
④ 새로운 요리 문화를 이끌 요리법으로 분자 요리가 주목받고 있다.

다음 글에서 <보기>의 문장이 들어가기에 가장 알맞은 곳을 고르십시오.
(각 2점)

39.

도시의 거리는 온통 상점으로 가득 차 있다. (㉠) 하지만 상점은 거리에 활력을 불어넣어 걷고 싶은 거리를 만드는 데 중요한 역할을 한다. (㉡) 상점은 단순히 물건을 파는 공간이 아니라 보행자들에게 볼거리와 잔재미를 끊임없이 제공하는 거대한 미술관이 되어 준다. (㉢) 또 밤거리를 밝히는 가로등이며 보안등이자 거리의 청결함과 쾌적함을 지켜 주는 파수꾼이 되기도 한다. (㉣)

보기

상업적 공간으로 채워진 거리를 보며 눈살을 찌푸리는 이들도 많다.

① ㉠   ② ㉡   ③ ㉢   ④ ㉣

40.

『박철수의 거주박물지』는 건축학자가 서울을 중심으로 한 거주 문화사를 소개한 책이다. (㉠) 아파트가 어떻게 중산층의 표준 욕망이 됐는가, 장독이 왜 아파트에서 사라졌는가와 같은 물음들을 도면과 신문기사를 곁들여 풀어내는 식이다. (㉡) 그 과정에서 이웃 과정을 나누는 일 없이 각박하게 살아온 지난 수십 년의 세태를 지적하는 것도 놓치지 않고 있다. (㉢) 이웃과 정답게 살아가는 모습을 그려내고자 하는 미래의 건축학도에게 추천하고 싶다. (㉣)

보기

무엇보다 독자들이 더 흥미롭게 읽을 수 있도록 문답의 형식으로 구성된 것이 돋보인다.

① ㉠   ② ㉡   ③ ㉢   ④ ㉣

41.

최초의 동전은 값비싼 금과 은으로 제작되었다. (㉠) 이 동전의 가치가 매우 높았던 까닭에 주화를 조금씩 깎아내서 이득을 보려는 사람들이 많았다. (㉡) 자연히 시장에서는 성한 금화나 은화를 찾아볼 수 없었고 주화를 발행하는 국가도 손실이 컸다. (㉢) 그래서 그 대안으로 주화들의 테두리에 톱니 모양을 새겨 훼손 여부가 잘 드러나도록 하였다. (㉣) 톱니 모양이 훼손된 주화는 육안으로 쉽게 구별할 수 있었고 그러한 돈은 사람들이 받지 않았기 때문이다.

보기

그 효과는 기대 이상으로 빠르게 나타났다.

① ㉠   ② ㉡   ③ ㉢   ④ ㉣

42~43 다음을 읽고 물음에 답하십시오. (각 2점)

　어머니와 아버지가 프랜차이즈 빵집을 연다고 했을 때, 주영은 언젠가는 두 사람이 자기를 가게로 부를 것임을 알았다. 그러나 여름에 있을지 방직 9급 시험 일까지는 기다려 줄 줄 알았다. (중략)

　실제로 벌어진 일은 그런 예상과는 전혀 달랐다. 부모님이 주영에게 빵집으로 나와 일하라는 말을 한 것은 가게 문을 정식으로 연 당일 오후였다. 어머니는 주영에게 전화를 걸어 이렇게 말했다.

"네가 우리 가족 맞냐?"

그러고는 바로 전화를 끊어 버렸다. (중략)

　매장은 사람들로 북적였다. 개장 기념으로 식빵을 반값에 팔고, 어떤 제품을 사든지 아메리카노를 한 잔 무료로 제공하는 행사를 벌이는 중이었다. 프랜차이즈 본사에서 나온 지원 인력들이 손님을 맞고 질문에 답변하고 카드를 받고 계산을 했다. 아버지와 어머니는 하인들처럼 겁먹은 눈으로 예, 예, 굽실거리며 지원 인력들의 지시에 따랐다.

　주영의 아버지와 어머니는 카드 결제조차 제대로 하지 못했다. 빵에는 바코드가 없었다. 제품이 어느 카테고리에 속하는지, 이름이 뭔지를 전부 외워야 단말기에 가격을 입력할 수 있었다. 아버지는 단말기 옆에서 빵을 봉투에 담으며 로프, 캉파뉴, 치아바타, 푸가스 같은 낯선 이름들을 외우려 애썼다.

42. 밑줄 친 부분에 나타난 '어머니'의 심정으로 알맞은 것을 고르십시오.

① 억울하다　　　② 서운하다　　　③ 걱정스럽다　　　④ 혼란스럽다

43. 위 글의 내용과 같은 것을 고르십시오.

① 빵 가게는 개업식 날 손님이 많지 않았다.

② 주영은 시험을 마치자마자 부모님께 연락을 받았다.

③ 아버지는 여러 종류의 빵 이름을 모두 알고 있었다.

④ 부모님은 긴장한 채로 본사 직원이 시키는 일을 했다.

원고 마감이 임박하거나 시험공부 시간이 부족하면 사람은 본능적으로 놀라운 집중력을 발휘한다. 그래서 시간 부족 상태가 되어야만 일을 효율적으로 할 수 있다고 믿는 사람들이 많다. 그러나 효율성만 믿고 (   ) 것은 어리석은 일이다. 시간에 쫓기면 사람들은 한 가지에만 집중할 뿐 그 외에 다른 것에는 주의를 기울이지 못하게 되기 때문이다. 이런 상황은 실제로 상당히 위험할 수 있다. 단적인 예로 소방관들은 구조 현장으로 이동하는 과정에서 안전벨트를 매지 않아 사고를 당하는 경우가 매우 많다.

일 초가 급한 상황에서 인명 구조에만 집중한 나머지 차 문을 닫거나 안전벨트를 채우는 기본적인 일을 잊어서 생긴 결과이다. 이처럼 시간적 여유가 부족해지면 집중했던 일은 성공적으로 처리할 수 있겠지만 많은 것들을 놓칠 수 있다.

44. 위 글의 주제로 알맞은 것을 고르십시오.
① 인간의 집중력은 시간적인 제약이 많을수록 높아진다.
② 인간에게 시간 부족은 효율적인 일 처리의 원동력이 된다.
③ 단시간 내에 일을 처리해도 성공적으로 일을 마칠 수 있다.
④ 시간 부족은 인간의 시야를 좁혀 부정적인 영향을 미칠 수 있다.

45. (   )에 들어갈 내용으로 가장 알맞은 것을 고르십시오.
① 성급히 일을 처리하는   ② 무턱대고 일을 미루는
③ 관심사를 무한히 늘리는   ④ 전적으로 하나에만 매달리는

우주는 지구와 환경이 상이해 지구에서 쓰는 방법으로는 쓰레기를 수거하기가 어렵다. 처음에는 작살과 같이 물리적인 힘을 이용해서 쓰레기를 찍을 수 있는 도구가 거론되었다. (㉠) 이 때문에 테이프나 빨판같이 접착력이 있는 도구를 사용하자는 제안도 나왔다. (㉡) 점성이 강한 테이프의 경우는 우주에서의 극심한 온도 변화를 견디지 못했으며 빨판은 진공 상태에서는 소용이 없었다. (㉢) 그런데 최근 한 연구진이 도마뱀이 벽에 쉽게 달라붙어 떨어지지 않는 것에서 영감을 받아 접착력이 있는 도구를 개발하는 데 성공했다. (㉣) 도마뱀의 발바닥에 있는 수백만 개의 미세한 털들이 표면에 접촉할 때 생기는 힘을 응용한 것이다.

46. 위 글에서 <보기>의 글이 들어가기에 가장 알맞은 곳을 고르십시오.

> **보기**
>
> 그러나 이 방법은 자칫하면 우주 쓰레기를 엉뚱한 곳으로 밀어낼 위험이 있었다.

① ㉠   ② ㉡   ③ ㉢   ④ ㉣

47. 위 글의 내용과 같은 것을 고르십시오.

① 테이프는 우주의 온도 변화 때문에 점성을 잃었다.

② 작살은 접착력을 이용한 도구의 좋은 대안이 되었다.

③ 우주에서 쓰레기를 처리하는 방법은 지구와 유사하다.

④ 접착력을 이용한 쓰레기 수거 방법은 결국 성공하지 못했다.

[48~50] 다음을 읽고 물음에 답하십시오. (각 2점)

> 4차 산업은 그 분야가 다양하지만 연구 개발이 핵심 원동력이라는 점에서 공통점을 갖고 있다. 이러한 점을 고려하여 정부는 신성장 산업에 대한 세제 지원을 확대하기로 했다. 미래형 자동차, 바이오 산업 등 신성장 기술에 해당하는 연구를 할 경우 세금을 대폭 낮추어준다는 점에서 고무적인 일이다. 하지만 현재의 지원 조건이라면 몇몇 대기업에만 유리한 지원이 될 수 있다. 해당 기술을 전담으로 담당하는 연구 부서를 두어야 하고 원천 기술이 국내에 있는 경우에만 지원이 가능하기 때문이다. 혜택이 큰 만큼 (   ) 정부의 입장을 이해하지 못하는 것은 아니다. 그러나 이번 정책의 목적이 단지 연구 개발 지원에 있는 것이 아니라 연구 개발을 유도하고 독려하고자 하는 것이라면 해당 조건을 완화하거나 단계적으로 적용할 필요가 있다.

48. 위 글을 쓴 목적으로 알맞은 것을 고르십시오.

① 투자 정책 이야기할 혼란을 경고하려고

② 세제 지원 조건의 문제점을 지적하려고

③ 연구 개발에 적절한 분야를 소개하려고

④ 신성장 산업 연구의 중요성을 강조하려고

49. (   )에 들어갈 내용으로 가장 알맞은 것을 고르십시오.

① 일정한 제약을 두려는   ② 연구 기관을 늘리려는

③ 투자 대상을 확대하려는   ④ 지원을 단계적으로 하려는

50. 밑줄 친 부분에 나타난 필자의 태도로 알맞은 것을 고르십시오.

① 기술발전이 산업 구조 변화에 미칠 영향을 인정하고 있다.

② 세제 지원의 변화가 투자 감소로 이어질 것을 우려하고 있다.

③ 세금 정책이 연구 개발에 미치는 부정적 영향을 비판하고 있다.

④ 신성장 기술에 대한 세제 지원 정책을 긍정적으로 평가하고 있다.

제60회 한국어능력시험 정답 및 배점표

문항번호	정답	배점	문항번호	정답	배점
1	②	2	26	③	2
2	①	2	27	②	2
3	③	2	28	②	2
4	④	2	29	④	2
5	③	2	30	②	2
6	④	2	31	①	2
7	③	2	32	③	2
8	②	2	33	③	2
9	①	2	34	①	2
10	①	2	35	③	2
11	④	2	36	②	2
12	①	2	37	④	2
13	②	2	38	④	2
14	③	2	39	①	2
15	④	2	40	①	2
16	①	2	41	④	2
17	②	2	42	②	2
18	③	2	43	④	2
19	③	2	44	④	2
20	③	2	45	②	2
21	④	2	46	①	2
22	③	2	47	①	2
23	④	2	48	②	2
24	②	2	49	①	2
25	①	2	50	④	2

TOPIK
토픽 II
유형별 읽기 문제집

모의시험

★ ★ ★

2회분

TOPIK Ⅱ 읽기 모의시험 ①회

1~2 (　　　　)에 들어갈 가장 알맞은 것을 고르십시오. (각 2점)

01. 아무리 (　　　　　) 밥은 꼭 챙겨 먹어야 한다.
　① 바쁘다면　　　② 바쁘더니　　　③ 바쁘더라도　　　④ 바쁘길래

02. 다른 남자와 (　　　　　　) 차라리 혼자 사는 게 더 낫다.
　① 결혼하느니　　② 결혼한 탓에　　③ 결혼하느라고　　④ 결혼하기는커녕

3~4 다음 밑줄 친 부분과 의미가 비슷한 것을 고르십시오. (각 2점)

03. 목이 많이 아파서 밥은커녕 물도 마실 수 없어요.
　① 밥인 데다가　　② 밥은 고사하고　　③ 밥조차　　　　④ 밥마저

04. 친구가 아프다고 해서 병문안을 가려고 한다.
　① 아프다며　　　② 아프나 마나　　③ 아프다길래　　④ 아픈 탓에

5~8 다음은 무엇에 대한 글인지 고르십시오. (각 2점)

05.

> ## 돈이라면 남기시겠습니까?
> 먹는 게 반, 남기는 게 반

　① 교통 안전　　　② 환경 보호　　　③ 예절 교육　　　④ 음식 절약

06.

> ## 1. 가벼워서 부담이 없다
> ## 2. 많은 양을 담아도 튼튼합니다.

　① 우산　　　　　② 신발　　　　　③ 모자　　　　　④ 가방

07.

30% 특별 할인 쿠폰

\# 이 쿠폰은 수령하신 날로부터 1년까지 사용하실 수 있습니다.

\# 이 쿠폰은 전 지점에서 사용 가능합니다.

\# 이 쿠폰은 현금으로 바꿀 수 없으며 타인에게 양도가 불가능합니다.

① 사용기간   ② 사용안내   ③ 이용순서   ④ 교환방법

08.

선문 동아리의 화제작을 올립니다.

" 크리스마스의 선물 "

2019년 12월 25일 밤 7시 서울 소극장

① 연극 안내   ② 직업 박람회 안내   ③ 사진전 안내   ④ 명화 전시 안내

[9~12] 다음 글 또는 그래프의 내용과 같은 것을 고르십시오. (각 2점)

09.

≒≒ OO 문화센터 ≒≒
가을학기 수강신청

매 회당 카페 무료 이용 혜택으로, 두 마리 토끼를 한 번에!

- 접수 기간: 8월 01일(화)~9월 11일(월)
- 강좌 기간: 9월 04일(월)~11월 31일(금)
- 접수 방법: 카페 안내데스크
- 재료 및 교재비는 강좌 결제 시 결제하며, 중도 취소 시 환불이 불가
- 모든 강좌는 선착순으로 접수 및 마감

① 수강신청은 한 달 동안만 가능하다.

② 수강신청 시 재료비와 교재비도 결제해야 한다.

③ 문화센터에서 수업을 들으면 1회에 한해서만 카페를 이용할 수 있다.

④ 문화센터의 모든 강좌는 중간에 그만둘 경우 돈을 돌려받을 수 있다.

10.

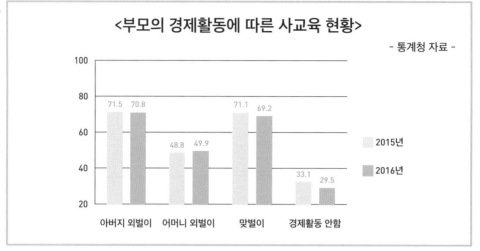

<부모의 경제활동에 따른 사교육 현황>

\- 통계청 자료 -

① 아버지가 혼자 버는 가구가 사교육이 가장 많았다.
② 부모의 경제활동이 전혀 없을 경우 사교육을 하지 못하고 있다.
③ 맞벌이 가구는 2015년에 비해 2016년의 사교육이 현저히 낮아졌다.
④ 어머니가 혼자 버는 가구는 맞벌이 가구보다 사교육의 비중이 높다.

11.

　땀을 지나치게 많이 흘리면 체액 속에 있는 염분이나 각종 성분이 몸 밖으로 배출되어 몸의 균형이 깨지므로 어지럽다. 이때 흘린 땀의 양만큼 물과 함께 염분을 섭취해야 한다. 날이 덥거나 매운 음식을 먹으면 땀이 나는데, 이것은 우리 몸이 열을 식히려고 신진대사를 활발히 하기 때문이다. 땀은 증발하면서 피부의 열을 빼앗아 가는데, 이 때문에 체온은 더 올라가지 않고 일정한 온도를 유지하게 된다.

① 땀이 증발하면 몸의 체온은 계속 올라간다.
② 몸속의 여러 성분이 땀과 함께 많이 배출되면 어지럽다.
③ 몸속의 염분과 성분이 빠져나가면 염분만 보충하면 된다.
④ 날이 더울 때 땀이 나는 것은 우리 몸이 열을 높이려고 하는 것이다.

12.

　뮤직테라피는 현대인의 마음의 병과 스트레스를 치료하는 데 효과적인 음악 요법이다. 음악은 사람의 마음과 신체를 편안하고 안정된 상태로 만들어 주어 몸과 마음이 힘든 현대인들에게 스트레스 해소와 피로회복에 도움을 준다. 여기에 사용되는 음악은 새소리, 바다소리 등 자연이 담긴 음악, 마음을 편안하게 해주는 음악 등으로 신체 및 심리적 변화를 긍정적으로 이끌어 낸다.

① 음악 치료는 현대인의 스트레스 해소에 효과가 높지 않다.
② 사람들은 음악을 들으면 몸과 마음의 변화를 잘 느끼지 못한다.
③ 스트레스가 쌓인 사람은 음악으로 마음이 편안해지지만 몸은 불편하다.
④ 자연의 소리가 들어 있는 음악을 들으면 피로가 풀리는 데 도움이 된다.

13~15 다음을 순서대로 맞게 배열한 것을 고르십시오. (각 2점)

13.

> (가) 도시에서 발생하는 모든 농업활동을 도시 농업이라고 한다.
> (나) 왜냐하면 도시농업은 먹는 즐거움과 만족감이 있기 때문이다.
> (다) 이것은 도시지역의 자투리 공간을 활용하여 농사를 체험하는 것이다.
> (라) 하지만 이것은 농촌에서 생계와 판매를 목적으로 하는 농업과 구별된다.

① (가)-(라)-(다)-(나)　　　　② (다)-(나)-(가)-(라)
③ (가)-(다)-(라)-(나)　　　　④ (다)-(가)-(나)-(라)

14.

> (가) 그림 그리기, 사진 찍기, 음악, 요리, 운동 등이 그것이다.
> (나) 이 시간을 즐겁게 보낼 수 있는 여가활동은 여러 가지가 있다.
> (다) 사람이 살아가는 데 기본적으로 필요한 시간을 제외한 시간이 '여가'이다.
> (라) 여가활동은 정신건강에도 좋고 다양한 분야의 지식도 얻을 수 있다.

① (다)-(나)-(가)-(라)　　　　② (라)-(가)-(나)-(다)
③ (다)-(가)-(나)-(라)　　　　④ (라)-(나)-(가)-(다)

15.

> (가) 그런 식물들을 환경 정화수라고 한다.
> (나) 대기 중의 오염된 것을 깨끗하게 해 주는 식물들이 있다.
> (다) 또한 스펀지처럼 소음을 차단해 주는 기능도 가지고 있다.
> (라) 환경 정화수는 다른 나무에 비해 대기 오염 물질을 흡수하여 공기를 깨끗하게
> 　　 만들어 준다.

① (나)-(라)-(가)-(다)　　　　② (라)-(나)-(다)-(가)
③ (나)-(가)-(라)-(다)　　　　④ (라)-(다)-(나)-(가)

다음을 읽고 (   )에 들어갈 내용으로 가장 알맞은 것을 고르십시오.
(각 2점)

16.

  사람은 누구나 (   ) 자신의 얘기에 진심으로 귀를 기울여 주는 사람을 좋아한다. 대인 관계에서 만족스럽고 원만한 관계를 경험하면 삶에 긍정적인 영향을 주지만 그렇지 못할 경우에는 정신적 스트레스나 삶에 장애가 생기는 부정적인 영향을 미칠 수 있다. 그러므로 인간관계를 잘 풀기 위해서는 기본적인 지식과 노력, 훈련이 필요하다.

① 서로에게 만족하지 못하며
② 자신에게 관심을 보여 주고
③ 친구들과 이야기하는 것을 좋아하고
④ 다른 사람보다 자신만을 좋아해 주고

17.

  장수 마을에 계신 노인들은 평균적으로 웃는 횟수가 많다고 한다. 웃음이 장수하는 한 가지 비결인 셈이다. 즉, 웃음은 긍정적인 마음을 갖게 하고, 긍정적인 마음은 낙천적인 성격을 만든다. 낙천적인 성격은 자기 자신의 마음을 편안하게 하여 장수에 도움이 된다는 것이다. 그래서 상대적으로 웃음이 부족하면 (   )을 갖게 되고, 화를 많이 내고, 마음이 불안하여 장수하지 못하는 경우가 많다.

① 이기적인 마음   ② 낙천적인 마음   ③ 긍정적인 마음   ④ 부정적인 마음

18.

  코끼리는 매우 낮은 소리로 대화하는데, 낮은음의 소리는 높은음의 소리보다 더 멀리 나아갈 수 있다. 그래서 코끼리는 낮은 소리를 이용해서 먼 거리에 있는 동료들과 연락을 한다. 반면에 박쥐는 어두운 굴속에서 높은음의 소리를 사용해서 주변에 동료들이 있는지를 파악한다. 이처럼 코끼리와 박쥐는 (   ).

① 낮은음의 소리를 편리하게 사용한다
② 동료들과 대화할 때는 소리를 이용한다
③ 같은 음의 소리를 이용해서 대화를 한다
④ 동료들과 대화하는 동물로 유명한 것이다

다음을 읽고 물음에 답하십시오. (각 2점)

옷차림은 입는 사람의 생각과 감정을 나타낸다. 자신의 개성을 잘 표현할 수 있고 사회적으로도 적절한 옷차림은 자신감을 가지게 될 뿐만 아니라 긍정적인 자아를 형성하게 된다. 그러므로 자신에게 잘 맞는 옷차림이 중요하다. 옷을 선택할 때는 (   ) 유행만 따르기보다는 나의 외모와 체형 등에 잘 어울리는 옷을 고른다면 자신의 장점을 살리고 단점을 감추는 데 도움이 될 것이다.

---

19. (   )에 들어갈 알맞은 것을 고르십시오.

① 다만　　　　　　② 마치　　　　　　③ 무조건　　　　　④ 반드시

20. 이 글의 내용과 같은 것을 고르십시오.

① 옷차림은 옷을 입는 사람의 개성을 잘 나타낼 수 없다.

② 자신의 개성을 잘 나타내는 옷차림은 자신감을 줄 수 있다.

③ 옷을 고를 때는 유행에 맞는 옷을 선택해야 자신에게 긍정적이다.

④ 외모에 맞지 않는 옷차림은 자신을 나를 표현하는 데 도움을 준다.

다음 글을 읽고 물음에 답하십시오. (각 2점)

공정 여행은 영국에서 시작됐는데, 무분별한 관광지 개발로 환경오염 및 원주민 공동체 붕괴가 발생하여 이에 대한 해결책이 필요하다는 인식에서 비롯됐다. 다시 말해 공정 여행은 여행지의 삶과 문화, 자연을 존중하면서 여행자가 사용한 돈이 지역 사람들의 삶에 보탬이 되도록 하는 여행으로, 착한 여행이라고도 한다. 이것이야말로 (   ) 여행자도 즐겁고, 지역 공동체도 살리는 것으로 공정 여행의 핵심이다.

---

21. (   )에 들어갈 알맞은 것을 고르십시오.

① 발 벗고 나서고　　② 눈에 불을 켜고　　③ 병 주고 약 주고　　④ 꿩 먹고 알 먹고

22. 이 글의 중심 생각을 고르십시오.

① 여행 지역의 문화와 자연을 사랑해야 한다.

② 공정 여행의 목표는 지역에서 돈을 벌기 위한 것이다.

③ 공정 여행은 지역 사회와 여행자에게 모두 도움이 된다.

④ 환경오염을 해결하기 위한 방법으로 공정 여행을 만들었다.

아빠 없이 아이를 키우는 엄마가 꾸겨진 만 원을 들고 동네 구멍가게에 분유를 사러 왔다. 분유통을 들고 계산대로 가져가니 주인은 1만 8천 원이라고 말했다. 힘없이 돌아서는 아이 엄마 뒤로 가게 주인은 분유통을 제자리에 올려놓다가 분유통을 슬며시 떨어뜨렸다. 가게 주인은 아이 엄마를 불러 세우고 찌그러진 분유통은 반값이라고 말했다. 주인은 만 원을 받고 천 원을 거슬러 주었다. 아이 엄마는 자존심을 상하지 않고 분유를 얻었고 가게 주인은 9천 원에 <u>천국의 기분을 맛보았다</u>. 정말 멋진 거래라고 생각했다.

23. 밑줄 친 부분에 나타난 '주인'의 심정으로 알맞은 것을 고르십시오.
① 불쾌하다　　　② 행복하다　　　③ 답답하다　　　④ 자랑스럽다

24. 이 글의 내용과 같은 것을 고르십시오.
① 아이 엄마는 아빠의 심부름을 나왔다.
② 가게 주인은 일부러 분유통을 떨어뜨렸다.
③ 아이 엄마는 자존심을 팔아서 분유를 샀다.
④ 가게 주인은 아이 엄마와 거래하고 싶지 않았다.

25.

> **농가 좋고 기업 좋고… 외식업계 상생의 '로컬푸드' 줄 잇는다**

① 농촌에서 기른 농수산물이 외식하는 데 아주 좋다.
② 농촌에서는 기업과 공동으로 외식 사업을 시작했다.
③ 외식업계와 농가가 힘을 합쳐 새로운 제품을 만들려고 한다.
④ 외식업계가 국산 농산물을 이용한 제품을 잇따라 출시하고 있다.

26.

> ### [천안, 아산] 투자 호재 많아 주택 매입, 임대사업 시장 '파란불'

① 천안, 아산의 부동산 시장이 과열되어 있다.
② 천안, 아산은 임대사업을 하기에는 좋지 않은 환경이다.
③ 천안, 아산에 투자자들이 많아져서 주택 가격이 오르고 있다.
④ 천안, 아산은 부동산 투자를 할 만한 좋은 여건을 가지고 있다.

27.

> ### 내일 전국 대부분 -10℃ '한파주의보' 서울 체감온도 더 낮아

① 내일은 전국적으로 대부분 따뜻할 것이다.
② 내일 날씨는 전국적으로 매우 추울 것으로 예상된다.
③ 내일 서울 대부분 지역이 영상 10도로 춥지 않을 것으로 예상된다.
④ 내일 날씨가 매우 춥지만 실제 몸으로 느끼는 온도는 그렇지 않다.

[28~31] 다음을 읽고 (　　　　　)에 들어갈 내용으로 가장 알맞은 것을 고르십시오.

(각 2점)

28.

> 　에스컬레이터는 저절로 움직이는 계단이다. 그리고 그것은 동시에 마음을 비추어 주는 거대한 거울이기도 하다. 성급한 사람들은 가만히 서 있질 못하고 그 위에서도 걷는다. 그래서 에스컬레이터의 풍경을 보면, (　　　　　) 한눈에 볼 수 있다는 것이다. 일본의 한 사회학자가 조사한 것을 보면 "에스컬레이터 위에서 걷느냐?"는 질문에 대해서 도쿄의 경우, "그렇다"고 대답한 사람은 25.5%에 지나지 않는데, 오사카의 경우에는 무려 35%의 비율을 보이고 있다. 같은 일본인이라도 도쿄보다 오사카 사람들이 훨씬 더 급하게 산다는 것을 나타내 주고 있다.

① 사회학자의 조사 결과를
② 사람들이 성급해진 이유를
③ 그 도시에서 사는 사람들의 마음을
④ 일본 사람들의 에스컬레이터 사용량을

29.

갑자기 비가 많이 내리면 홍수가 날 수도 있는데, 그 홍수를 막기 위해 강변이나 해안을 따라서 벽을 세우는 것을 둑이라고 말하며, 또한 제방이라고도 한다. 강이나 냇가에 가보면 강물이나 냇물의 흐름을 따라 둑이 쌓여 있다. 이 둑은 장마가 졌을 때, 물이 넘치는 것을 막기 위해 쌓은 것이다. 또 저수지나 댐도 둑으로 쌓여 있는데 이것은 가뭄 때 쓰려고 물을 가두어 두기 위해 쌓은 것이다. 즉, 둑은 (   ) 물의 수면의 높이를 통제하는 시스템이라고 할 수 있다.

① 물이 흘러가게 하기 위해서　　　② 홍수가 날 때 문을 열기 위해서
③ 물로 벽을 더 높이 만들기 위해서　　④ 넘치는 물을 막거나 가두어 두기 위해서

30.

외모는 행복에 얼마나 중요할까? 혹시 외모 자체보다는 자신의 외모를 얼마나 긍정적으로 바라보는지가 행복에 더 중요하지 않을까? 연구에 따르면 실제로 행복한 사람들은 불행한 사람들보다 자신을 매력적으로 생각한다고 한다. 그런데 흥미로운 점은 행복한 사람과 불행한 사람의 외모를 객관적으로 평가해 보면 두 사람 사이에 큰 차이가 발견되지 않는다는 것이다. 결국, 개인의 행복에 중요한 영향을 미치는 것은 (   )의 문제라고 할 수 있다.

① 불행한 사람보다 자신이 얼마나 행복하냐
② 자기 스스로 외모를 비교해서 바라보는 것
③ 스스로가 자신을 얼마나 매력적으로 바라보느냐
④ 자신의 외모가 가장 뛰어나는 것으로 바라보는 것

31.

스트레스를 이기는 가장 좋은 방법은 자신이 처한 현상을 인정하고 긍정적인 사고방식을 가지는 것이다. 스트레스를 좋게 받아들이기는 어렵겠지만 (   ) 긍정적으로 받아들이는 것이 무엇보다 중요하다. 일반적으로 스트레스는 상황을 제어할 수 없다는 느낌에서 발생한다. 스트레스를 받지 않는 방법은 자기 힘으로 제거할 수 있는 골칫거리들은 미리 제거해 버리고 그렇게 할 수 없는 문제들은 받아들이는 것이다.

① 피할 수 없는 상황이라면　　　② 자신이 이길 수 있는 거라면
③ 다른 사람의 힘을 이용한다면　　④ 주변 환경을 제거할 수 있다면

32.

> 고추가 매운맛을 내는 까닭은 캡사이신이라는 화학 물질 때문이다. 고추가 이 물질을 만드는 까닭은 동물들이 자기를 해치는 것을 막기 위해서이다. 고추는 씨를 널리 퍼뜨려서 번식을 해야 하는데, 동물들이 씨까지 씹어 먹으면 번식을 할 수 없기 때문이다. 그래서 매운맛을 내는 캡사이신을 분비한다. 사람도 아주 매운 고추를 먹으면 속이 쓰린 것처럼 캡사이신이 동물의 몸속으로 들어가면 신경을 자극하기 때문에 고통스럽다.

① 고추는 캡사이신이라는 물질로 매운맛을 낸다.
② 고추는 동물을 해치기 위해 화학 물질을 사용한다.
③ 고추는 동물들을 통해서 씨를 멀리까지 퍼뜨릴 수 있다.
④ 고추는 사람이나 동물의 몸속에 들어가서 캡사이신을 만든다.

33.

> 젓가락을 자주 사용하면 뇌 능력 상승에 도움이 된다는 연구 결과가 있다. 손 근육을 많이 사용하는 젓가락질이 섬세함과 근력 조절 등을 길러 주며, 이것이 뇌 운동으로 이어져서 뇌의 성장을 촉진시켜 준다는 원리이다. 음식을 먹을 때 숟가락과 젓가락을 함께 사용하면 통합적이고 총체적인 행동양식의 발달이 이루어지며 이로 인해 두뇌발달 및 손동작의 발달이 이루어지게 된다. 그러나 어려서부터 젓가락 사용이 서툰 사람들은 젓가락을 사용할 때마다 스트레스를 받게 된다.

① 젓가락과 숟가락을 같이 사용하면 좋지 않다.
② 젓가락 사용은 두뇌발달에 좋은 영향을 미칠 수 있다.
③ 어릴 때의 젓가락 사용은 사람들에게 스트레스를 준다.
④ 젓가락을 많이 사용하면 손가락 근육에 손상을 줄 수 있다.

34.

손은 우리 몸에서 가장 많은 일을 하는 부위이자 가장 더러운 곳이다. 손바닥에는 평균 150종류의 세균이 산다고 한다. 또 호흡을 통해 바이러스나 세균이 옮는 것보다 손을 통해 병균이 옮아서 병에 걸리는 경우가 더 많다. 연구 결과에 따르면 비누로 손을 씻은 경우 세균이 99%, 손 소독제의 경우는 98%, 물로만 씻었을 때는 93%의 세균이 없어져서 병에 걸릴 확률도 낮아졌다고 한다. 따라서 최소한 손만 잘 씻어도 병에 걸릴 일이 줄어들고 건강하게 살 수 있다.

① 손보다 호흡을 통해서 질병에 더 많이 걸린다.
② 우리 몸에서 가장 바쁘게 움직이는 곳은 손이다.
③ 병에 안 걸리고 건강하려면 손을 덜 씻어야 한다.
④ 비누보다 물로만 손을 씻었을 때가 더 효과적이다.

35~38 다음 글의 주제로 가장 알맞은 것을 고르십시오. (각 2점)

35.

봄날 춘곤증으로 인한 졸음을 참기 힘들 때에는 억지로 참는 것보다는 30분 이내의 낮잠이 뇌를 안정화시켜 학업이나 업무의 능률 향상에 도움이 된다. 하지만 직장인이나 학생들의 경우, 잘못된 수면 자세를 장시간 취하다 보면 관절 건강을 해칠 수 있어 주의가 필요하다. 책상에 엎드려 자기보다는 등받이 의자를 이용하거나 쿠션을 이용하는 것이 좋다. 또한 수건을 말아 목과 허리에 받쳐서 몸이 최대한 구부러지지 않도록 자는 것이 좋은데 이는 척추 곡선 유지에 도움을 주기 때문에 허리에 가해지는 부담을 줄일 수 있다.

① 낮잠을 통해 뇌를 안정화시킬 수 있다.
② 졸음은 참지 말고 30분 이상 자는 것이 좋다.
③ 잘못된 수면 자세는 관절의 건강을 해칠 수 있다.
④ 낮잠을 잘 때는 수건을 이용해 관절의 부담을 예방할 수 있다.

36.

　길을 잃거나 조난을 당했을 때는 멀리서도 한눈에 알아보거나 들을 수 있는 구조 신호법이 있다. 첫째 봉화를 이용하는 방법이다. 이것은 밤에는 불을 피워 불꽃으로, 낮에는 연기를 이용하여 자신의 위치를 알리는 방법이다. 두 번째는 거울이나 물을 이용하는 방법이다. 먼 곳에서는 숲 속에 있는 사람을 잘 발견할 수 없다. 이때 거울이나 물을 이용하여 빛을 반사시켜 자신의 위치를 나타내야 한다. 세 번째 방법은 소리를 이용하는 것이다. 불씨나 거울 같은 도구가 없는 상황이라면 큰 소리가 나는 물체를 두드려 소리를 내거나 나팔, 호루라기 같은 도구를 이용하여 자신의 위치를 알려야 한다.

① 위험을 대비한 구조 신호를 배워야 한다.
② 먼 곳에서도 들을 수 있는 방법이 최고이다.
③ 주변의 물건을 활용하는 방법으로 탈출해야 한다.
④ 조난을 당했을 때는 자신의 위치를 알리는 것이 중요하다.

37.

　지역마다 전통적으로 많이 생산되는 특산물이 있다. 예를 들면, 금산의 인삼, 영광의 굴비, 제주의 감귤 등이다. 전통 산업은 대부분 그 지역에서 나는 재료를 이용하여 만들어지는데 오늘날 이런 산업은 대부분 축소되거나 쇠퇴하고 있다. 그러한 이유는 공장의 대량 생산화와 수입 상품이 들어왔기 때문이다. 따라서 각 지역의 특산물을 이용한 전통 산업의 경쟁력 강화와 신기술 도입 등 위기를 맞는 전통 산업을 되살리는 데 힘써야 한다.

① 전통 산업의 활성화 전략　　　　　② 외국 상품 경쟁력 강화 방안
③ 지역 특산물 대량 생산화 전략　　　④ 지역 특산물 생산 기술 도입 방안

38.

　독립영화는 감독의 의도 하에 자유롭게 제작되는 영화로 주제와 형식, 제작 방식이 상업 영화와는 다르다. 이것은 상업 영화와 달리 흥행과는 무관하며 자유롭다. 따라서 감독이나 후원자가 마련한 적은 제작비로 만들며 보통 1시간 이내의 단편 영화가 제작되는 경우가 많다. 또한 다양한 장르로 독창적이고 예술적이며 실험적인 작품들이 만들어진다.

① 독립영화의 상업성　　　　　　② 독립영화의 예술성
③ 독립영화의 제작 과정　　　　　④ 독립영화의 정의와 특징

다음 글에서 <보기>의 문장이 들어가기에 가장 알맞은 곳을 고르십시오.

(각 2점)

39.

물은 신진대사에 도움을 주어 혈액순환을 원활하게 하기 때문에 깨끗한 혈액공급의 원천이 된다. (㉠) 또한 물을 마시면 포만감이 생기지만 칼로리가 없어 다이어트에 도움이 된다. (㉡) 대소변을 활발하게 해 체내 노폐물 배출에도 좋다. (㉢) 간혹 물을 마시면 몸이 붓는다 하여 피하는 경우가 있는데, 신장 기능에 이상이 없다면 상관없다. (㉣)

보기

맑은 혈액은 노화방지에 좋을뿐더러 고혈압 등 각종 질환 예방에도 효과적이다.

① ㉠   ② ㉡   ③ ㉢   ④ ㉣

40.

옛날 사람들은 말을 적게 하는 것을 소중히 여겼다. (㉠) 말을 하는 이유는 자기 뜻을 표현하기 위해서인데, 왜 말을 적게 해야 한다고 했을까? (㉡) 단지 해야 할 말은 해야 하고, 해서는 안 되는 말은 하지 않아야 한다는 사실을 지적한 것이다. (㉢) 다른 사람에게 자신을 과시하기 위한 말과 다른 사람을 헐뜯는 말 또한 하지 않아야 한다. 진실이 아닌 말과 바르지 못한 말도 하지 않아야 한다. (㉣)

보기

말을 할 때 이 네 가지를 경계한다면, 말을 적게 하려고 애쓰지 않아도 저절로 그렇게 된다.

① ㉠   ② ㉡   ③ ㉢   ④ ㉣

41.

에너지와 물질은 물리에서 아주 기초적인 두 가지 개념이다. (㉠) 공간을 차지하고 무게가 있는 것은 모두 물질이다. (㉡) 그것은 고체일 수도 있고 액체, 기체일 수도 있다. (㉢) 예를 들어, 얼음은 고체이고, 물은 액체이고, 수증기는 기체이면서 양과 무게를 갖고 있다. (㉣) 그러나 빛과 열은 무게가 없고 공간을 차지하지 않으므로 물질이 아닌 에너지이다.

① ㉠   ② ㉡   ③ ㉢   ④ ㉣

42~43 다음을 읽고 물음에 답하십시오. (각 2점)

엄마가 곁에 있었을 땐 깊이 생각하지 않은 엄마의 사소하고 어느 땐 보잘것없는 것같이 여기기도 한 엄마의 말들이 나의 마음속으로 해일을 일으키며 되살아났다. 나는 깨달았다. 전쟁이 지나간 뒤에도, 밥을 먹고 살 만해진 후에도 엄마의 지위는 달라지지 않았다는 것을. 오랜만에 만난 가족들이 아버지와 밥상 앞에 둘러앉아 대통령 선거 얘기를 나눌 때도 엄마는 음식을 만들어 내오고, 접시를 닦고, 행주를 빨아 널었다. 엄마는 대문과 지붕과 마루를 고치는 일까지도 도맡아 했다. 엄마가 끊임없이 되풀이해내야 했던 일들을 거들어주기는커녕 나조차도 관습으로 받아들이며 아예 엄마 몫으로 돌려놓고는 당연하게 여기고 있었다는 것을. 때론 오빠의 말처럼 엄마의 삶을 실망스러운 것으로 간주하기까지 했다. 인생에 단 한 번도 좋은 상황에 놓인 적이 없던 엄마가 나에게 언제나 최상의 것을 주려고 그리 노력했는데도, <u>외로울 때 등을 토닥여준 사람 또한 엄마였는데도……</u>

42. 밑줄 친 부분에 나타난 '나'의 심정으로 알맞은 것을 고르십시오.
① 짠하다   ② 당황스럽다   ③ 절박하다   ④ 시원섭섭하다

43. 이 글의 내용과 같은 것을 고르십시오.
① 오빠는 엄마의 삶을 존중한다.
② 엄마는 나를 위해 항상 희생하셨다.
③ 나는 엄마가 한 일에 대해 실망하고 있다.
④ 엄마가 나에게 해준 말이 전혀 기억나지 않는다.

모든 사람의 DNA는 유일무이하기 때문에 그것은 경찰이 범죄자를 찾는 데 사용될 수 있다. 그것은 또한 고고학자가 발굴하는 인간의 유해를 더 잘 이해하는 데 도움이 된다. 하지만 DNA는 세월이 흐르면서 분해되어서, 유용성이 떨어질 수 있다. 그래서 일부 과학자들은 현재 사람의 머리카락 단백질을 가능성 있는 대안으로 보고 있다. 사람의 머리카락에서 발견되는 단백질은 DNA보다 안정적이며, 그 구조가 사람마다 다르다. 그래서 그들은 이 단백질이 아마도 (   ) 또 하나의 방법으로 사용될 수 있지 않을까 하고 생각했다. 과학자들은 다양한 민족적 배경을 가진 사람들 76명의 샘플과 250년 전에 살았던 사람들의 머리카락 샘플 6가지를 연구했다. 그리고 거기서 여러 다른 구조를 발견했는데, 이것은 그들로 하여금 각 개인의 신원을 알 수 있게 했다. 이러한 연구는 미래에 경찰과 고고학자들이 일을 수행하는 것을 더 쉽게 만들어 줄 것이다.

44. **이 글의 주제로 알맞은 것을 고르십시오.**

① 머리카락 단백질은 다양한 곳에 사용되고 있다.

② 현대인들에게서 고대의 DNA 구조가 발견되었다.

③ 경찰은 범죄자를 찾기 위해 DNA를 이용해야 한다.

④ 머리카락은 사람의 DNA을 알아내는 데 좋은 방법이다.

45. **(   )에 들어갈 내용으로 가장 알맞은 것을 고르십시오.**

① DNA를 보존하는   ② 질병을 예방하는

③ 개인을 식별하는   ④ 정보를 공유하는

'공유 경제'는 인터넷을 통해 다수의 개인이 협업을 통해 서로 무언가를 빌려주고 나눠 쓰는 개념을 바탕으로 하는 시스템이다. 현재 이러한 방식으로 대여되는 것들은 집, 자동차, 배, 전동 공구 등이 있다. (㉠) 이러한 물건들은 많은 사람이 구입하기에는 너무 비싸다. (㉡) 이러한 자원의 공동 사용은 여러 긍정적인 효과가 있다. (㉢) 빌려주는 사람들은 돈을 벌고, 그것을 빌리는 사람들은 직접 사거나 기업체로부터 대여했을 때보다 돈을 적게 낸다. (㉣) 따라서 이것은 어떤 상품을 혼자 구입하는 것보다 다른 사람들과 그 상품을 공유하는 것이 상품을 제작하는 데 있어서 더 적은 자원을 소비한다는 것을 의미하므로, 환경에도 이득이 된다. 앞으로 더 많은 사람이 공유 서비스를 이용할수록 이득은 증가할 것이다.

46. 위 글에서 <보기>의 글이 들어가기에 가장 알맞은 곳을 고르십시오.

> **보기**
>
> 그래서 이것을 소유한 사람들은 그 대가를 받고 기꺼이 그것을 이용하려는 사람들에게 빌려주거나 공유한다.

① ㉠   ② ㉡   ③ ㉢   ④ ㉣

47. 위 글의 내용과 같은 것을 고르십시오.
① 공유경제는 환경보호에도 도움이 된다.
② 인터넷에서 사고파는 행위가 공유 경제이다.
③ 모든 사람은 가지고 있는 물건들을 서로 공유한다.
④ 빌리는 사람과 빌려주는 사람들은 상품을 제작하는 데 힘쓴다.

3D 프린터는 이미 특정 산업분야에서 폐기물을 95~99% 절감시켜서 앞으로 플라스틱 재활용에 있어서 탁월한 효과를 발휘할 것으로 기대된다. 필라멘트의 품질이 뛰어나고, 신뢰성이 높을수록 3D 프린터는 최상의 인쇄 결과를 얻을 수 있을 뿐 아니라 제작공정이 매끄럽게 진행된다. 3D 프린터가 기존 플라스틱 폐기물을 재활용해 새로운 플라스틱 제조를 줄일 수 있다면, 제조의 혁신뿐만 아니라 플라스틱 폐기물을 획기적으로 감소시킬 수 있다. 이와 관련해 모 신발업체는 지난해 바다에 버려진 플라스틱 폐기물과 3D 프린터를 활용한 신발을 선보였다. 이로써 (   ) 차원에서 발전되어 대량생산에도 사용될 수 있다는 가능성을 제시했다. 앞으로 3D 프린터를 이용한 재활용은 시제품 개발에서 시작하여 대량생산으로 순조롭게 연결될 수 있을 것이다.

48. 이 글을 쓴 목적으로 알맞은 것을 고르십시오.

① 플라스틱을 활용한 3D 프린터의 용도를 분석하려고

② 대량생산에 사용되는 3D 프린터의 활용을 지적하려고

③ 3D 프린터의 재활용에 있어서 탁월한 효과를 설명하려고

④ 폐기물을 이용한 3D 프린터의 발전 가능성을 제시하려고

49. (   )에 들어갈 내용으로 가장 알맞은 것을 고르십시오.

① 3D 프린터가 시제품을 만드는   ② 품질이 뛰어나고, 신뢰성이 높은

③ 버려진 폐기물을 새롭게 탄생시킨   ④ 탁월한 효과를 발휘할 것으로 기대한

50. 밑줄 친 부분에 나타난 필자의 태도로 알맞은 것을 고르십시오.

① 3D 프린터가 사회에 미칠 영향을 인정하고 있다.

② 시제품개발에 대한 긍정적 측면을 인정하고 있다.

③ 플라스틱 폐기물 처리에 대해 높이 평가하고 있다.

④ 3D 프린터로 대량생산하려는 노력에 대해 감탄하고 있다.

모의시험 1회 정답 및 배점표

문항번호	정답	배점	문항번호	정답	배점
1	③	2	26	④	2
2	①	2	27	②	2
3	②	2	28	③	2
4	③	2	29	④	2
5	④	2	30	③	2
6	④	2	31	①	2
7	②	2	32	①	2
8	①	2	33	②	2
9	②	2	34	②	2
10	①	2	35	③	2
11	②	2	36	④	2
12	④	2	37	①	2
13	③	2	38	④	2
14	①	2	39	①	2
15	③	2	40	④	2
16	②	2	41	③	2
17	④	2	42	①	2
18	②	2	43	②	2
19	③	2	44	④	2
20	②	2	45	③	2
21	④	2	46	②	2
22	③	2	47	①	2
23	②	2	48	④	2
24	②	2	49	①	2
25	④	2	50	③	2

TOPIK II 읽기 모의시험 ②회

1~2 ( )에 들어갈 가장 알맞은 것을 고르십시오. (각 2점)

01. 친구가 처음으로 김치찌개를 만들었는데 ( ).

① 먹기로 했다　　② 먹는 척했다　　③ 먹을 만했다　　④ 먹고 말았다

02. 집을 ( ) 비가 내리기 시작했다.

① 나오자마자　　② 나오는 김에　　③ 나오는 대로　　④ 나오는 바람에

3~4 다음 밑줄 친 부분과 의미가 비슷한 것을 고르십시오. (각 2점)

03. 우리 고향은 풍경이 <u>아름다운 데다가</u> 유명한 관광지가 많아요.

① 아름다운데도　　② 아름다울뿐더러　　③ 아름답더니　　④ 아름답던지

04. 교통사고로 길이 막히면 약속시간에 <u>늦을 수밖에 없다</u>.

① 늦을 모양이다　　② 늦기 마련이다　　③ 늦다시피 하다　　④ 늦는 셈이다

5~8 다음은 무엇에 대한 글인지 고르십시오. (각 2점)

05.

> ### 당신에게 밝은 세상을 선물합니다.
> 같은 시력도 보이는 질이 다른 것!!

① 안과　　　　② 치과　　　　③ 외과　　　　④ 내과

06.

> 햇볕에 말린 것처럼
> 뽀송뽀송하게~~~
> 비가 와도 눈이 와도 걱정 없어요

① 청소기　　　② 가습기　　　③ 건조기　　　④ 에어컨

07.

♪ 아메리카로~ 좋아 좋아 좋아 ♪

준비부터 기분 좋~은 미국 여행,
합리적인 우리투어에서
서울 항공을 예약하세요!

① 여행사　　　　② 커피숍　　　　③ 대사관　　　　④ 항공사

08.

소소하지만 확실히 행복해지는 클래스

소.확.행. 클래스

1회 프로그램이며, 지역주민들에게 나눠드리는 재능기부입니다.

① 상품 소개　　　　② 봉사 활동　　　　③ 여행 안내　　　　④ 문화 수업

9~12 다음 글 또는 그래프의 내용과 같은 것을 고르십시오. (각 2점)

09.

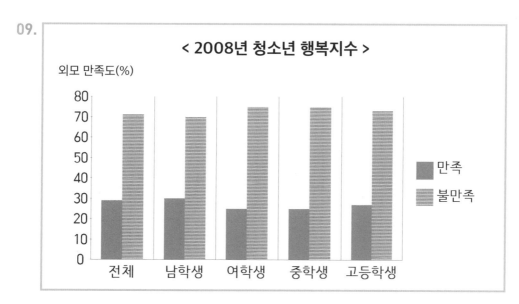

① 외모 만족도의 비율이 남학생이 여학생보다 높다.
② 외모 불만족도는 남학생과 여학생의 비율이 같다.
③ 외모 만족도의 비율이 고등학생이 중학생보다 낮다.
④ 외모 만족도 전체 평균은 고등학생 만족도보다 아주 높다.

10.

 '행복우체통'에 원고를 보내 주세요.

☞ 아이를 기르면서 재미있는 일이나 감동적인 경험

☞ 힘이 들었을 때 힘을 주었던 사람이나 책에 대한 이야기

☞ 부모님께 평소 표현하지 못했던 고마움과 미안한 마음의 이야기

일상 속의 작지만 소중한 여러분의 재미있는 원고를 기다립니다.

◆ 원고 마감 : 4월 25일까지

◆ 원고 분량 : 200자 원고지 10장 / A4용지 한 장

◆ 신청 방법 : 우편, 이메일

① 원고는 25일 전에 우편이나 팩스로 보낸다.

② 아이를 잘 키울 수 있는 방법을 써서 보낸다.

③ 고마움을 표현하는 편지를 부모님께 직접 보낸다.

④ 도움이 된 책이나 사람에 대하여 이야기를 써서 보낸다.

11.

　놀이터를 이용하는 10세 이하 아이들은 주변의 사물이나 환경에 대한 호기심이 많고 탐구하려는 충동이 강한 특성을 가지고 있다. 반면 신체 기능의 발달이 미숙하여 신체 균형 유지 능력이나 운동 기능이 충분히 발달되어 있지 않아서 안전사고의 위험성이 높은 시기이다. 그러므로 아이들에게 놀이 시설의 안전규칙 등 사고에 대한 예방 교육을 철저히 하고 5세 이하의 경우에는 보호자가 함께해야 한다.

① 10세 아이들은 보호자와 항상 함께 있어야 한다.

② 놀이터를 이용하는 아이들은 신체 기능이 잘 발달되어 있다.

③ 10세 이하 아이들은 놀이 시설의 안전 규칙을 잘 알고 있다.

④ 놀이터를 이용하는 아이들은 주변 사물에 대해 호기심이 많다.

12.

　음식으로 외면받던 곤충이 요즘 여러 나라에서 인기를 끌고 있다. 전 세계 곤충 가운데 1,700여 종은 사람이 먹을 수 있는 것이다. 곤충은 단백질과 비타민이 풍부하지만 지방은 적다. 곤충이 건강에 좋다고 알려지면서 최근 선진국에서는 곤충 요리 식당이 늘어나고 있다. 귀뚜라미 볶음, 전갈 토스트, 누에 튀김 등이 이들 식당의 인기 메뉴이다.

① 곤충은 음식이 될 수 없고 먹을 수도 없다.
② 곤충은 단백질과 지방이 풍부해서 건강에 좋다.
③ 1,700여 종의 곤충 중에 먹을 수 있는 것은 일부이다.
④ 곤충 식당의 인기 메뉴는 전갈이나 누에 등으로 만든 것이다.

13~15 다음을 순서대로 맞게 배열한 것을 고르십시오. (각 2점)

13.

> (가) 따라서 우선 물로 입 안을 헹구어 산성 성분을 제거한다.
> (나) 식사가 끝나자마자 양치질을 하는 것은 그다지 좋지 않다.
> (다) 음식물에 포함되어 있던 산성 성분이 치아를 공격하기 때문이다.
> (라) 그리고 약 30분 뒤에 구석구석 깨끗이 양치하는 것이 가장 좋다.

① (나)-(다)-(가)-(라)　　　　② (다)-(라)-(나)-(가)
③ (나)-(가)-(다)-(라)　　　　④ (다)-(나)-(라)-(가)

14.

> (가) 정전기 발생은 성별, 체질에 따라 차이가 있다.
> (나) 정전기를 피하기 위해서는 털옷보다는 면으로 된 옷을 입는 게 좋다.
> (다) 여성보다는 남성이, 뚱뚱한 사람보다는 마른 사람이 정전기에 민감하다.
> (라) 왜냐하면 여자나 뚱뚱한 사람은 몸 안에 지방이나 수분이 많기 때문이다.

① (가)-(라)-(다)-(나)　　　　② (다)-(나)-(라)-(가)
③ (가)-(다)-(라)-(나)　　　　④ (다)-(라)-(나)-(가)

15.

> (가) 사람들은 오랜 연구와 노력을 통해 스마트폰을 만들어 냈다.
> (나) 가끔은 스마트폰을 내려놓고 두뇌를 활용해 보는 것은 어떨까?
> (다) 미래에는 기계보다 인간이 더 멍청해지는 일이 일어날 수도 있다.
> (라) 하지만 사람들은 자기가 만든 기계에 의해 점점 바보가 되고 있다.

① (가)-(라)-(다)-(나)　　　　② (나)-(가)-(다)-(라)
③ (가)-(다)-(라)-(나)　　　　④ (나)-(다)-(가)-(라)

16.

일상생활에서 사용하는 말을 가만히 들어 보면 잘못된 발음을 하는 경우를 흔히 볼 수 있다. 문자로 표기를 할 때는 어법에 맞게 쓰려는 노력을 하지만 음성언어의 경우에는 그렇지 못한 경우가 많다. 하지만 이것이 습관이 되다 보면 결과적으로 발음에 따라서 표기도 잘못하게 되는 경우가 많다. 즉, (   ) 쓰는 경우가 발생하는 것이다.

① 어법에 맞게   ② 발음이 나오는 대로
③ 문법을 습관적으로   ④ 글자가 보이는 대로

17.

새해는 새로 시작하는 날인만큼 깨끗하고 밝음의 표시로 설날에 흰 떡을 끓여 먹는다. 떡국에 사용되는 긴 가래떡은 재산이 늘어나고 장수하라는 의미를 담고 있다. 이 가래떡을 둥글게 써는 이유 역시 둥근 모양이 (   ) 새해에도 돈이 잘 들어와서 풍족하게 살기를 바라는 조상들의 마음에서 비롯된 것이다.

① 옛날 돈의 모양과 같기 때문에
② 태양과 같은 모양을 하기 때문에
③ 공의 모양과 다르지 않기 때문에
④ 보름달처럼 모양을 유지하기 때문에

18.

숲은 지구의 허파라고 사람들은 흔히 말한다. 숲은 (   ). 다시 말해, 숲은 대기 중에 있는 이산화탄소를 흡수하고 산소를 내뿜어 우리가 살아가는 데 꼭 필요한 산소를 마음껏 들이마시게 해준다. 그래서 숲은 인간에게 꼭 필요한 것이므로 우리는 조금씩 사라져 가는 숲을 지켜야 한다.

① 이산화탄소와 산소를 만들어 낸다
② 우리에게 필요한 자원을 많이 제공한다
③ 우리가 숨을 쉴 수 있게 해 주기 때문이다
④ 많이 훼손되어서 숲을 살리자는 캠페인을 해야 한다

여행은 크게 맞춤 여행과 개별 여행으로 나뉜다. 맞춤 여행은 여행자가 코스를 선택하며 여행사가 항공권과 숙소를 예약해 주는 형태이다. 여기에 현지 가이드를 통한 여행지 안내 서비스까지 제공한다. (　　　　　) 개별 여행은 맞춤 여행에 좀 더 자율성이 보장되는 배낭여행 형태이다. 자신이 원하는 시간에 언제든지 떠날 수 있는 것이 개별 여행의 장점이지만 혼자 계획해야 하는 여행이므로 준비 단계부터 맞춤 여행보다 발품을 많이 팔아야 한다.

19. (　　　　　)에 들어갈 알맞은 것을 고르십시오.

　① 이로 인해　　　　② 이와 같이　　　　③ 이런 점에서　　　　④ 이에 반해

20. 이 글의 내용과 같은 것을 고르십시오.

　① 맞춤 여행은 자율성이 보장된다.
　② 맞춤 여행은 발품을 많이 팔아야 한다.
　③ 개별 여행은 혼자서 계획하는 여행이다.
　④ 개별 여행은 여행사가 많은 서비스를 제공한다.

관심이나 가치가 유사한 사람들이 모인 온라인 커뮤니티에서는 객관적 정보에 근거하지 않은 생각이나 감정적 표현들이 많이 나타난다. 이런 표현들은 일반 사람들의 (　　　) 청소년들에게 좋지 않은 영향도 미친다. 그 이유는 집단 구성원들의 성향이 유사하여 그 구성원의 의견에 동조하거나 극단적으로 한쪽 방향으로만 의견이 치우치기 때문이다. 따라서 이런 온라인 커뮤니티를 접한다면 좀 더 신중한 자세가 필요하다.

21. (　　　　　)에 들어갈 알맞은 것을 고르십시오.

　① 마음에 들거나　　　② 귀를 의심하거나　　　③ 눈에 거슬리거나　　　④ 코앞에 닥치거나

22. 이 글의 중심 생각을 고르십시오.

　① 청소년들은 온라인 커뮤니티를 피해야 한다.
　② 온라인상의 커뮤니티는 집단적 성향이 강하다.
　③ 온라인 커뮤니티를 할 때는 심사숙고해야 한다.
　④ 온라인 커뮤니티에 모인 사람들은 관심거리가 동일하다.

다음을 읽고 물음에 답하십시오. (각 2점)

> 집으로 들어오는 골목에 약국이 하나 있다. 몇 년 사이에 주인이 세 번쯤 바뀌었는데, 이번에 간판을 건 사람은 꽤 오래 하고 있다. 어쩐 일인지 먼저와는 달리, 약국 안 의자에는 동네 사람들이 늘 모여 앉아 있곤 한다. 지나다 보면, 30대 중반으로 보이는 수더분한 인상의 여주인이 사람들과 얘기하는 모습이 보인다. 그 약국 여주인을 내가 처음 만난 것은 어느 여름날이었다. 그날, 시내에서부터 머리가 아파 집으로 오는 길에 약국에 들렀다. 반갑게 맞아 주는 그녀에게 두통약을 달라고 했더니, 좀 쉬면 괜찮아질 거라면서 찬 보리차를 꺼내 한 컵 따라 주었다. 그러면서 되도록 약은 먹지 말라고 했다. 생각지 않은 처방에 나는 잠시 그녀를 바라보았다. 약국을 나와 집으로 오는데 더위 속에서 한줄기 소나기를 만난 듯 심신이 상쾌해졌다. 그 후로 자연스럽게 그녀와 허물없는 이웃이 되었다.

23. 밑줄 친 부분에 나타난 '나'의 심정으로 알맞은 것을 고르십시오.

    ① 상쾌하다   ② 당황스럽다   ③ 답답하다   ④ 실망스럽다

24. 이 글의 내용과 같은 것을 고르십시오.

    ① 동네 사람들은 약국 앞 의자에 자주 앉아 있다.
    ② 시내에서 오는 길에 약국에 들러서 두통약을 샀다.
    ③ 약국 여주인은 나에게 약 대신 차가운 보리차를 주었다.
    ④ 나는 집으로 오는 길에 소나기를 맞아서 기분이 좋았다.

다음 신문 기사의 제목을 가장 잘 설명한 것을 고르십시오. (각 2점)

25.

> ### 외식업계, 연말 맞이 신메뉴 출시 봇물

    ① 외식업계는 타 업계의 신메뉴 개발로 긴장하고 있다.
    ② 외식업계는 겨울철 시즌을 대비하여 메뉴 개발에 힘쓰고 있다.
    ③ 외식업계는 연말을 맞아 다양하고 새로운 메뉴를 선보이고 있다.
    ④ 외식업계는 연말 맞이 손님들에게 새로운 메뉴를 소개하려고 한다.

26.

> **고속도로 전 구간 '거북이걸음' 내일 새벽쯤 풀릴 듯**

① 고속도로 전체 구간이 다 막혀서 내일 자정까지 지속될 것이다.

② 고속도로 하행선은 원활하지만 내일 자정이 지나서는 막힐 것이다.

③ 고속도로 상행선이 밀려 있어서 차량이 급속히 빨리 움직이고 있다.

④ 고속도로 전체 구간이 천천히 움직이고 있지만 내일은 원활할 것이다.

27.

> **오늘 충청 이남 장맛비, 내일 중부 집중호우**

① 내일은 충청 이남에 장마가 시작될 것이다.

② 내일은 중부지방에 집중적으로 비가 내릴 것이다.

③ 오늘은 장맛비가 내리고, 내일은 비가 오지 않을 것이다.

④ 오늘과 내일 충청 이남과 중부 지방에 집중호우가 내릴 것이다.

28~31 다음을 읽고 (   )에 들어갈 내용으로 가장 알맞은 것을 고르십시오.
(각 2점)

28.

> 일상생활의 약 3분의 1은 수면으로 이루어지고 있다. 수면은 신체의 휴식, 즉 근육과 뇌의 휴식을 위해 필수적이다. 우리 몸에서 뇌는 생명유지를 위한 모든 생물학적 기능을 총괄하는 곳이다. 뇌가 (   ) 휴식이 필요하다. 이런 휴식은 대부분 수면시간에 이루어진다. 수면을 제대로 하지 못하면 건강에도 영향을 미칠 수 있다. 하루 6~8시간의 수면을 하는 경우 사망률이 가장 낮고, 이보다 짧거나 긴 수면 시간을 갖는 경우는 사망률과 질병 발생률이 높다는 연구 결과가 있다.

① 생명을 단축하기 위해서는　　　　② 오랫동안 잠을 자기 위해서는

③ 알맞은 운동을 하기 위해서는　　　④ 적절한 균형을 유지하기 위해서는

29.

　　대청마루는 방과 방 사이에 바람을 잘 통하게 하기 위해 앞뒤를 뚫어서 만든 것이다. 추운 지방보다 더운 남쪽 지방에서 무더위를 피하고 습기와 통풍을 위해 땅으로부터 떨어진 높이의 집이 발달했다. 옛날 사람들은 바람이 잘 통하는 시원한 대청마루에서 여름철을 보냈다. 그래서 마루는 (　　　　　　　　　) 때문에 여름철 주거공간이나 곡물을 건조시키는 공간으로서 유용하게 사용될 수 있었다.

① 집 전체를 건조하게 하기
② 시원한 바람을 저장할 수 있기
③ 습도가 높아 환기에 신경 써야 하기
④ 습기를 피할 수 있고 통풍이 잘되기

30.

　　심리학자들에 따르면 자동차는 개인의 특성을 가장 뚜렷하게 드러낼 수 있는 소장품 중 하나로 다양한 방법으로 (　　　　　　　　) 표출해 낸다고 한다. 실용성을 중시하는 사람은 합리적인 가격대나 연비가 좋은 자동차를 오랫동안 운전하는 경향을 보이고, 환경을 중시하는 사람의 경우는 전기차나 하이브리드차를 선호하게 되는 것이다. 희귀한 차를 수집하는 사람이라면 독특하고 남들과는 다른 차에 대한 각별한 애정을 갖기도 한다. 이처럼 사람들은 단순히 자동차를 교통수단으로 인식하지 않고, 이를 통해 자신들의 생활 방식을 표출한다.

① 자신의 직업과 성격을
② 자신의 개성 및 삶의 가치관을
③ 자신의 미와 자동차의 아름다움을
④ 자신이 차를 아끼고 사랑하는 것을

31.

　　스트레스 관리의 기본은 자신만의 스트레스 해소법을 찾는 데 있다. 스트레스를 받았을 때 즉각 해소할 수 있는 자신만의 방법을 터득하는 것이 중요하다. 조용한 공간을 찾아 눈을 감고 깊게 심호흡하면서 명상을 하거나 좋아하는 음악을 듣는 것도 좋다. 그렇지만 그중에서도 부정적인 삶의 태도를 긍정적으로 변화시키는 것이 가장 중요하다. 즉, (　　　　　　　　)는 우리 몸의 면역 기능을 끌어올려 스트레스가 쌓이지 않게 하고, 건강한 몸을 유지시킨다는 연구 결과도 있다.

① 삶을 긍정적으로 보는 태도
② 스트레스를 방치하려는 태도
③ 스트레스 해소법을 찾으려는 태도
④ 부정적인 삶을 지속시키려는 태도

32~34 다음을 읽고 내용이 같은 것을 고르십시오. (각 2점)

32.

> 동물은 어떤 일을 여러 가지로 해 보고 그 가운데 가장 유리한 행동을 하기도 한다. 이러한 행동을 '시행착오'라고 한다. 이것은 생쥐가 먹이를 먹기 위해 미로를 빠져나오는 시간을 측정해 보면 쉽게 알 수 있다. 처음에 생쥐는 미로를 빠져나오는 데 시간이 오래 걸리지만, 여러 번 반복하다 보면 그 시간이 점차 줄어든다. 생쥐는 많은 시행착오 끝에 제일 빠른 시간 안에 미로를 빠져나오는 길을 학습하는 것이다. 인간도 마찬가지이다.

① 생쥐는 시간을 측정하기 위해 미로 게임을 한다.
② 생쥐는 시간이 갈수록 미로를 나오는 시간이 길어진다.
③ 인간과 생쥐는 시행착오를 거쳐 미로에 대한 공부를 한다.
④ 동물은 시행착오를 거쳐 자신에게 가장 좋은 행동을 한다.

33.

> 피부의 감각점 중에서 가장 많은 것은 아픔을 느끼는 통점이며 가장 적은 것은 따뜻함을 느끼는 온점이다. 그러나 감각점은 감각의 강도가 세지면 모두 통점으로 연결된다. 즉 미지근한 물에 손을 담그면 따뜻하게 느껴지지만 뜨거운 물에 손을 담그면 아픔을 느낀다. 지나치게 찬 얼음이 손에 닿아도 차다는 느낌보다는 아픔을 먼저 느끼는 것도 마찬가지이다.

① 피부의 감각에는 통점과 온점이 가장 많다.
② 피부의 감각은 정도에 따라 모두 통점을 느낀다.
③ 물이 미지근할 때 피부가 느끼는 감각은 온점에 해당이 된다.
④ 물이 아주 차게 느껴질 때 피부의 감각은 통점보다 온점이다.

34.

> 김장을 담그는 일은 우리 민족의 가을철 풍습 가운데 매우 정겨운 일로 기록된다. 겨울철부터 봄에 이르는 기간 동안 기본 반찬으로 매우 중요하다. 늦가을 배추를 거두어서 소금에 절여 물에 씻어 두고 온갖 양념을 무채와 함께 버무려 배춧잎 사이사이에 속을 집어넣는다. 특히 별다른 반찬이 없고 채소 구하기가 쉽지 않던 시절에 김장 담그는 풍습은 겨울나기를 위한 첫 번째 큰일이었다. 김장을 담그는 법은 지역에 따라, 만드는 김치에 따라 매우 다양하지만 공통점은 이웃 간에 품앗이로 함께 모여서 담소를 즐기며 공동으로 김장을 담갔다는 점이다.

① 김장을 담그는 방법은 어느 지역이나 모두 동일하다.
② 예전에는 김치가 겨울을 나는 데 중요한 반찬이었다.
③ 우리 민족의 전통적인 겨울철 풍습은 김장 담그기이다.
④ 예전에는 김장을 담글 때 이웃의 도움이 중요하지 않았다.

35~38 다음 글의 주제로 가장 알맞은 것을 고르십시오. (각 2점)

35.

> 청소년의 팬덤 활동은 여러모로 청소년들에게 좋은 영향을 미친다는 결과가 나왔다. '팬덤'은 특정 인물이나 분야를 열정적으로 좋아하는 집단을 말하는데 이 활동을 통해 청소년들은 친구와 관심사를 공유하고 인간관계를 확장할 수 있다. 또한 일상의 답답함에서 벗어나 공연장이나 경기장에서 스타를 응원하며 삶의 만족감도 얻을 수 있다. 따라서 이런 팬덤 활동을 잘 활용한다면 청소년들이 건전하고 올바르게 성장할 수 있을 것이다.

① 청소년들의 관심사
② 청소년들의 활동 범위
③ 팬덤 활동의 긍정적인 영향
④ 팬덤 활동의 부정적인 영향

36.

　고령화 사회문제를 해결하기 위해서는 무엇보다 국가적 차원의 체계적인 노인 복지 제도를 마련하는 일이 중요하다. 노인들이 활동적으로 사회 활동을 할 수 있게 취업을 알선하고, 재교육을 시켜서 적극적으로 자신의 노년을 계획할 수 있도록 도와주어야 한다. 또한 기업이나 사회단체가 한마음으로 고령 사회에 대비할 수 있는 문화행사, 복지시설 등에도 투자를 아끼지 않아야 한다.

① 고령화 사회의 문제점 지적
② 고령화 사회문제의 해결책 제시
③ 고령화 사회에 대처하는 기업의 노력
④ 고령화 사회를 극복하기 위한 국가적 제도 마련

37.

　아이를 야단쳐야 할 순간은 너무나도 많지만 어떻게 야단쳐야 좋은지는 잘 모르는 부모가 많다. 먼저 아이의 이야기를 잘 들어주어야 한다. 아이의 잘못된 행동을 바로잡는 것보다 선행되어야 할 것은 아이가 왜 그랬는지 이해하고 근본적인 원인을 해결해 주는 것이다. 그런 다음 너무 길고 장황하게 말하지 말고, 쉽고 간단하게 얘기하는 것이 좋다. 만약 이야기를 듣지 않고 부모의 입장에서 무조건적으로 야단을 친다면 아이는 입을 굳게 닫거나 반감을 갖고 더욱더 그릇된 행동을 할 수도 있다. 따라서 아이의 이야기에 귀 기울이는 것이 중요하다.

① 아이의 잘못을 야단치는 것은 열등감을 준다.
② 아이와 이야기할 때는 쉽고 간단하게 해야 한다.
③ 아이와 대화할 때는 다른 아이와 비교하면 안 된다.
④ 아이를 야단칠 때는 아이의 이야기를 듣는 것이 최우선이다.

38.

　더운 사막에 사는 사막여우는 몸에 비해 귀가 아주 크다. 큰 귀에는 혈관이 넓게 퍼져 있어서 몸의 열을 밖으로 쉽게 내보낼 수 있다. 반면에 추운 극지방에 사는 북극여우는 귀가 작고 뭉툭하게 생겼다. 또 길고 하얀 털이 빽빽하게 나서 몸의 열을 쉽게 밖으로 뺏기지 않는다. 따라서 동물은 오랫동안 환경에 맞게 변화되어 지금의 모습으로 살아간다.

① 북극여우는 귀가 작아서 추운 지방에 살기에 좋다.
② 여우는 자신이 살아가는 환경에 맞추어 진화되었다.
③ 사막여우는 사막에 사는 데 적합한 모습으로 변했다.
④ 여우는 자신이 사는 곳의 온도에 따라 귀 모양이 다르다.

39.

성장한 자식에게 부양받기를 거부하고 부부끼리 독립적인 노년 생활을 꾸려 나가는 노인들이 늘어나고 있다. (㉠) 젊은 맞벌이 부부가 늘어나면서 손자를 돌봐야 하는 것이 노인들에게는 큰 부담이다. (㉡) 더구나 같이 살면서 자식이나 며느리에게 가사 결정권을 양보하는 것 또한 자식과의 동거를 기피하게 하는 요인이 된다. (㉢) 그러나 무엇보다 중요한 것은 부모를 부양하려는 진실한 마음과 성의가 없기 때문인 것 같다. (㉣)

> **보기**
>
> 이들은 자식과 함께 산다고 해서 꼭 좋은 건 아니라고 말한다.

① ㉠　　　　② ㉡　　　　③ ㉢　　　　④ ㉣

40.

대다수 직장인이 바쁜 일과와 끊임없는 스트레스 및 빈번한 술자리로 시달리고 있다. (㉠) 이런 생활이 계속되면 건강한 삶을 살기 어렵고 만성피로 또는 우울 증상이 나타난다. (㉡) 휴식이 가장 좋은 치료법이다. (㉢) 자신이 피로를 느끼지 않고 일을 할 수 있는 상한선의 한계를 알고, 그 한계 내에서 자신을 조절하는 법을 터득해야 한다. (㉣) 다음으로 중요한 것은 적당한 운동이다.

> **보기**
>
> 이러한 증상이 있으면 어떻게 해야 할까?

① ㉠　　　　② ㉡　　　　③ ㉢　　　　④ ㉣

41.

마늘 섭취량은 보통 하루 2~3쪽이 적당하다. (㉠) 몸에 좋은 마늘이지만 너무 많은 양을 먹는 것은 좋지 않다. (㉡) 특히 위장병이 있거나 위가 약한 사람은 생마늘의 알리신 성분이 위벽을 자극해서 헐게 할 수 있으므로 익혀 먹는 것이 좋다. (㉢) 마늘을 익히면 알리신 성분은 줄어들지만 항산화 성분의 함량은 오히려 증가한다. (㉣)

> **보기**
>
> 즉, 항산화 성분이 많은 음식은 몸에 좋기 때문에 콜레스테롤 함량이 높은 고기를 마늘과 함께 구워 먹으면 좋은 것이다.

① ㉠　　　　② ㉡　　　　③ ㉢　　　　④ ㉣

> 가족이랑 삼겹살집에 갔습니다. 4인분을 주문하고 불판이 뜨거워지기를 기다렸습니다. 삼겹살이 나오자 아내는 집게를 들고 부지런히 굽기 시작했습니다.
>
> '지지직' 소리를 내며 고기가 익자, 아내는 이쪽저쪽 식구들 앞에 가져다 놓기 바빴습니다. 제법 흡족히 먹은 듯해 된장찌개를 주문했습니다. 된장찌개 역시 맛있게 먹었습니다.
>
> "여보 갑시다. 맛있게 먹었네."
>
> 아내는 아무 말 없이 일어섰습니다. 그날 밤 잠들기 전 아내가 말했습니다.
>
> "당신, 어떻게 그러실 수 있어요. 나는 고기 굽느라 맨날 하나도 못 먹어요. 식구들 먹인 뒤 이제 좀 먹으려 하면 일어서자고 하니, 참……."
>
> '아차 ! 또 나의 실수, 이럴 수가…….' <u>나는 차마 아내의 얼굴을 볼 수 없어서 등을 돌렸습니다.</u>

42. 밑줄 친 부분에 나타난 '나'의 심정으로 알맞은 것을 고르십시오.

① 겸연쩍다   ② 섭섭하다   ③ 궁금하다   ④ 옹졸하다

43. 이 글의 내용과 같은 것을 고르십시오.

① 아내는 나에게 늘 감사해 한다.
② 아내는 늘 가족을 위해 헌신한다.
③ 나는 가족의 행복이 제일 중요하다.
④ 맛있게 먹는 가족의 모습이 나의 행복이다.

스트레스를 받으면 달콤한 음식을 강박적으로 찾는다. 이러한 습관이 우리의 몸을 망친다는 것을 알면서도 우리는 나쁜 습관을 가지고 있으며 쉽게 고치지 못한다. 우리가 달콤한 음식을 먹으면 뇌는 그 상황과 음식을 기억한다. 음식을 먹고 기분이 좋아지는 과정을 반복해서 겪으면서 달콤한 음식을 먹으면 기분이 좋아진다는 것을 발견한다. 그리고 곧이어 뇌는 생각을 발전시킨다. 배고픔의 신호 대신 감정적 신호가 먹고 싶은 욕구를 불러일으킨다. 이러한 과정을 반복하며 (   ). 그래서 스트레스를 받으면 달콤한 음식을 찾는 습관으로 굳어진다. 이러한 습관들이 우리 스스로를 망가뜨린다는 것을 알고 있지만 이미 중독되어 버린 습관을 억지로 단번에 떨쳐내기란 쉽지 않기 때문이다. 그래서 뇌는 나쁜 습관임을 인지하지만 우리가 스트레스를 받으면 이러한 인지적 통제는 가장 먼저 능력을 잃어버린다.

44. 이 글의 주제로 알맞은 것을 고르십시오.

① 뇌는 스트레스를 통해 감정적으로 변한다.

② 반복된 과정은 나쁜 습관을 잃어버리게 한다.

③ 굳어진 습관은 뇌의 인지적 능력으로 해결한다.

④ 뇌는 스트레스를 받으면 인지적 통제가 불가능하다.

45. (   )에 들어갈 내용으로 가장 알맞은 것을 고르십시오.

① 행동은 서서히 습관화된다.

② 먹고 싶은 욕구를 자제한다.

③ 쌓인 스트레스가 풀리게 된다.

④ 달콤한 음식이 눈앞에 오게 된다.

수학적 사고는 인간의 뇌 구석구석이 적절히 잘 작용할 수 있게 하는 역할을 한다. 즉 수학이 두뇌의 기능을 원활하게 해 사고 전반을 확장시켜 준다. 이렇게 중요한 수학을 어떻게 가르칠 것인가? 우리가 아이에게 무언가를 가르치려 할 때 약방의 감초처럼 빠지지 않는 조건이 있다. (㉠) 특히 수학은 언어 교육과 병행되어야 한다. (㉡) 왜냐하면 아이가 '일, 이, 삼'이 무엇을 의미하는지 제대로 알지는 못해도 엄마를 따라서 '일, 이, 삼'이라고 말할 수 있기 때문이다. (㉢) 처음에는 참새처럼 엄마가 하는 말을 그냥 따라 하다가 자신이 하는 말의 뜻을 헤아릴 줄 알게 되면서 지능이 발달하게 되는 것이다. (㉣) 또한 엄마가 다양한 형용사를 구사하는 것은 아이의 분류 능력과 길이, 넓이, 부피, 깊이, 빠르기, 시간, 무게 등을 나타내는 감각을 한층 높여준다. "이 과자가 저 과자보다 크구나", "장난감 상자가 비었네", 등과 같이 늘 형용사를 이용해 사물을 비교하면서 말해주는 것이 좋다.

46. 위 글에서 <보기>의 글이 들어가기에 가장 알맞은 것을 고르십시오.

> **보기**
>
> 그것은 다름 아닌 엄마와의 즐거운 대화이다.

① ㉠   ② ㉡   ③ ㉢   ④ ㉣

47. 위 글의 내용과 같은 것을 고르십시오.
① 수학을 가르칠 때는 수학만 가르쳐야 효과가 좋다.
② 엄마가 형용사를 사용해 말하는 것은 수학 교육과 무관하다.
③ 수학 교육은 아이의 지능 발달에 별다른 도움을 주지 못한다.
④ 아이의 모든 교육은 엄마와의 즐거운 대화가 중요한 역할을 한다.

인공지능 기술을 사용해서 의료 사고를 막을 방법은 없는 것인가? 의사도 사람인 만큼 실수를 전적으로 피할 수 없는 것은 당연하다. 의사 한 명이 너무 많은 환자를 맡게 되면 환자마다 충분한 주의를 기울이기 어렵다. 이러한 문제들로 인해 의사들이 주의의무를 다하지 못하게 되는 상황은 언제든지 일어날 수 있다. 더 큰 문제는 의사들은 근무시간이 있지만 환자들의 병세는 주말이나 밤을 가리지 않고 언제든지 나빠질 수 있다는 점이다. 의료 인공지능은 이 점에 주목한다. 인공지능은 24시간 환자 상태를 살필 수 있다. 인간 의사와 인공지능 의사의 협진으로 인공지능 의사는 환자를 모니터링하고, 환자와의 커뮤니케이션을 보조하며, 의료 영상을 판독하고, 진단이나 수술을 돕는 등 폭넓게 활용될 수 있다. 이러한 인공지능은 (   )이 아니라 의사가 실수 없이 환자들을 더 잘 치료할 수 있도록 돕는 중요한 역할을 하는 것이다. 앞으로 의료 인공지능을 잘 활용하면 의료 서비스의 수준도 한층 더 끌어올릴 수 있을 것이다.

48. 이 글을 쓴 목적으로 알맞은 것을 고르십시오.
① 의료 인공지능 기술의 역효과를 알리려고
② 의료 사고가 가져다주는 심각성을 알리기 위해
③ 인공지능 의사와 환자의 상관관계를 설명하기 위해
④ 인공지능을 활용한 의료기술 역할의 중요성을 알리려고

49. (   )에 들어갈 내용으로 가장 알맞은 것을 고르십시오.
① 의사와 협진하는 것
② 의사를 대체하는 것
③ 환자를 보조하는 것
④ 환자를 치료하는 것

50. 밑줄 친 부분에 나타난 필자의 태도로 알맞은 것을 고르십시오.
① 의사의 세심한 진료 부족에 대해 경고하고 있다.
② 의사와 환자 간의 주의의무에 대해 설명하고 있다.
③ 과다한 환자 수에 대한 의사 진료를 우려하고 있다.
④ 많은 환자로 인한 주의 진료의 필요성을 독촉하고 있다.

모의시험 2회 정답 및 배점표

문항번호	정답	배점	문항번호	정답	배점
1	③	2	26	④	2
2	①	2	27	②	2
3	②	2	28	④	2
4	②	2	29	④	2
5	①	2	30	②	2
6	③	2	31	①	2
7	①	2	32	④	2
8	②	2	33	③	2
9	①	2	34	②	2
10	④	2	35	③	2
11	④	2	36	②	2
12	④	2	37	④	2
13	①	2	38	②	2
14	③	2	39	①	2
15	①	2	40	②	2
16	②	2	41	④	2
17	①	2	42	①	2
18	③	2	43	②	2
19	④	2	44	④	2
20	③	2	45	①	2
21	③	2	46	①	2
22	③	2	47	④	2
23	②	2	48	④	2
24	③	2	49	②	2
25	③	2	50	③	2

토픽 2(TOPIK II)
유형별 읽기 문제집

초판 1쇄 발행 2019년 07월 25일
초판 2쇄 발행 2020년 06월 23일

지은이 추혜정, 김용례, 김진복
펴낸이 류태연

펴낸곳 렛츠북
주소 서울시 마포구 독막로 3길 28-17, 3층(서교동)
등록 2015년 05월 15일 제2018-000065호
전화 070-4786-4823 **팩스** 070-7610-2823
이메일 letsbook2@naver.com **홈페이지** http://www.letsbook21.co.kr

ISBN 979-11-6054-298-1 13710